L'Encyclopédie
Ushuaïa
Junior
des
animaux
HACHETTE

A Dorling Kindersley Book
www.dk.com

Original Title : *DK First Reference Dinosaur Encyclopedia*

Original Title : *DK First Reference Nature Encyclopedia*

Original Title : *DK First Reference Animal Encyclopedia*

Auteurs : Penelope Arlon, Caroline Bingham, Ben Morgan, Éric Mathivet (pour les pages 124-127)

Traduction de l'anglais : Hélène Nicolas (pp. 8-123, 128-131) et Sabine Rolland (pp. 132-303)
Réalisation et coordination éditoriale : Belle Page, Boulogne

Cet exemplaire est interdit de vente au Canada français.

Pour la présente édition :

43 quai de Grenelle – 75905 PARIS Cedex 15

ISBN : 978-2-01-169595-6

LE MONDE DES DINOSAURES

L'ÂGE DES DINOSAURES

OBSERVONS LES DINOSAURES

LES DINOSAURES DU TRIAS

LES DINOSAURES DU JURASSIQUE

Sommaire

LES ANIMAUX D'AUJOURD'HUI

INTRODUCTION

LES MAMMIFÈRES

LES OISEAUX

REPTILES ET AMPHIBIENS

LES INVERTÉBRÉS

Teste tes connaissances grâce aux questions posées ici...

Comment utiliser ce livre ?

Pour mieux te captiver, chaque double page associe autour d'un même thème des textes courts, au style alerte, à de splendides photographies. Tu trouveras aussi de nombreux tests d'observation et des quiz pour apprendre tout en t'amusant. Enfin, des ronds de couleur (ci-dessous) te permettent d'approfondir ou d'élargir le sujet traité.

Si tu recherches une information précise, consulte l'index détaillé qui est situé en fin d'ouvrage.

Si tu le souhaites, tu peux aussi te constituer un index visuel des animaux en posant tes autocollants sur les pages 306 à 309.

Le sais-tu ?
Une info insolite et cocasse qui va t'étonner ou te faire rire...

Deviens incollable...
Un renvoi à d'autres pages pour approfondir le thème traité ici.

Le monde des dinosaures

L'âge des dinosaures

La Terre a une très longue histoire. Elle s'est formée il y a environ 4600 millions d'années. Les géologues divisent le temps en grandes périodes appelées ères. Les dinosaures vivaient à l'ère mésozoïque.

Une question de temps
Les dinosaures ont vécu à différentes périodes et beaucoup ne se sont jamais rencontrés. Aucun *Tyrannosaurus rex* n'a jamais attaqué de *Stegosaurus* car environ 80 millions d'années les séparaient.

Comment savons-nous à quoi ressemblaient les dinosaures ?

Test d'observation

Regarde attentivement les pages 8 à 15 et essaie de retrouver ce que représentent ces illustrations.

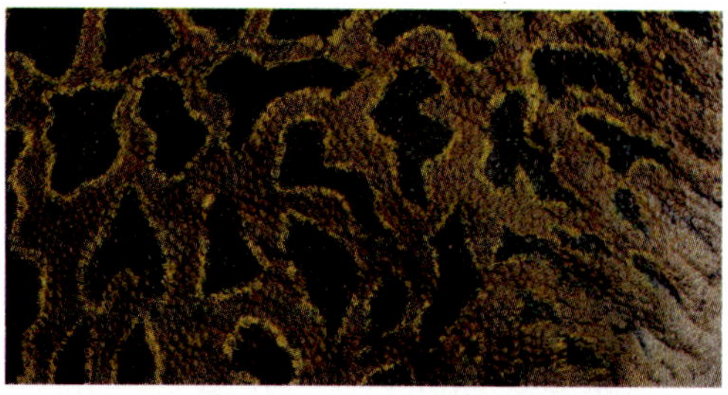

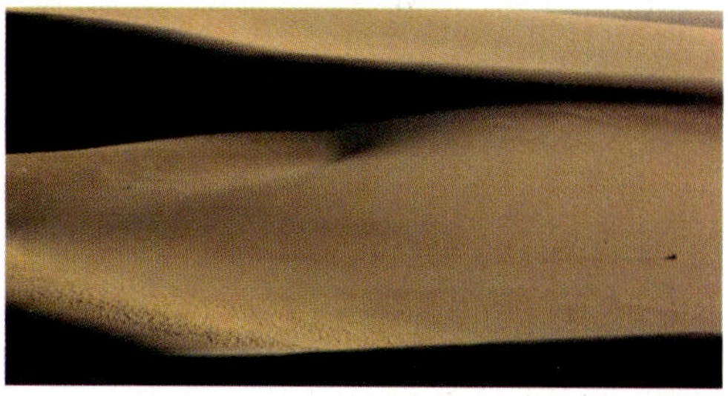

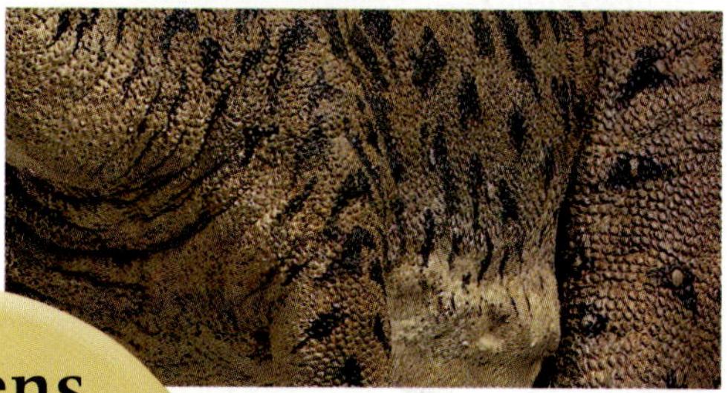

L'*Albertosaurus* vivait au crétacé.

L'ère mésozoïque

Cette ère se divise en trois grandes périodes.

Crétacé : c'est une période pendant laquelle cohabitaient de nombreuses espèces de dinosaures.

Jurassique : cette période a vu apparaître de très grands dinosaures herbivores.

Trias : c'est la période la plus ancienne, qui a vu naître les premiers dinosaures.

Les ères et périodes géologiques sont présentées de la plus récente à la plus ancienne pour refléter l'ordre dans lequel les géologues les découvrent.

Giganotosaurus, voir page 82

Velociraptor, voir page 84

T. rex, voir page 80

Crétacé : -144 à -65 millions d'années

L'homme (*Homo sapiens*) n'est apparu sur Terre que très récemment.

Homo sapiens

Deviens incollable...

Sur l'endroit où vivait l'*Albertosaurus*, pages **72-73**

Grâce à leurs fossiles, qui en disent long sur leur aspect et leur taille.

De « terribles lézards »

Jadis, les scientifiques croyaient que les fossiles des dinosaures étaient des fossiles de lézards. Le mot « dinosaure », utilisé pour la première fois en 1841, signifie d'ailleurs « terrible lézard » en grec.

Le professeur Richard Owen (1804-1892) avec le squelette d'un moa, oiseau coureur aujourd'hui éteint.

Les premiers découverts
Quand Richard Owen a pour la première fois utilisé le terme « dinosaure », seuls trois d'entre eux avaient été identifiés : l'*Iguanodon*, le *Megalosaurus* et l'*Hylaeosaurus*.

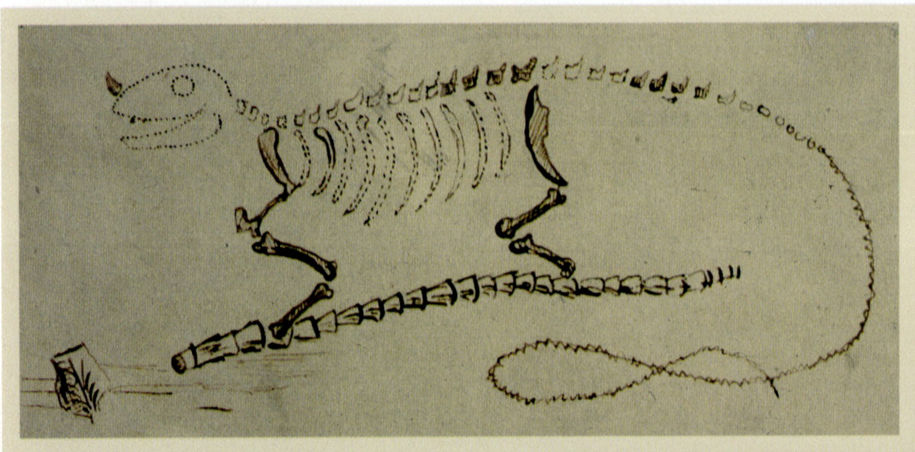

Le premier dessin représentant un *Iguanodon* le montrait avec une corne sur le museau.

C'est le même !
Marchait-il sur deux ou quatre pattes ? De quelle taille était sa queue ? Notre connaissance des dinosaures évolue au fil du temps, comme le montrent ces illustrations d'*Iguanodon*.

L'*Iguanodon* était-il herbivore ou carnivore ?

Où vivaient-ils ?
Des dinosaures habitaient sur chaque continent, y compris en Antarctique. Cette carte indique où ont été découverts les restes de quelques-uns d'entre eux.

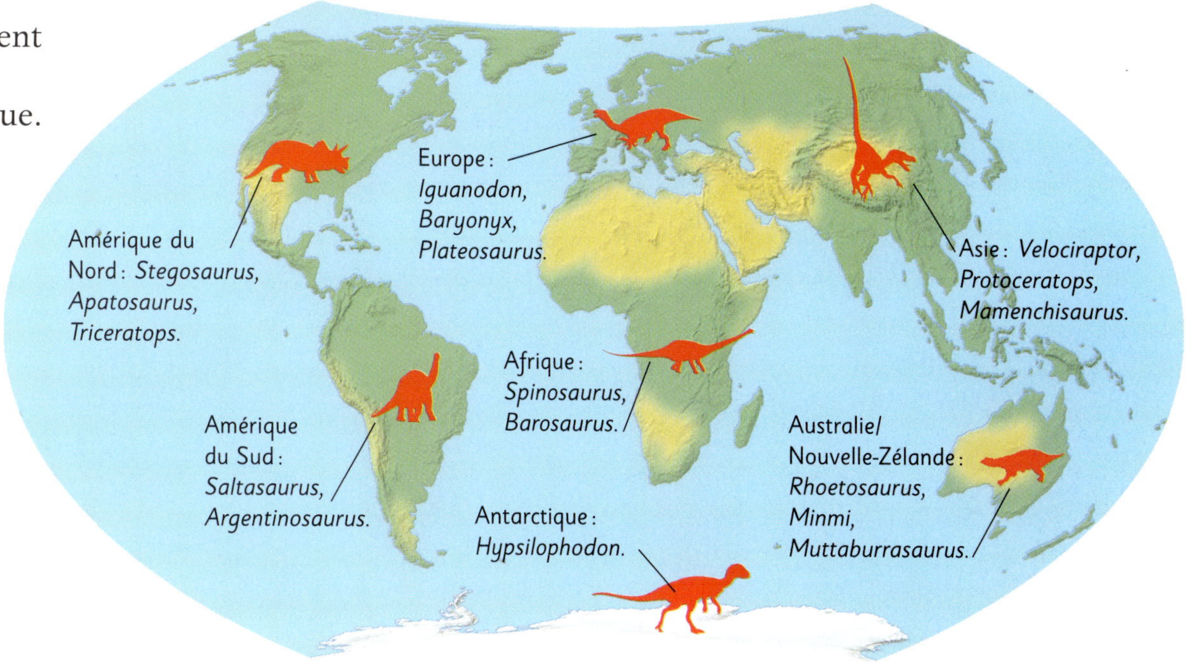

Iguanodon

Dans les années 1850, une sculpture d'*Iguanodon* montrait un lézard qui rampait sur le ventre.

L'*Iguanodon* (« dents d'iguane ») doit son nom à la ressemblance de ses dents avec celles de l'iguane, lézard herbivore moderne.

Deviens incollable...
Sur ce qu'est un dinosaure, pages **18-19**

L'*Iguanodon* avait des griffes en guise de pouces et pas de corne sur le museau.

Les experts pensent que l'*Iguanodon* se déplaçait aussi bien sur deux pattes qu'à quatre pattes.

Herbivore.

Une Terre très différente

La Terre ne cesse de changer. De nos jours, elle a cinq continents, mais à l'époque des premiers dinosaures il n'y avait qu'un seul continent géant appelé Pangée.

Un puzzle en mouvement
La croûte terrestre est faite de plusieurs plaques en mouvement – les plaques tectoniques – sur lesquelles reposent les continents. Au fil du temps, ces mouvements modifient la forme des terres émergées.

La grande division
À la fin du trias, la Pangée a commencé à se diviser pour former deux supercontinents. À la fin du crétacé, les terres émergées avaient beaucoup changé. Vue de l'espace, la Terre devait déjà présenter de grands continents séparés par des océans gigantesques.

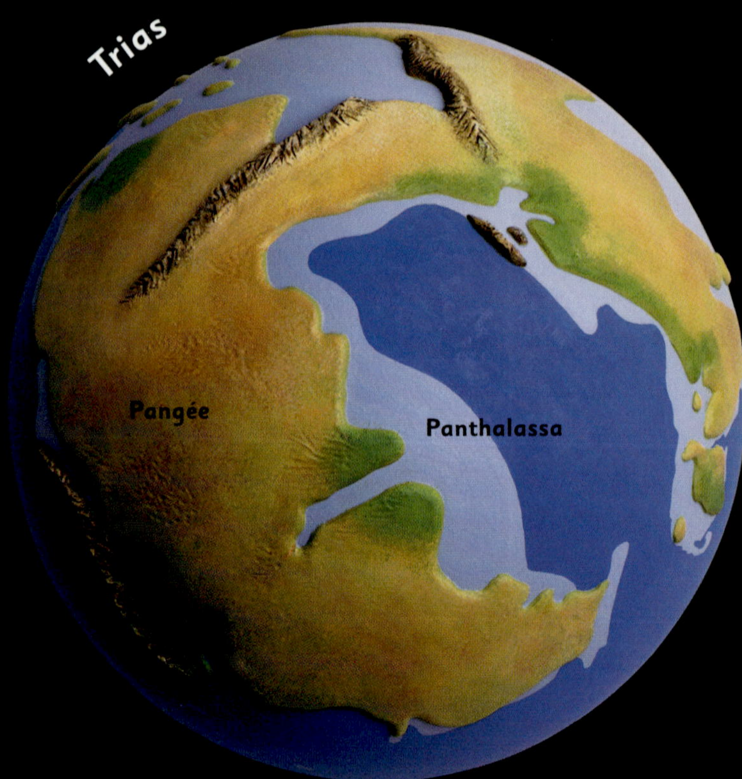

Au cours du trias, les terres émergées formaient un seul supercontinent.

Quels sont les cinq continents de la Terre ?

Un territoire infini
Du début à la moitié du trias, les espèces animales et végétales étaient les mêmes sur toute la surface du globe car il n'existait qu'un seul continent.

Qu'est-ce qui était différent ?
La Pangée n'avait pas de calotte glaciaire. Son climat était chaud et sec et son centre occupé par de grands déserts.

Pangée signifie « toute la terre ».

Jurassique

Au cours du jurassique, la terre émergée s'est divisée pour former deux énormes continents.

Crétacé

Les masses continentales que nous connaissons aujourd'hui sont apparues au cours du crétacé.

L'Afrique, l'Asie, l'Océanie, l'Amérique et l'Europe.

Que voyaient-ils ?

Les dinosaures évoluaient dans un monde très différent du nôtre, sans routes, sans maisons, sans lignes à haute tension et sans machines. Mais à quoi leur environnement ressemblait-il ?

L'habitat

Comme nous, les dinosaures occupaient des habitats variés. Un habitat est une zone qui abrite des formes de vie ; c'est par exemple une forêt, un désert ou une ville.

L'*Iguanodon* était herbivore. À l'époque où il vivait, les premières plantes à fleurs avaient fait leur apparition.

De nos jours, combien existe-t-il d'espèces d'herbe différentes ?

Décor du trias

Cycas

Des forêts du trias...

Les premiers dinosaures ne voyaient que des plantes brunes et vertes, sans fleur. Les forêts géantes étaient constituées d'arbres semblables à ceux que nous connaissons mais plus grands.

Feuilles de ginkgo

Araucaria

Prêle

Magnolia

... aux fleurs du crétacé

Les premières plantes à fleurs comme les magnolias sont apparues au crétacé. À la fin de cette période, les boutons-d'or avaient fait leur apparition.

Coprolithe (excrément fossilisé de dinosaure)

Des restes d'herbe fossilisée ont été trouvés dans des excréments de dinosaure.

Les habitats des dinosaures

Les dinosaures appréciaient des habitats variés.

Déserts : les grands déserts étaient courants au mésozoïque.

Forêts : les arbres du trias avaient des aiguilles protectrices.

Montagnes : les montagnes se sont multipliées au cours du mésozoïque.

Zones broussailleuses : de vastes zones étaient couvertes de broussailles.

Marécages : les marécages du crétacé ont préservé de nombreux fossiles.

Berges : les dinosaures du trias vivaient près des côtes et des cours d'eau.

Et l'herbe ?

Jusqu'à récemment, les scientifiques croyaient que l'herbe était apparue après les dinosaures mais on sait à présent que certains dinosaures en mangeaient (et que certaines pouvaient mesurer plusieurs mètres de haut !).

Le crétacé a vu se multiplier les plantes à fleurs.

Bouton-d'or

Environ 10 000.

Observons les dinosaures

Grands, petits, carnivores, herbivores… les dinosaures étaient très différents les uns des autres et nous ne saurons sans doute jamais combien il en existait d'espèces.

Les sauropodes, comme le *Barosaurus*, sont les plus gros animaux qui aient foulé la Terre.

Barosaurus

Tyrannosaurus rex

Lesothosaurus

Les premiers dinosaures, comme le *Lesothosaurus*, étaient petits.

Les dinosaures plus gros, comme le *Stegosaurus*, sont apparus plus tard.

Ça, je l'ai !
Les dinosaures présentaient beaucoup de points communs.

Écailles : Certains portaient peut-être aussi des plumes.

Longue queue : elle contribuait à leur équilibre et servait de fouet contre leurs ennemis.

Pattes : leurs pattes étaient placées à l'aplomb sous leur corps.

Griffes : carnivores ou herbivores, tous en avaient.

Combien de temps vivaient les dinosaures ?

Combien existait-il d'espèces de dinosaure ?

Les scientifiques pensent qu'il en existait au moins 1 500, et probablement beaucoup plus. Nous en connaissons environ 550. Il en reste donc beaucoup à découvrir.

Triceratops signifie « tête à trois cornes ».

D'où viennent les noms des dinosaures ?

Les dinosaures sont généralement nommés en latin, souvent en fonction de la personne qui les a découverts, de leur aspect physique ou de l'endroit où ils ont été trouvés.

Test d'observation

Regarde attentivement les pages 16 à 35 et essaie de retrouver ce que représentent ces illustrations.

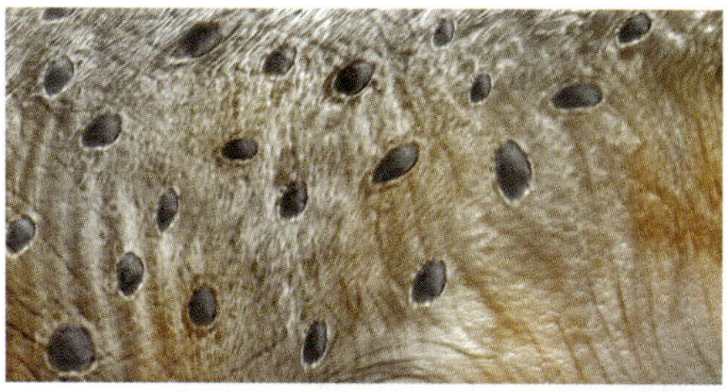

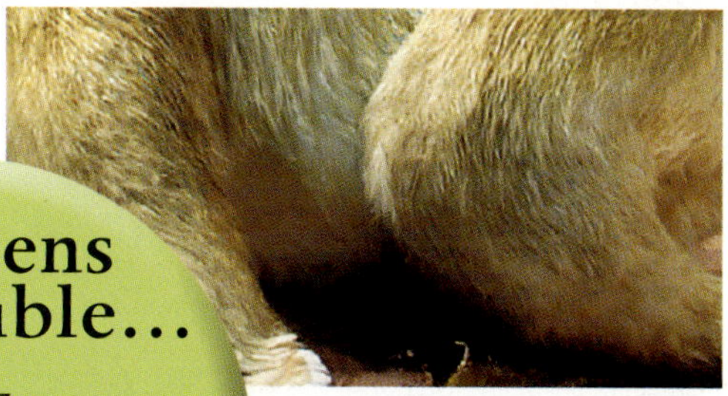

Deviens incollable...

Sur le *T. rex*, pages **80-81**
Sur le *Triceratops*, pages **76-77**

Personne ne le sait. Certains ont peut-être vécu 200 ans.

Qu'est-ce qu'un dinosaure ?

Quelles sont les caractéristiques des dinosaures ? Tous avaient quatre membres, même si certains ne marchaient que sur deux pattes, mais ils avaient aussi d'autres points communs.

Giganotosaurus

Une longue queue
Les scientifiques pensent que les dinosaures tenaient leur queue au-dessus du sol car on n'a retrouvé aucune trace montrant qu'elle traînait sur le sol derrière eux.

Les dinosaures carnivores forment le groupe des théropodes.

Les dinosaures ne pouvaient ni voler ni nager. Tous vivaient sur la terre ferme.

Une peau écailleuse
Les empreintes de peau de dinosaure sont rares mais les paléontologues en ont trouvé assez pour savoir que les dinosaures avaient une peau écailleuse, un peu comme celle des crocodiles.

Les lézards, à sang froid, ne contrôlent pas leur température. Ils doivent rester au soleil pour se réchauffer.

Les dinosaures avaient-ils le sang chaud ?
Il est possible que les carnivores aient eu le sang chaud et les herbivores le sang froid. Les animaux à sang chaud maintiennent leur température grâce à l'énergie qu'ils puisent dans la nourriture. Les herbivores, des sauropodes, très gros, ne pouvaient manger assez de plantes pour fournir à leur sang l'énergie nécessaire à le réchauffer.

Les lézards sont-ils des dinosaures ?

Le crâne du *Giganotosaurus* avait de grandes « fenêtres ».

Un crâne troué
Les crânes des dinosaures étaient percés de grandes « fenêtres », ce qui les allégeait. C'était indispensable car les crânes de certains dinosaures étaient presque aussi longs qu'une voiture.

Les carnivores avaient des griffes pointues.

Les pieds des herbivores étaient pourvus d'ongles émoussés.

Des griffes acérées
Les carnivores sont appelés théropodes (« pieds de bête sauvage ») à cause de leurs griffes recourbées. Les herbivores avaient généralement des sabots ou des ongles émoussés.

Une stature imposante
Les dinosaures marchaient sur leurs pattes arrière, situées sous leurs corps.

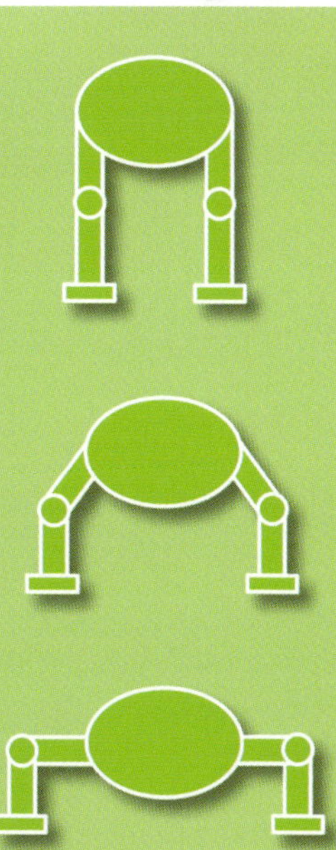

Les **dinosaures** avaient des pattes droites, comme des piliers.

Les **crocodiles** ont les genoux et les coudes légèrement arqués.

Les **lézards** rampent. Leurs genoux et leurs coudes sont à angle droit avec leur corps.

Tous ovipares
Tous les dinosaures pondaient des œufs, parfois dans des nids (comme les oiseaux). Les bébés se développaient dans leur coquille. On a découvert à ce jour environ 40 types d'œufs de dinosaure différents.

Non. Leurs espèces sont apparentées mais appartiennent à deux groupes différents.

Une question de bassin

Les dinosaures se divisent en deux groupes en fonction de la structure de leur bassin : les saurischiens (à bassin de lézard) et les ornithischiens (à bassin d'oiseau).

Le *Tyrannosaurus rex* et le *Triceratops* ont-ils pu se rencontrer ?

Le bassin de la plupart des saurischiens était composé de trois os orientés vers l'avant ou vers le bas.

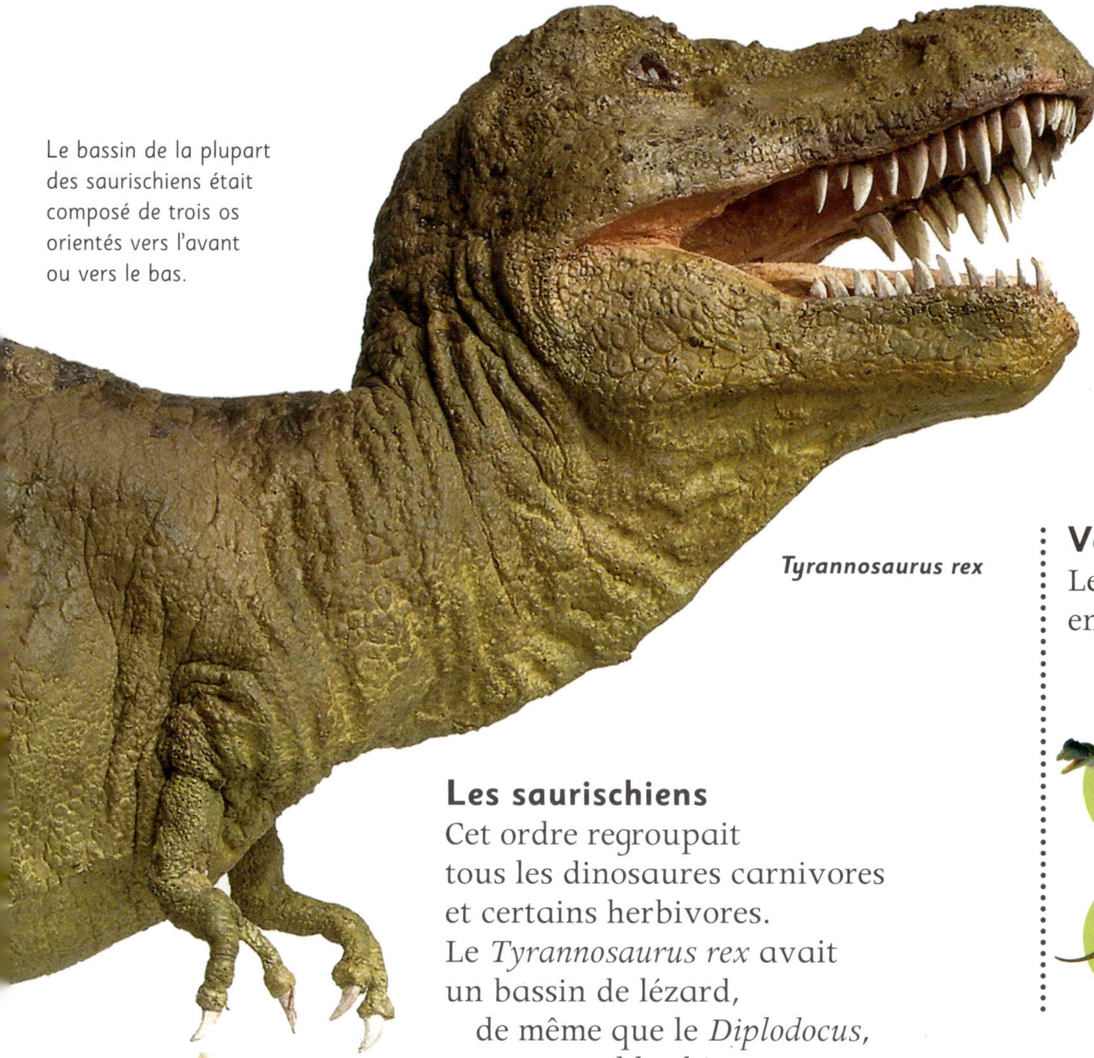

Tyrannosaurus rex

Le sais-tu ?

Les experts pensent que les oiseaux sont les descendants des dinosaures à bassin de lézard et non de ceux à bassin d'oiseau !

Les saurischiens

Cet ordre regroupait tous les dinosaures carnivores et certains herbivores. Le *Tyrannosaurus rex* avait un bassin de lézard, de même que le *Diplodocus*, un grand herbivore décrit page 54.

Voici mon groupe !

Les saurischiens se divisent en deux grands groupes.

Théropodes : tous sont carnivores, comme le *Dilophosaurus*.

Sauropodomorphes : à petite tête et à long cou, comme le *Brachiosaurus*.

Triceratops

Les ornithischiens

Tous étaient herbivores. Leur bassin laissait beaucoup de place à leur système digestif et permettait à leur estomac de se placer à l'arrière de leur corps. Certains pouvaient marcher ou courir sur deux pattes en cas de danger.

Voilà le mien !

Les ornithischiens se divisent en trois grands groupes.

Thyréophoriens : ils marchaient sur leurs quatre pattes et portaient une cuirasse osseuse, comme le *Stegosaurus*.

Marginocéphaliens : ils avaient sur la tête une collerette ou des cornes, comme le *Triceratops*.

Ornithopodes : ils étaient herbivores et marchaient sur deux pattes, comme l'*Iguanodon*.

Oui. Le *Tyrannosaurus rex* chassait le *Triceratops*.

Du plus petit au plus grand

Contrairement à une croyance répandue, tous les dinosaures n'étaient pas gigantesques. Les plus petits, comme l'*Oviraptor*, arrivaient à peine à la cheville des grands herbivores !

Avaient-ils des dents ?
La plupart des dinosaures avaient des dents.

Molaires : elles servent à broyer la nourriture avant de l'avaler.

Ankylosaures : ils avaient de petites dents en forme de feuille qui leur servaient à couper les plantes.

Sauropodes : ils avaient de longues dents en forme de spatule.

Fémur d'un *Brachiosaurus*

Un crâne impressionnant
Il est difficile d'imaginer la taille des grands dinosaures. Cette photo montre le crâne d'un dinosaure qui vivait dans le Sahara il y a 90 millions d'années.

Crâne d'un *Carcharodontosaurus*, qui vivait au milieu du crétacé

Tout petits...
Certains dinosaures étaient minuscules, comme le *Micropachycephalosaurus* (« minuscule lézard à la tête épaisse »), qui avait la taille d'un lapin.

Micropachycephalosaurus

De la taille d'un cheval...
L'*Oviraptor*, un carnivore, mesurait environ 2 m du museau à la queue. Son museau sans dent avait la forme d'un bec.

L'*Oviraptor* vivait dans le désert de Gobi, en Mongolie, il y a environ 80 millions d'années.

Oviraptor

Les plus gros étaient vraiment énormes !

Antarctosaurus

Deviens incollable…

Sur l'*Oviraptor*, page **27**

Sur les sauropodes, pages **54-57**

L'*Antarctosaurus* ne pouvait sans doute pas lever la tête beaucoup plus haut que ses épaules.

Ou d'un camion !
Les grands herbivores, appelés sauropodes, étaient vraiment énormes. L'*Antarctosaurus* mesurait environ 18 m de long et n'était sans doute pas le plus grand. Les experts pensent que les grands sauropodes ingurgitaient chaque jour l'équivalent en plantes du poids d'une voiture.

La communication

Chez de nombreuses espèces, les mâles entrent en compétition pour séduire les femelles. Les cerfs s'affrontent en entrechoquant leurs bois et les oiseaux arborent de splendides plumes colorées. Les scientifiques pensent que les dinosaures agissaient pareillement.

La parade nuptiale indique aux femelles quels mâles sont les plus forts et ont le plus de chance de procréer des petits en bonne santé.

La séduction
Les crêtes des mâles attiraient peut-être les femelles comme les plumes des queues des paons.

Corythosaurus

Paon

Pachycephalosaurus

Ce dinosaure avait des pointes osseuses sur la tête et le museau.

Un crâne à toute épreuve
La tête du *Pachycephalosaurus* mesurait 80 cm de long. Le dessus de son crâne était aussi épais qu'une boule de bowling.

Crâne de Pachycephalosaurus

Une rude compétition
Pendant la saison des accouplements, les pachycéphalosaures mâles se battaient peut-être à coups de tête pour obtenir les faveurs des femelles. Leur colonne vertébrale était capable d'absorber les chocs.

Où vivait le *Pachycephalosaurus* ?

Les dinosaures parlaient-ils ?

Les spécialistes pensent que les dinosaures produisaient des sons. Le *Parasaurolophus*, un hadrosaure, le faisait peut-être en soufflant dans sa crête comme dans une trompette.

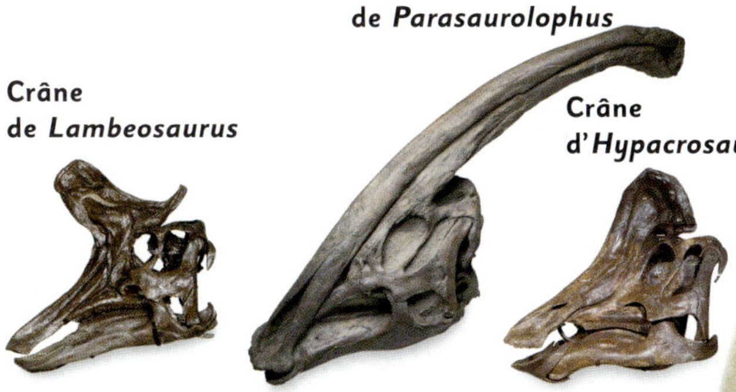

Ces hadrosaures devaient produire des sons différents en fonction de la forme de leur crête.

Deviens incollable...
Sur les hadrosaures, pages **74-75**

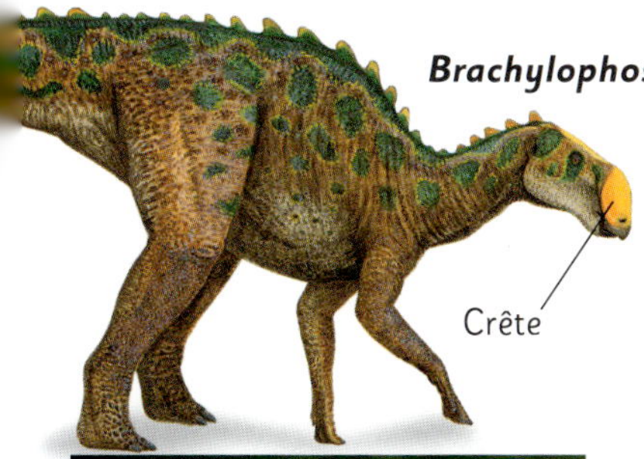

Le langage des grenouilles

La petite crête rigide du *Brachylophosaurus* était peut-être pourvue d'une poche gonflable qui lui servait à produire des sons, comme la poche vocale d'une grenouille.

Dans les forêts d'Amérique du Nord.

Des œufs extraordinaires

Les scientifiques ont trouvé beaucoup de fossiles d'œufs de dinosaure et même des nids. Les œufs étaient de tailles et de formes variées. Certains, petits et ronds, auraient pu tenir dans le creux de ta main. D'autres avaient la taille d'un boulet de canon.

Le plus gros ?
Ce très gros œuf, trouvé en Chine, a sans doute été pondu par le *Therizinosaurus*. Les plus gros œufs étaient ceux du *Macroelongatoolithus*.

Ce fossile d'œuf de dinosaure vient de Mongolie.

Quelle forme avaient-ils ?
Certains étaient ronds et d'autres ovales, comme une miche de pain.

Regarde comme cet œuf de poule a l'air petit à côté d'un œuf de *Therizinosaurus* !

Une boue protectrice
Certains dinosaures pondaient dans la boue, qui conserve à merveille les fossiles. Tu vois ici des œufs de *Maiasaura* trouvés aux États-Unis, dans le Montana.

Ces œufs d'*Oviraptor* ont été pondus en spirale. Chacun mesure environ 16 cm de long.

Les œufs de dinosaures étaient-ils mous et ressemblaient-ils à du cuir comme ceux des serpents ?

Le grand jour !
Ce minuscule dinosaure sort de son œuf. Certains dinosaures étaient sans doute autonomes dès l'éclosion. D'autres avaient besoin de leurs parents pour les nourrir et les protéger.

Cette reproduction montre un *Parasaurolophus* en train de sortir de sa coquille.

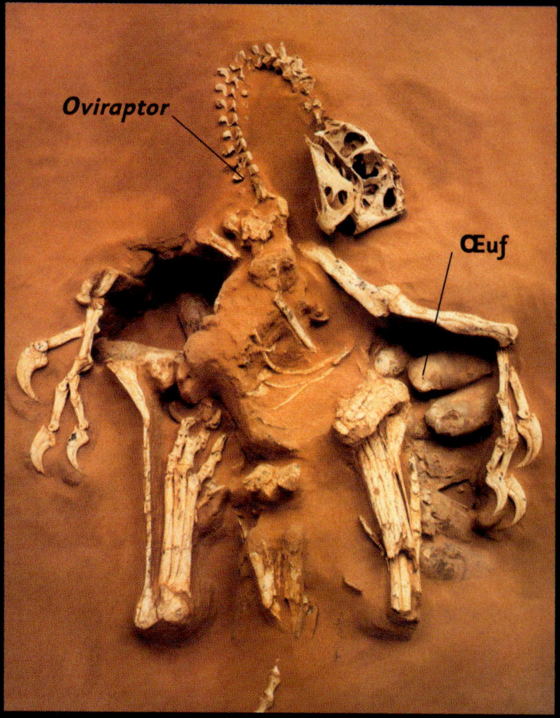

Des parents attentifs
Les dinosaures couvaient-ils leurs œufs comme le font les oiseaux ? Certains le faisaient, comme cet *Oviraptor*, mort il y a 80 millions d'années et fossilisé sur ses œufs.

Deviens incollable…
Sur la manière dont les dinosaures s'occupaient de leurs petits, pages **28-29**

Une scène plus vraie que nature
Cette reconstitution a été faite d'après les fossiles photographiés ci-dessus. Elle montre un *Oviraptor* en train de protéger ses œufs. Les *Oviraptor* attaquaient peut-être d'autres nids pour manger et nourrir leurs petits.

Non. Ils étaient durs et fragiles comme ceux des oiseaux.

Naissance et soins parentaux

Nous savons que certains dinosaures vivaient en colonies grâce aux nids fossilisés de *Maiasaura* (« lézard bonne mère ») trouvés aux États-Unis, dans le Montana.

Quelle découverte ! Jack Horner est l'un des paléontologues qui ont découvert les nids du Montana. Tu le vois ici près d'un nid fossilisé.

Maiasaura

Deviens incollable...
Sur les dinosaures qui vivaient en groupes, pages **34-35**

Des nids douillets
Les nids du Montana étaient larges comme une voiture, mesuraient 1 m de haut et contenaient jusqu'à 25 œufs. Ils étaient fabriqués avec soin, en formant un monticule puis en creusant son sommet.

On pense que les nids étaient tapissés de débris végétaux

Quel type de dinosaure était le *Maiasaura* ?

Reproduction d'un nid de *Maiasaura*

Les dents usées de certains squelettes indiquent que les petits étaient nourris dans le nid ou y revenaient régulièrement.

Vive la sécurité !
Les nids contenaient des fragments de coquilles piétinés et, pour certains, des os de jeunes dinosaures. Les experts en déduisent que les petits restaient dans le nid après l'éclosion, comme beaucoup d'oiseaux de nos jours.

Je vais bientôt devenir grand !
À l'éclosion, les dinosaures pesaient à peu près le poids d'un gros dictionnaire pour environ 30 cm de long. Les adultes pesaient le poids d'une petite voiture et étaient longs comme un bus.

À manger !
Les plantes étant sans doute rares autour des nids, les mères devaient probablement aller chercher ailleurs de quoi nourrir leurs petits.

La preuve d'une vie en colonies ?
L'espacement des nids du Montana suggère une vie en colonies. L'espace entre les nids servait à aller d'un nid à l'autre et permettait aux adultes de se coucher près des œufs pour les protéger.

Un hadrosaure. Découvres-en plus sur les hadrosaures en lisant les pages 74-75.

La chasse

Les carnivores devaient chasser ou manger des charognes pour rester en vie. Certains chassaient seuls, d'autres en groupes, comme les lions. Cette façon de chasser les aidait à attraper et à vaincre leurs proies.

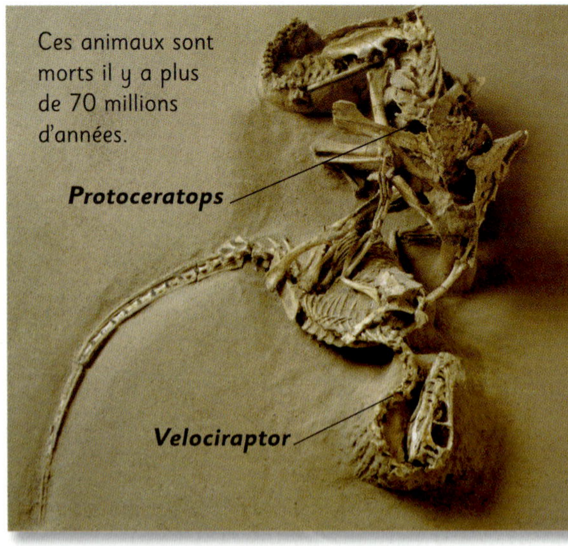

Ces animaux sont morts il y a plus de 70 millions d'années.

Un combat mortel

Ce fossile étonnant montre la fin tragique d'un *Protoceratops* et d'un *Velociraptor*, morts en se battant. Il prouve que le *Velociraptor* chassait le *Protoceratops*.

Des chasseurs organisés

Le vélociraptor n'était pas plus grand qu'un gros chien mais c'était sans doute un redoutable prédateur. Sa mâchoire étroite contenait des dents tranchantes comme des lames et il avait des griffes acérées aux quatre pattes.

Les dinosaures chassaient-ils les hommes ?

Rejoins la troupe !

Les experts pensent qu'un certain nombre de dinosaures chassaient en groupes.

Utahraptor **:** le plus gros raptor connu. Il vivait en Amérique du Nord.

Deinonychus **:** ce prédateur long de 3 m vivait en Amérique du Nord.

Giganotosaurus **:** c'est l'un des plus gros carnivores.

Attention aux dents !

Certains grands carnivores avaient peut-être une morsure empoisonnée. La salive du varan de Komodo, le plus grand lézard vivant, contient des bactéries qui prolifèrent sur la viande coincée entre ses dents. Sa morsure peut empoisonner sa victime. C'était peut-être aussi le cas de certains dinosaures.

Varan de Komodo

Un jeune *Protoceratops* avait peu de chance de survie face à une bande de *Velociraptor* affamés.

Non. Les hommes sont apparus environ 64 millions d'années après les derniers dinosaures.

Une défense efficace

Les herbivores devaient se protéger contre les dents et les griffes des carnivores. Leur peau était généralement cuirassée et certains étaient pourvus « d'armes » originales.

L'*Edmontonia* vivait dans les mêmes endroits et à la même époque que le *Tyrannosaurus rex*. Il avait donc besoin d'une protection efficace !

Edmontonia

Des boucliers vivants
Les ankylosaures, dinosaures « cuirassés », ressemblaient à des tanks avec leur centre de gravité bas et leur dos couvert de plaques osseuses. Leurs physionomies étaient très variées.

Une armure articulée
Le *Stegosaurus* se reconnaît au premier coup d'œil grâce à ses plaques osseuses. Il avait aussi des pointes sur le cou, le bassin, les cuisses et la queue. Ses plaques étaient articulées de manière à empêcher les carnivores de le mordre tout en lui permettant de bouger.

Stegosaurus

Les *ankylosaures* pouvaient-ils courir en cas de danger ?

Un vrai coup de massue !

L'*Ankylosaurus* avait au bout de la queue une « massue » osseuse qu'il pouvait balancer d'un côté et de l'autre. Les os de sa tête, de son cou et de son corps étaient également particulièrement épais.

Les geysers envoient de l'eau chaude dans l'air. De nos jours, ils sont rares mais ils étaient sans doute fréquents pendant l'ère mésozoïque.

L'*Ankylosaurus* était un véritable « tank vivant ».

Queue d'*Ankylosaurus*

Triceratops

Le cou et les épaules du *Triceratops* étaient protégés par un bouclier osseux.

Des armes originales

Les herbivores se servaient de leur queue pour frapper leurs adversaires.

Euoplocephalus : il avait au bout de la queue une massue faite d'os soudés.

Stegosaurus : il avait au bout de la queue des épines qui pouvaient mesurer 1 m.

Diplodocus : il utilisait sans doute sa queue comme un fouet.

Arrière !

Le *Triceratops* était l'un des plus gros dinosaures à cornes. Les prédateurs devaient hésiter avant de l'attaquer !

Les experts pensent qu'ils ne pouvaient pas courir vite et que leur cuirasse leur servait de défense.

Vive la compagnie !

Beaucoup d'animaux vivent en groupes, pour se protéger des prédateurs, comme les antilopes, ou pour chasser, comme les lions. Il est probable que de nombreux dinosaures vivaient ainsi pour des raisons similaires.

Troupeau d'*Iguanodon*

Quel vacarme !
Imagine le bruit et la poussière des groupes de dinosaures lors de leurs déplacements. Quand ils courent, les troupeaux de bétail font un bruit qui rappelle le tonnerre. Un troupeau de gros dinosaures devait offrir un spectacle extraordinaire.

Les grands herbivores formaient sans doute des troupeaux importants.

En quête de nourriture
Le fait que les dinosaures se regroupaient en grand nombre semble indiquer un comportement migrateur : ils se déplaçaient pour trouver de nouveaux pâturages, comme les gnous en Afrique. Les grands herbivores pouvaient parcourir ainsi de très grandes distances.

Quelle distance parcouraient les dinosaures pour trouver de nouveaux pâturages ?

La route des dinosaures?

Au crétacé, une mer intérieure s'étendait du nord au sud à travers l'Amérique du Nord. Les experts pensent que les dinosaures parcouraient les plages de sa côte ouest lors des migrations car ils y ont trouvé beaucoup d'empreintes fossilisées.

Des indices probants

Les paléontologues pensent que certains dinosaures vivaient en groupes quand ils trouvent :

Beaucoup d'os d'une même espèce dans une zone limitée.

Des **empreintes d'animaux** se déplaçant en groupes.

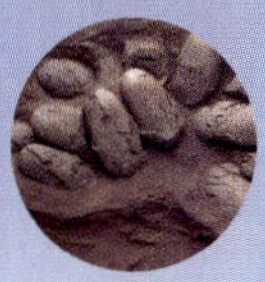

Des **colonies de nids fossilisés,** comme aux États-Unis, dans le Montana.

Leur haute taille et le fait de former des troupeaux aidaient les dinosaures herbivores à se protéger des attaques. Les prédateurs ne pouvaient attraper que les faibles et les jeunes.

Personne ne le sait. Les gnous parcourent parfois 1 500 km.

Les dinosaures du trias

Juste avant la période du trias, une extinction massive – de 96 % de toutes les formes de vie sur Terre – a probablement été causée par des changements climatiques. La planète a mis des millions d'années avant de commencer à se repeupler.

Voici l'aspect de la Terre au trias (entre -248 et -206 millions d'années).

Ce dinosaure est l'un des plus anciens connus.

Les animaux du trias
Les mammifères de la fin du trias descendent de reptiles mammaliens du début de la même période.

Eozostrodon : c'est l'un des premiers véritables mammifères ; il allaitait ses petits.

Lystrosaurus : ce reptile mammalien herbivore du début du trias avait la taille d'un chien.

Megazostrodon : ce mammifère mesurait environ 12 cm de long et mangeait peut-être des insectes.

Que signifiait l'existence d'un seul grand continent pour les animaux ?

À quoi la Terre ressemblait-elle ?
Au trias, la planète était couverte de grands déserts chauds et secs. La terre était plus fertile près de certaines côtes, mais il n'y avait pas de fleurs. Tu n'aurais pas reconnu ta planète !

Les premiers dinosaures habitaient de grands déserts rouges très chauds.

La forme du corps de l'*Herrerasaurus* indique qu'il devait être rapide.

Herrerasaurus

Staurikosaurus

Vive la vie !
Le trias a vu se multiplier la vie sur Terre et apparaître les plus gros animaux terrestres : les dinosaures.

Test d'observation

Regarde attentivement les pages 36 à 51 et essaie de retrouver ce que représentent ces illustrations.

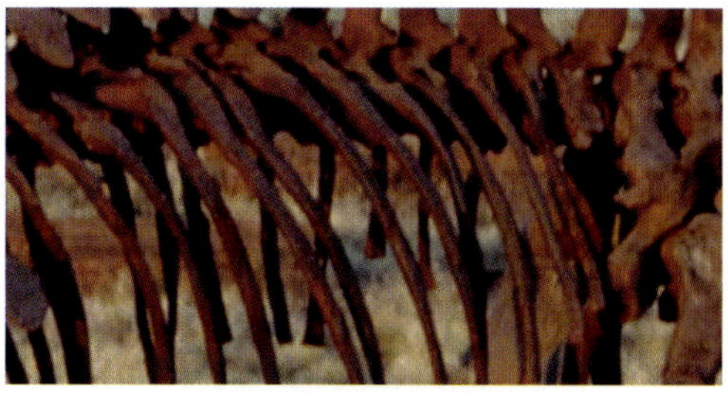

Deviens incollable...
Sur l'*Eoraptor*, pages **42-43**
Sur les premiers mammifères, pages **96-97**

Un vaste territoire où ils étaient libres d'aller où ils voulaient.

L'apparition des dinosaures

Il n'y avait pas de dinosaures sur Terre au début du trias. En fait, très peu de formes de vie étaient apparues. Mais dans ce cas, d'où viennent les dinosaures ?

Archosaure signifie « lézard souverain ».

Le *Postosuchus* pouvait atteindre 4,50 m de long.

Les ancêtres des dinosaures

Les dinosaures descendent d'un groupe de reptiles appelés archosaures. Le plus grand archosaure était un terrible prédateur appelé *Postosuchus*.

Crocodile de mer

De lointains descendants

Les crocodiles et les oiseaux sont les derniers archosaures vivants. Le *Desmatosuchus*, qui vivait au trias, ressemblait déjà à un crocodile.

Le cou du *Desmatosuchus* était protégé par de longues pointes situées sur ses épaules.

Le *Desmatosuchus* était-il un crocodile ?

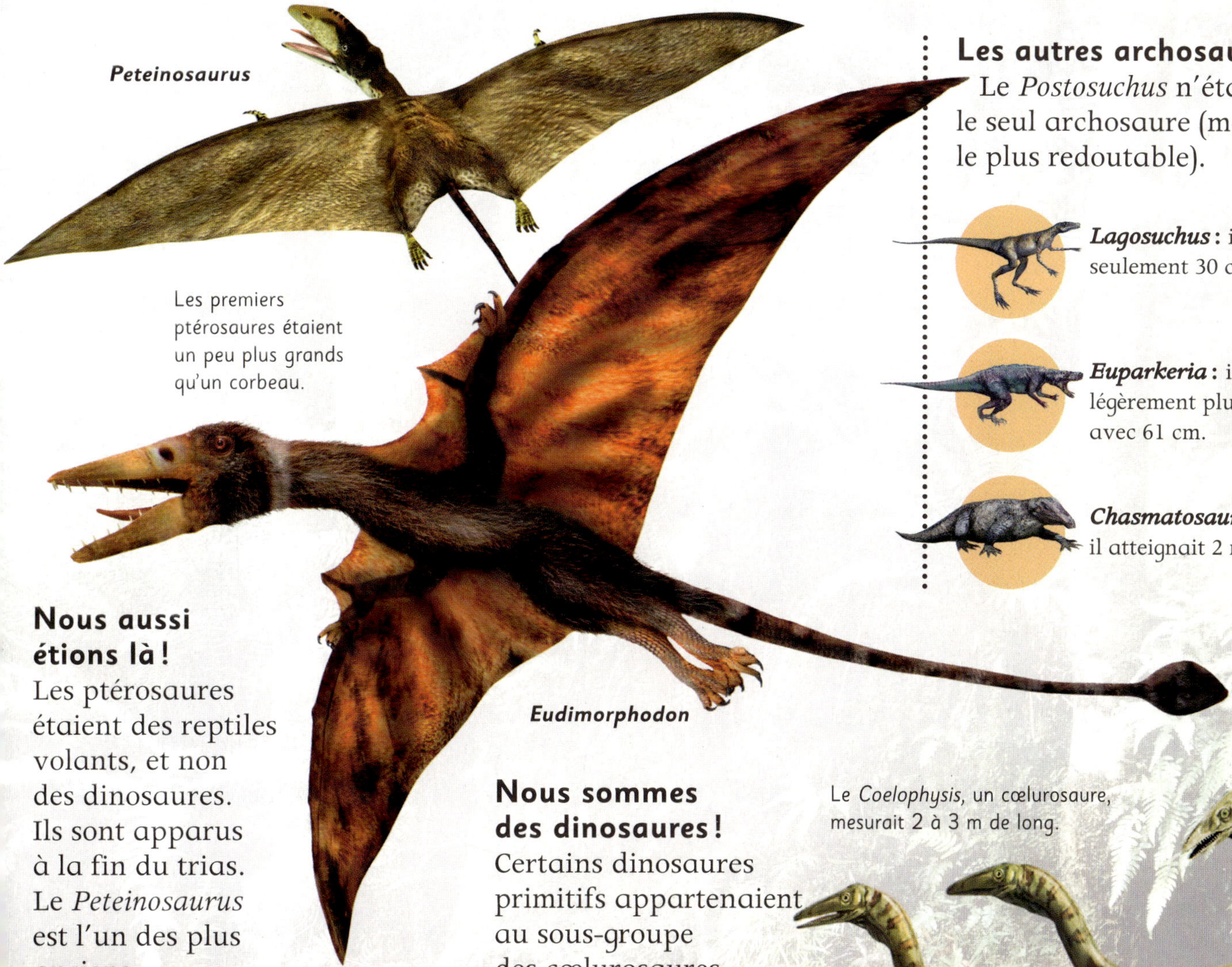

Peteinosaurus

Les premiers ptérosaures étaient un peu plus grands qu'un corbeau.

Eudimorphodon

Les autres archosaures

Le *Postosuchus* n'était pas le seul archosaure (mais c'était le plus redoutable).

Lagosuchus : il mesurait seulement 30 cm de long.

Euparkeria : il était légèrement plus grand, avec 61 cm.

Chasmatosaurus : il atteignait 2 m.

Nous aussi étions là !

Les ptérosaures étaient des reptiles volants, et non des dinosaures. Ils sont apparus à la fin du trias. Le *Peteinosaurus* est l'un des plus anciens.

Nous sommes des dinosaures !

Certains dinosaures primitifs appartenaient au sous-groupe des cœlurosaures, ou « lézards à queue creuse ».

Le *Coelophysis*, un cœlurosaure, mesurait 2 à 3 m de long.

Desmatosuchus

Le *Desmatosuchus* avait le dos, la queue et une partie du ventre couverts de plaques osseuses.

Le sais-tu ?

Le *Tyrannosaurus rex*, qui est apparu 160 millions d'années après les cœlurosaures, est l'un de leurs descendants.

Non, mais ce sont de proches parents.

La forêt pétrifiée

La forêt pétrifiée d'Arizona, en Amérique du Nord, compte de nombreux fossiles de plantes et d'animaux datant de la fin du trias.

Les arbres, immenses, culminaient à environ 60 m de haut.

Quand il y avait des inondations, l'eau recouvrait la base de leur tronc et en déracinait beaucoup.

Placerias

Je ne suis pas un dinosaure
Les fossiles trouvés en Arizona nous apprennent quels types d'animaux côtoyaient les premiers dinosaures. Le *Placerias* était un grand reptile qui pouvait atteindre 3 m de long.

Est-ce bien un crocodile?
Les phytosaures ressemblaient à des crocodiles. Certaines espèces mesuraient 12 m de long. (Elles étaient aussi longues qu'un bus!)

Quels fossiles de dinosaures a-t-on trouvés dans la forêt pétrifiée?

Des arbres fossiles

Le sol de la forêt pétrifiée est jonché d'arbres fossilisés. Ce sont les restes d'une majestueuse forêt de conifères datant du trias. Mais comment ces arbres ont-ils été conservés pendant 220 millions d'années ?

Chindesaurus

Le *Chindesaurus* avait de très longues pattes arrière.

L'un des premiers dinosaures

Le *Chindesaurus* est l'un des premiers dinosaures connus d'Amérique du Nord. C'était sans doute un chasseur rapide.

Pendant des millions d'années, les arbres ont été recouverts d'un sable caillouteux et se sont progressivement changés en pierre.

Des millions d'années plus tard, sous l'effet de l'érosion, la terre a disparu, mettant à jour les troncs fossilisés.

Ceux de certains des premiers dinosaures, comme le *Chindesaurus* et le *Coelophysis*

Les herbivores du trias

La période triasique a vu émerger les prosauropodes, qui sont les ancêtres des sauropodes (grands herbivores du jurassique).

Un nom très long
Le *Thecodontosaurus* est le premier prosauropode du trias à avoir reçu un nom. C'était un dinosaure herbivore primitif à dents crénelées.

Le premier grand dinosaure
Les experts pensent que le *Plateosaurus* était le premier grand dinosaure, avec environ 8 m de long. C'était sans doute aussi l'un des plus répandus à la fin du trias.

Comme la plupart des prosauropodes, le *Plateosaurus* était herbivore.

Deviens incollable...
Sur les sauropodes, pages **54-59**

 Où les fossiles du *Plateosaurus* ont-ils été découverts ?

Je peux l'atteindre !
Les scientifiques pensent que le *Plateosaurus* se dressait sur ses pattes arrière pour atteindre les feuilles des arbres. Ses fossiles, trouvés regroupés, suggèrent qu'il vivait en troupeau.

Les premiers dinosaures avaient quatre ou cinq doigts aux pattes avant.

Prosauropode signifie « avant les sauropodes ».

Feuilles de ginkgo

Les prosauropodes avaient la queue et le cou longs, mais la tête assez petite.

Plateosaurus

Ses pattes avant avaient cinq doigts.

Comme les dinosaures qui lui ont succédé, le *Plateosaurus* avait le crâne percé de grandes cavités.

Une mâchoire adaptée
Le *Plateosaurus* avait des petites dents en forme de feuille qui l'aidaient à arracher les feuilles et les tiges dures.

Bébé *Mussaurus*

Un tout petit bébé
Le *Mussaurus*, dont le nom signifie « lézard souris », ne mesurait que 2,50 cm de long lors de l'éclosion mais atteignait 3 m une fois adulte.

En France, en Allemagne et en Suisse.

De plus en plus grands

Les premiers herbivores étaient petits, mais à la fin du trias, certains avaient des proportions particulièrement impressionnantes.

Le *Melanorosaurus*, ou « lézard de la montagne noire », était un herbivore massif qui marchait à quatre pattes. C'était peut-être l'un des premiers sauropodes.

Ôtez-vous de mon chemin
Le *Riojasaurus* était un herbivore massif d'environ 9 à 11 m de long. Il avait un long cou, un long dos et une longue queue !

Un format plus petit
Le *Pisanosaurus* avait la taille d'un chien. C'est l'herbivore le plus ancien que l'on connaisse.

D'après toi, le *Riojasaurus* pouvait-il courir ?

Une fois adulte, le *Mussaurus* pesait environ 120 kg.

Un crâne minuscule !
Cette photo montre le crâne du *Mussaurus* bébé photographié page 43. Les grands dinosaures étaient tout petits à la naissance puis grandissaient très vite. Le fossile de *Mussaurus* est le plus petit squelette de dinosaure connu à ce jour.

Deviens incollable...
Sur l'habitat et l'alimentation des dinosaures du trias, pages **14-15**

Le *Riojasaurus* avait des dents crénelées en forme de cuillère.

Une dentition adaptée
Le *Riojasaurus* devait arracher avec ses dents les aiguilles et les petites branches des conifères, puis ils les avalaient entières et elles étaient broyées dans son estomac.

Un animal massif
Le *Riojasaurus* marchait lentement sur des pattes épaisses comme celles d'un éléphant. Il vivait sans doute en grand troupeau pour se protéger des prédateurs.

Le *Lesothosaurus*
Ce petit dinosaure est apparu au trias. C'est l'un des derniers dinosaures du trias encore présent au jurassique.

Lesothosaurus

Il aurait été incapable de courir très vite.

Vite, de la viande !

Du temps des dinosaures comme de nos jours, il y avait plus d'herbivores que de carnivores. L'un des premiers carnivores s'appelait *Eoraptor*.

Les experts estiment que l'*Eoraptor* vivait il y a 228 millions d'années.

De très vieux os
Le féroce *Eoraptor*, long de tout juste 1 m, n'a été découvert et baptisé qu'en 1991, après la mise au jour d'un squelette presque complet en Argentine (Amérique du Sud). Le squelette fossilisé était dans un parfait état de conservation.

Que signifie le nom *Eoraptor*?

Le *Staurikosaurus*

Ce petit carnivore, un théropode, fait aussi partie des premiers dinosaures. Élancé comme l'*Eoraptor*, il était un peu plus grand et devait peser environ le poids d'un enfant de neuf ans.

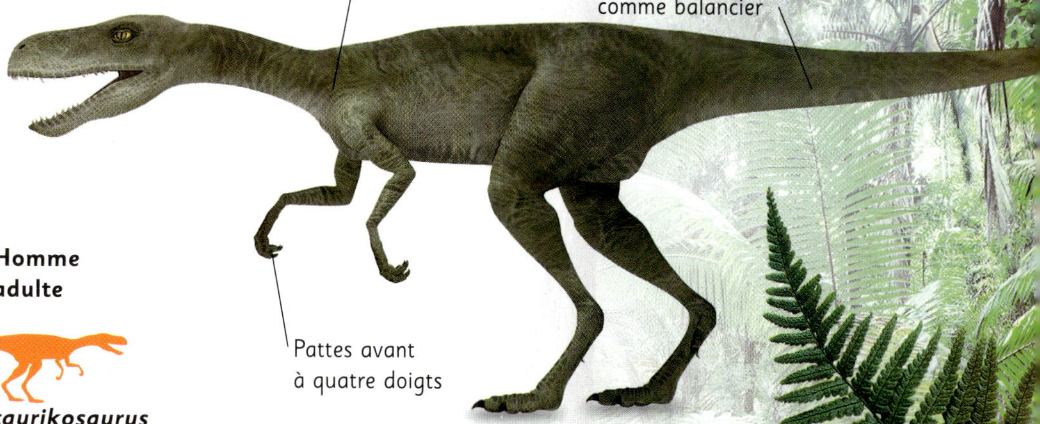

Staurikosaurus

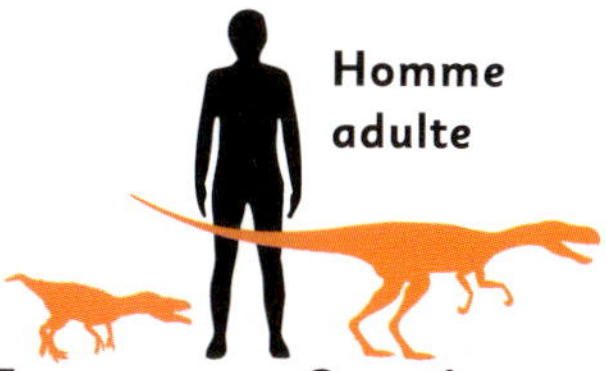

Eoraptor

Toujours prêt à mordre

L'*Eoraptor* mangeait sans doute des lézards et des petits reptiles mammaliens, qu'il réduisait en charpie à l'aide de ses dents de devant incurvées.

Les griffes des dinosaures

Au cours de leur évolution, les dinosaures semblent avoir eu de moins en moins de doigts aux pattes avant.

Quatre ou cinq doigts : c'est ce qu'avaient les premiers dinosaures, comme le *Thecodontosaurus*.

Trois doigts : c'est ce qu'avaient leurs successeurs, comme l'*Allosaurus*.

Deux doigts : c'est ce qu'avaient beaucoup de dinosaures du crétacé, comme le *Tyrannosaurus rex*.

Deviens incollable...
Sur la chasse en groupe, pages **30-31**

« Voleur de l'aube ».

Le dinosaure d'Herrera

Si tu découvres un dinosaure inconnu, il portera peut-être ton nom ! C'est ce qui est arrivé à Victorino Herrera, qui a trouvé en 1958 les fragments d'un dinosaure fossilisé.

Le dinosaure trouvé par Victorino Herrera a été baptisé *Herrerasaurus*. C'était l'un des premiers dinosaures.

L'*Herrerasaurus* avait des pattes fines et musclées.

Ses trois doigts les plus longs avaient des griffes incurvées.

Le sais-tu ?

Au trias, les jours étaient plus courts qu'aujourd'hui. La Terre tournait un peu plus vite et une journée durait 22 heures et 45 minutes et non 24 heures !

Où Victorino Herrera a-t-il trouvé les fragments d'*Herrerasaurus* ?

Que mangeait-il ?

L'*Herrerasaurus* mangeait sans doute des reptiles mammaliens appelés cynodontes.

Thrinaxodon : un petit carnivore peut-être couvert de poils.

Cynognathus : un prédateur féroce pourvu de longues dents semblables à celles d'un chien.

Diademodon : un herbivore de la taille d'une petite vache.

Un régime diversifié

Comme les cynodontes, l'*Herrerasaurus* mangeait peut-être des dinosaures plus petits que lui, comme le *Pisanosaurus*. Son squelette fin et léger devait en faire un chasseur agile.

Une tête adaptée à la chasse

L'*Herrerasaurus* avait une longue tête pointue et des dents crénelées aiguisées. La double articulation de sa mâchoire l'aidait à retenir ses proies.

Une découverte rare

Un squelette presque entier d'*Herrerasaurus* a été découvert en 1988 près de la cordillère des Andes, en Amérique du Sud. Il a révélé que l'*Herrerasaurus*, l'un des plus grands prédateurs de son époque, avait un squelette un peu plus long qu'une voiture.

En Argentine, où il vivait.

Les fossiles de Ghost Ranch

Edwin H. Colbert (à gauche) avec son équipe.

Un amateur a découvert à Ghost Ranch, dans le sud des États-Unis, une carrière de fossiles incroyablement riche regroupant des centaines de dinosaures fossilisés.

Qu'a-t-on trouvé ?
En 1947, Edwin H. Colbert a étudié des centaines de squelettes de *Coelophysis* en parfait état de conservation. Ce dinosaure carnivore était l'un des premiers dinosaures.

Qui était le *Coelophysis* ?
Le cœlophysis mesurait environ 2,50 m de long pour 25 kg. Sa mâchoire effilée était bordée de dents acérées qui prouvent qu'il mangeait de la viande.

Troupeau de *Coelophysis*

En quelle année a été découvert le *Coelophysis* ?

Les *Coelophysis* de Ghost Ranch ont été découverts sous à peine 60 cm de sédiment.

Ghost Ranch de nos jours

La région de Ghost Ranch, le Nouveau-Mexique, est aujourd'hui désertique, mais il y a 220 millions d'années, elle était irriguée par de nombreuses rivières qui débordaient régulièrement.

Le sais-tu ?

Coelophysis signifie « forme creuse ». On a donné ce nom à ce dinosaure car ses os étaient creux, ce qui l'allégeait et le rendait donc très rapide.

Squelettes de *Coelophysis* fossilisés

Les squelettes ont été trouvés groupés.

Ses grandes orbites font penser que le *Coelophysis* avait une bonne vue.

Liés dans la mort

Les squelettes fossilisés gisaient les uns sur les autres. Les paléontologues pensent qu'ils sont tous morts en même temps, lors de crues subites.

Le *Coelophysis* était-il cannibale ?

L'un des *Coelophysis* de Ghost Ranch avait entre les côtes le squelette d'un jeune *Coelophysis*. Cela pourrait indiquer que les adultes mangeaient les jeunes et les membres les plus faibles de leur propre espèce (comme bien des reptiles aujourd'hui).

Les experts pensent que le *Coelophysis* marchait sur les pattes arrière et attrapait ses proies avec les pattes avant.

Le squelette d'un jeune *Coelophysis* est visible dans l'estomac de l'animal.

En 1881, par David Baldwin.

Les dinosaures du jurassique

Au cours du jurassique, le supercontinent Pangée a commencé à se diviser. Les océans ont recouvert de vastes territoires, donnant naissance à de grandes mers intérieures et entraînant un climat plus doux.

Voici l'aspect de la Terre au jurassique (entre -206 et -144 millions d'années).

À quoi la Terre ressemblait-elle ?
Petit à petit, les habitats terrestres sont devenus moins extrêmes. Les espèces végétales se sont diversifiées et des forêts équatoriales ont commencé à pousser. Les déserts ont diminué et les dinosaures se sont déplacés vers de nouveaux territoires, parcourant pour certains d'énormes distances.

Le *Tyrannosaurus rex* vivait-il au jurassique ?

La vie animale
Le jurassique a vu apparaître des herbivores géants appelés sauropodes, comme le *Brachiosaurus*, le *Seismosaurus* et le *Diplodocus* et de grands carnivores, comme l'*Allosaurus* et le *Dilophosaurus*, qui mangeaient tout ce qu'ils parvenaient à attraper.
À cette époque, les dinosaures étaient les rois de la planète…

Test d'observation

Regarde attentivement les pages 48 à 65 et essaie de retrouver ce que représentent ces illustrations.

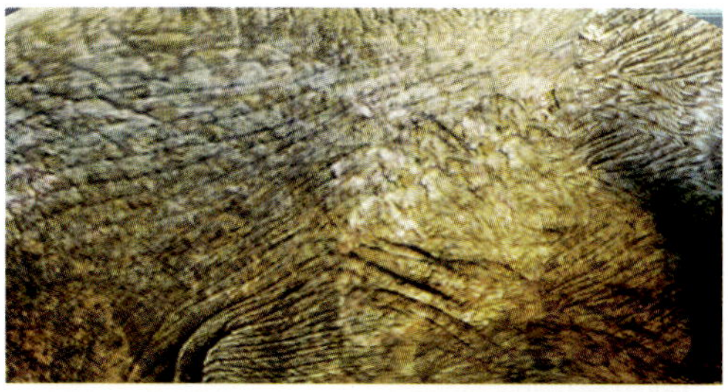

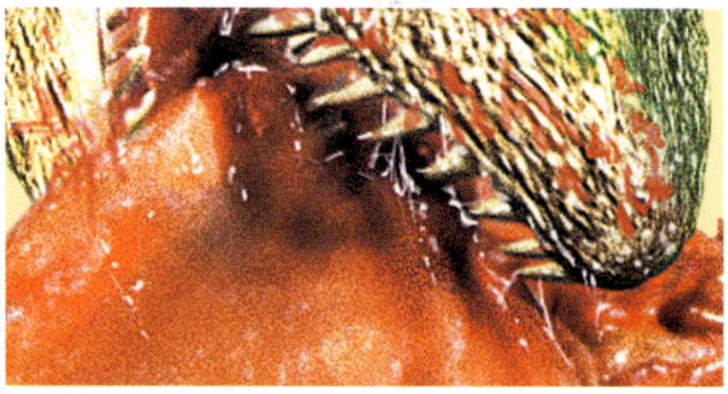
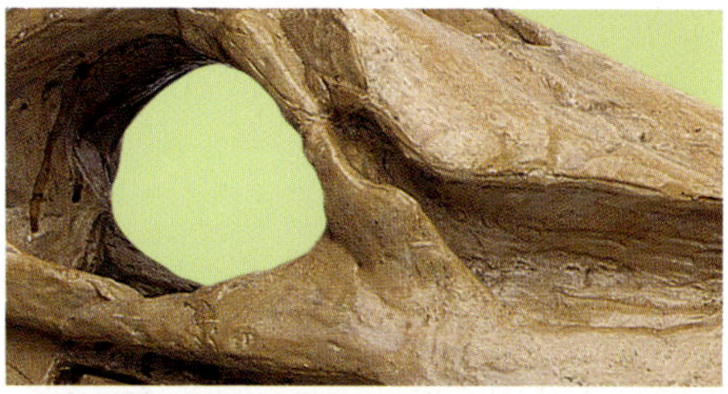
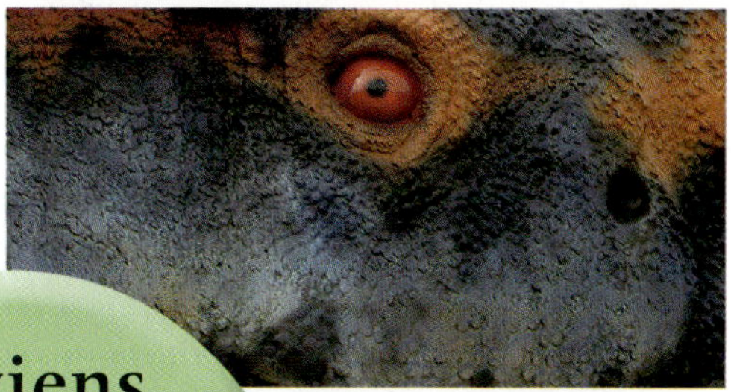

Deviens incollable…

Sur les sauropodes, pages **54-59**
Sur l'*Allosaurus*, pages **62-63**

Non, il est apparu plus tard, au cours du crétacé.

Les sauropodes

Les sauropodes sont les animaux les plus lourds, les plus longs et les plus hauts que la Terre ait portés. Ils étaient herbivores et devaient passer leur temps à brouter pour nourrir leur corps massif.

Petit tour du monde

On a trouvé des sauropodes partout dans le monde.

Mamenchisaurus : il pouvait atteindre 22 m de long et vivait en Chine.

Camarasaurus : ce dinosaure d'Amérique du Nord mesurait 23 m de long.

Barapasaurus : découvert en Inde, il faisait 18 m de long.

Vulcanodon : long de seulement 6,50 m, il vivait au Zimbabwe.

De tout petits cerveaux

Les têtes de sauropodes étaient minuscules comparées à leur corps. Leurs dents en forme de cale en bois leur servaient à arracher les plantes.

Crâne de *Diplodocus*

Le *Diplodocus* devait sa longueur principalement à son cou et à sa queue.

Une taille impressionnante !

Imagine un dinosaure aussi long qu'un court de tennis. C'était le cas du *Diplodocus* !

Squelette de *Diplodocus*

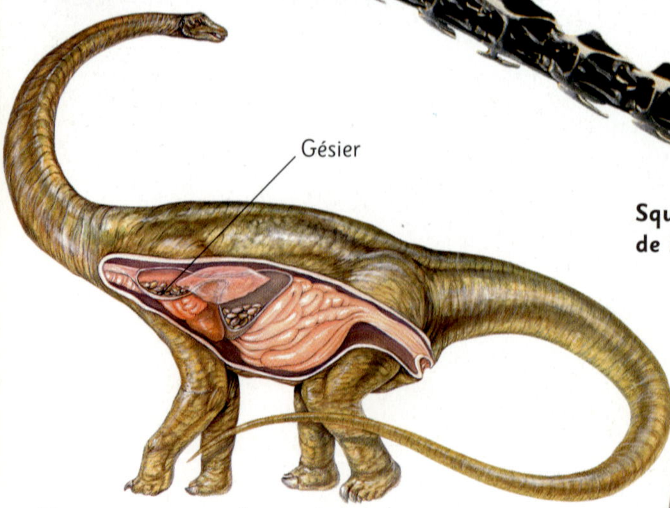

Squelette d'un homme adulte

Des pierres dans le ventre

Comme tous les sauropodes, le diplodocus avalait des pierres qui l'aidaient à broyer les plantes dures lors de la digestion.

Pierres de gésier

Combien de vertèbres formaient le cou du *Diplodocus* ?

Un vrai cou de girafe !
Le brachiosaure avait les pattes avant plus longues que les pattes arrière et le dos légèrement en pente vers l'arrière-train, un peu comme une girafe (mais il pouvait atteindre des feuilles situées deux ou trois fois plus haut).

Un dîner au sommet
Le *Brachiosaurus* broutait les feuilles du haut des arbres. Son cou s'est peut-être allongé pour lui permettre d'attraper des feuilles que d'autres herbivores ne pouvaient pas atteindre.

Mets-toi en ligne avec huit amis, tendez les bras et tenez-vous par les mains. Tu auras une idée de la longueur du cou de *Brachiosaurus* !

Brachiosaurus

Les sauropodes avaient une longue queue qui leur servait de balancier.

Quinze.

Une défense efficace

La principale défense des sauropodes résidait dans leur taille imposante. Un adulte en bonne santé était trop gros pour qu'un autre dinosaure l'attaque. Toutefois, les jeunes et les animaux faibles constituaient des proies plus faciles.

Cette réplique d'os du cou du *Barosaurus* est en route pour être exposée à New York.

Une taille impressionnante
Ce dessin montre un *Barosaurus* qui se cabre pour protéger son petit. Dressé sur les pattes arrière, un adulte mesurait environ 15 m (soit la hauteur d'un immeuble de cinq étages).

Barosaurus

Combien de temps les sauropodes vivaient-ils ?

Un fouet en guise de queue

Une queue peut faire un bon fouet et les scientifiques pensent que l'*Apatosaurus* (d'abord appelé *Brontosaurus*) frappait sans doute ses ennemis avec la sienne. Un tel coup devait infliger de terribles blessures.

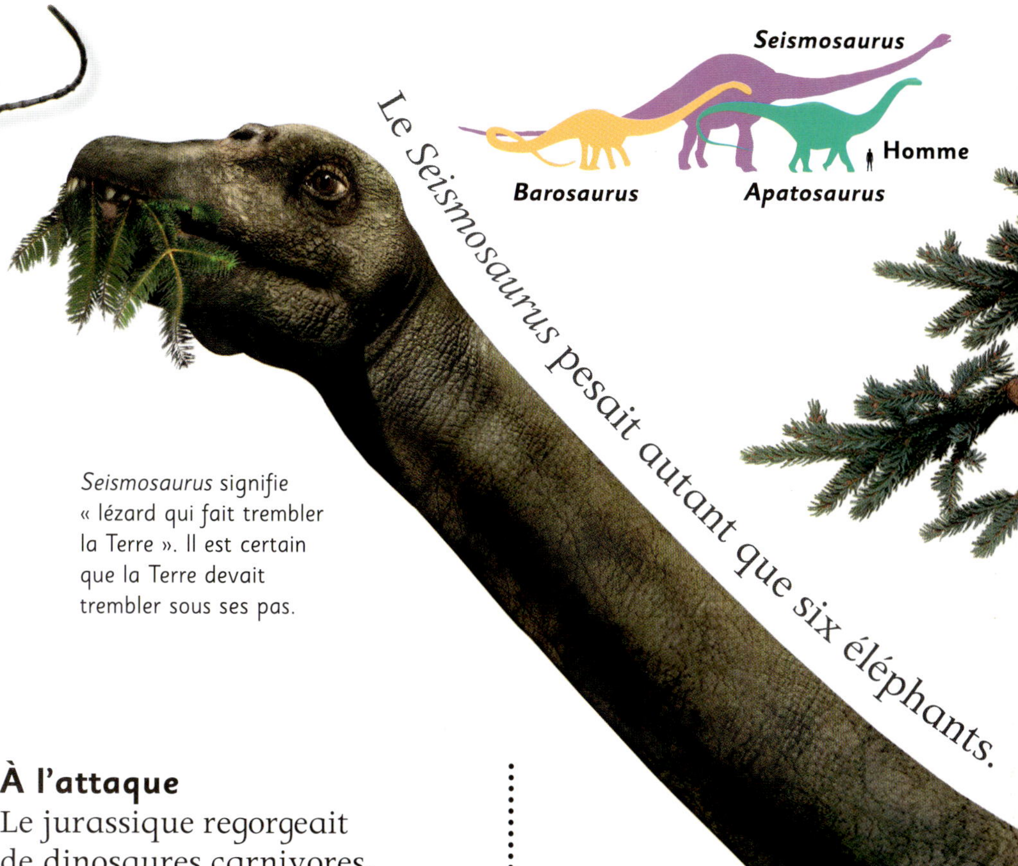

Seismosaurus signifie « lézard qui fait trembler la Terre ». Il est certain que la Terre devait trembler sous ses pas.

Le *Seismosaurus* pesait autant que six éléphants.

À l'attaque

Le jurassique regorgeait de dinosaures carnivores.

Ceratosaurus **:** il vivait dans des plaines arborées et mangeait des dinosaures et des reptiles.

Saurophaganax **:** les experts pensent qu'il s'agit d'une espèce d'allosaure.

Torosaurus **:** avec son corps massif, c'était le plus gros carnivore de son époque.

Le plus long

Le *Seismosaurus* est le plus long dinosaure trouvé à ce jour. Il mesurait 35 m de long.

Le sais-tu ?

On a trouvé des œufs de *Seismosaurus* disposés en ligne et non dans des nids. Les scientifiques croient que ce dinosaure pondait en marchant !

L'*Allosaurus* mordait sa proie puis levait la tête pour lui arracher un lambeau de chair.

Probablement une centaine d'années.

Le *Cetiosaurus*

Le *Cetiosaurus* était un véritable géant qui se nourrissait de fougères et d'arbres. L'os de sa cuisse mesurait plus de 1,80 m de long (la taille d'un homme adulte).

Une famille nombreuse
Comme tous les dinosaures, le *Cetiosaurus* appartient à une famille. Il fait partie de la famille des cétiosauridés, dont on trouve des membres partout dans le monde. L'un de ses cousins chinois s'appelle *Shunosaurus*.

Shunosaurus

Ce n'est pas une baleine !
Le *Cetiosaurus* est le premier sauropode à avoir été découvert et l'un des premiers dinosaures à avoir reçu un nom. Les experts croyaient à l'origine qu'il était proche de la baleine, car leurs colonnes vertébrales se ressemblent.

Vertèbre de *Cetiosaurus*

Vertèbres de baleine

Combien mesurait-il?
Malgré une taille moyenne pour un sauropode, le *Cetiosaurus* était déjà très imposant avec ses 16 m de long. Il vivait au sein de grands troupeaux près d'une mer aujourd'hui disparue située à la place de l'Angleterre actuelle.

Que signifie *Cetiosaurus*?

Voyage en Australie

Les scientifiques pensent que l'énorme *Rhoetosaurus*, l'un des premiers sauropodes, était apparenté au *Cetiosaurus*. C'était l'un des dinosaures du jurassique les plus gros d'Australie. Son poids l'empêchait de courir et l'obligeait sans doute à marcher lentement.

Les grosses pattes du *Rhoetosaurus* répartissaient son poids sur une grande surface.

Des prédateurs affamés

Le *Cetiosaurus* était peut-être la proie d'un certain nombre de prédateurs.

Megalosaurus : long de 8 m, il avait des dents incurvées et de longues griffes acérées.

Eustreptospondylus : c'était un chasseur élancé de 5 à 6,50 m de haut.

Allosaurus : il mesurait 12 m de long et avait des dents tranchantes comme des lames de couteau.

Deviens incollable...

Sur les dinosaures qui vivaient en groupes, pages **30-31**

« Lézard baleine ».

Les autres herbivores

Les gros sauropodes n'étaient pas les seuls dinosaures herbivores du jurassique. Ils étaient en compétition pour la nourriture avec divers petits dinosaures.

Quelques exemples

Voici quelques herbivores du jurassique que tu ne connais peut-être pas.

Heterodontosaurus : ce « lézard à différentes dents » avait trois types de dents.

Lufengosaurus : ce prosauropode robuste avait la taille d'un cheval.

Lesothosaurus : ce dinosaure élancé n'était pas plus grand qu'une petite chèvre.

Des tiges dures ? Aucun problème !

Contrairement aux sauropodes, beaucoup de petits herbivores avaient un bec corné dépourvu de dents, qui leur servait à arracher les feuilles dures des plantes ligneuses.

L'avantage de la bipédie

Le fait de marcher sur deux pattes rendait ces petits herbivores bien plus agiles que les gros sauropodes.

Squelette de *Camptosaurus*

Camptosaurus

Un véritable survivant
Ce dinosaure a vécu de la fin du trias au début du crétacé, soit plus de 60 millions d'années, en Amérique du Nord et en Angleterre.

Scutellosaurus

Ses protubérances osseuses rendaient sans doute le *Scutellosaurus* beaucoup plus lourd que les autres dinosaures de la même taille.

Attention danger !
En plus de leur agilité, certains herbivores bénéficiaient d'une protection supplémentaire. Le *Scutellosaurus* avait plus de 300 petites pointes osseuses réparties sur le dos, les flancs et la queue.

Dryosaurus

La morphologie du *Dryosaurus* lui permettait de courir très vite en cas de danger.

Un bec de perroquet
Le *Dryosaurus* utilisait son bec pour arracher les plantes, qu'il broyait ensuite avec ses dents en forme de feuille. Il vivait sans doute en troupeau, en Afrique de l'Est et en Amérique du Nord.

Les **cycas** ressemblaient aux palmiers modernes mais n'avaient pas de fleur.

Les **conifères** étaient déjà très nombreux longtemps avant l'arrivée des dinosaures.

Les **prêles** étaient plus hautes que de nombreux arbres du mésozoïque.

Les **fougères** existaient longtemps avant l'apparition des dinosaures.

Deviens incollable...
Sur l'habitat des dinosaures, pages **14-15**
Sur le *Lesothosaurus*, page **45**

Nous avons découvert beaucoup de plantes fossilisées.

De redoutables prédateurs

Le jurassique a vu se développer d'énormes et puissants carnivores. Les scientifiques ne savent pas avec certitude s'ils chassaient seuls ou en groupes mais, même dans le premier cas, ce devaient être des tueurs féroces.

Deviens incollable...

Sur les carnivores du trias, pages **46-49**

Sur les carnivores du crétacé, pages **80-81**

L'*Allosaurus*
Ce carnivore repérait ses proies grâce à son ouïe et à son odorat développés. Il se cachait peut-être dans les buissons pour les attaquer par surprise.

Où a-t-on trouvé le premier *Allosaurus* presque complet ?

Quelle tête bizarre !
Le dilophosaure, un grand prédateur bipède, avait une crête osseuse semi-circulaire de chaque côté du crâne. Peut-être ses crêtes l'aidaient-elles à se protéger du soleil ou faisaient-elles partie de ses atours lors de la parade nuptiale.

Dilophosaurus

Quelle grosse tête !
La tête de l'*Allosaurus* mesurait 1 m de long. Une articulation spéciale lui permettait d'ouvrir la mâchoire sur plus de 1 m de long, révélant environ 70 dents dont certaines mesuraient 10 cm de long.

Des armes redoutables
L'*Allosaurus* avait des « mains » préhensiles à trois doigts. Chaque doigt était pourvu d'une griffe acérée.

« Main » fossilisée d'*Allosaurus*

Dans le Colorado, aux États-Unis.

Les géants chinois

Cette illustration montre un *Yangchuanosaurus* en train de chasser. Ce grand carnivore a repéré un *Mamenchisaurus* affaibli et guette le moment où il pourra attaquer l'herbivore géant.

Des prédateurs sans pitié

Au cours du jurassique, le nombre des dinosaures n'a cessé d'augmenter. Voici quelques exemples de carnivores découverts en Chine.

Dilophosaurus : ce dinosaure du début du jurassique a été découvert en Chine (et aux États-Unis).

Monolophosaurus : C'est l'un des premiers carnivores géants. Il est apparu au milieu du jurassique.

Szechuanosaurus : ce dinosaure de la fin du jurassique ressemblait à un petit *Allosaurus*.

Qui est ce dinosaure ?

Le *Yangchuanosaurus* était le plus gros prédateur de Chine au cours du jurassique. Avec sa tête de la taille d'un fauteuil, il devait offrir un spectacle terrifiant.

Que mangeait le *Mamenchisaurus* ?

Et enfin, la tête

Le long cou du *Mamenchisaurus* était soutenu par 19 vertèbres. De tous les dinosaures que nous connaissons, c'est celui qui a le plus de vertèbres dans le cou. Ses os étaient creux. Dans le cas contraire, son cou aurait été trop lourd pour qu'il puisse le lever.

Un célèbre cou

Le *Mamenchisaurus* avait un coup exagérément long, qui mesurait plus de la moitié de la longueur totale du dinosaure. C'est l'animal au cou le plus long connu à ce jour. En comparaison, sa tête était minuscule.

Le sais-tu ?

Au trias et au jurassique, la Lune était plus proche de la Terre qu'aujourd'hui. Elle semblait plus grande dans le ciel, reflétait davantage la lumière du Soleil et était plus brillante qu'aujourd'hui.

Des plantes dont des conifères, des fougères à graines, des lycopodes et des prêles.

Des gabarits variés

Bien qu'ils ne se soient jamais rencontrés, le *Compsognathus* et le *Ceratosaurus* vivaient tous deux au jurassique, l'un sur des îles chaudes et l'autre dans des plaines inondables.

Fossile de *Compsognathus*

Un fossile mystérieux

Le *Compsognathus* a été découvert en 1861 mais n'a pas tout de suite été identifié comme un dinosaure en raison de sa petite taille. Seuls deux fossiles de *Compsognathus* ont été découverts, dont un qui avait un lézard dans le ventre.

Le *Compsognathus*

Le *Compsognathus* vivait sur les îles qui occupaient l'emplacement de l'Europe actuelle. Malgré sa petite taille, c'était un redoutable prédateur.

Que mangeait le *Compsognathus*?

Le *Ceratosaurus*
Le *Ceratosaurus* mesurait 4,50 à 6 m de long. C'était un puissant carnivore avec une petite corne sur la tête.

Les cératosaures
Le *Ceratosaurus* appartient à la famille des cératosaures, qui comprend bien d'autres dinosaures.

Dilophosaurus **:** il avait sur la tête deux crêtes presque semi-circulaires.

Coelophysis **:** il mesurait environ 2 m de long et ressemblait à un oiseau avec des longues pattes.

Segisaurus **:** ce petit cératosaure mesurait seulement 1 m de long.

Deviens incollable…
Sur les fossiles, pages **104-105**

Des petits animaux comme des lézards et les premiers oiseaux.

Le Dinosaur National Monument

De 1909 à 1924, les scientifiques ont extrait d'une carrière de l'Utah, aux États-Unis, 300 tonnes d'os de dinosaures datant de la fin du jurassique. L'importance de la découverte a été officialisée par la création sur le site du Dinosaur National Monument (Monument national du dinosaure), en 1915.

Une paroi osseuse
Le musée présente aux visiteurs une grande paroi inclinée qui contient plus de 1 500 fossiles de dinosaure.

Un paysage différent
Du temps des dinosaures, la zone dans laquelle les fossiles ont été découverts était un point d'eau. C'est pourquoi tant d'animaux s'y rendaient.

D'après toi, combien de temps Earl Douglass a-t-il mis pour dégager le squelette d'*Apatosaurus* qu'il avait trouvé ?

Earl l'explorateur

La carrière de l'Utah a été découverte par Earl Douglass, qui cherchait des os de dinosaures dans la région en 1909. Le paléontologue a d'abord trouvé un *Apatosaurus*. Puis beaucoup d'autres os !

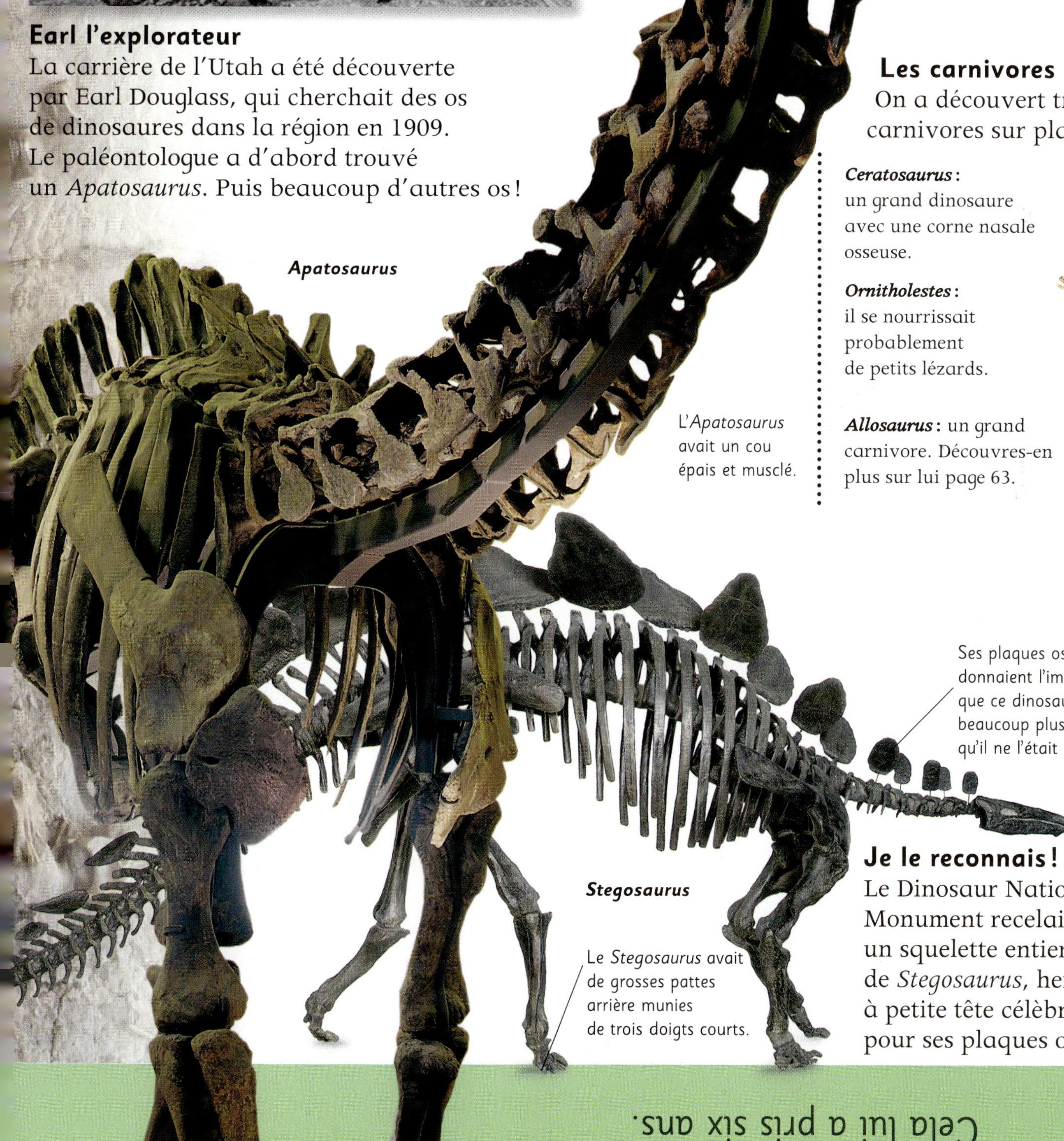

L'*Apatosaurus* vivait il y a environ 150 millions d'années.

L'*Apatosaurus* avait un cou épais et musclé.

Ses plaques osseuses donnaient l'impression que ce dinosaure était beaucoup plus grand qu'il ne l'était en réalité.

Le *Stegosaurus* avait de grosses pattes arrière munies de trois doigts courts.

Les herbivores

Les trois quarts des ossements découverts sur le site appartenaient à des sauropodes comme l'*Apatosaurus*, le *Camarasaurus* et le *Diplodocus*.

Les carnivores

On a découvert trois carnivores sur place.

Ceratosaurus : un grand dinosaure avec une corne nasale osseuse.

Ornitholestes : il se nourrissait probablement de petits lézards.

Allosaurus : un grand carnivore. Découvres-en plus sur lui page 63.

Je le reconnais !

Le Dinosaur National Monument recelait un squelette entier de *Stegosaurus*, herbivore à petite tête célèbre pour ses plaques osseuses.

Cela lui a pris six ans.

Les dinosaures du crétacé

Voici l'aspect de la Terre au crétacé (entre -144 et -65 millions d'années).

Au crétacé, les continents ont commencé à s'éloigner les uns des autres et les dinosaures se sont développés différemment sur chacun d'eux. Leurs espèces se sont alors considérablement diversifiées.

À quoi la Terre ressemblait-elle ?
Au début du crétacé, les températures étaient les mêmes qu'au jurassique, mais au cours du million d'années suivant elles ont commencé à se rafraîchir. Peu à peu, la Terre est devenue telle que nous la connaissons.

Quelles plantes sont apparues au crétacé ?

La vie animale

Le crétacé a abrité des dinosaures très variés, herbivores comme l'*Iguanodon* et le *Triceratops*, ou carnivores comme le *Troodon* et le *Tyrannosaurus*. Les dinosaures ont disparu à la fin de cette période, mais tant qu'elle a duré, ils se sont multipliés.

Deviens incollable...

Sur le *Troodon*, pages **86-87**
Sur les dinosaures à corne(s), pages **76-77**

Test d'observation

Regarde attentivement les pages 70 à 93 et essaie de retrouver ce que représentent ces illustrations.

Les plantes à fleurs (apprends-en plus page 15).

Le Dinosaur Provincial Park

Aujourd'hui, le « parc provincial du dinosaure », situé en Alberta, au Canada, offre un paysage rocheux presque désertique. Il y a 75 millions d'années, c'était un paradis subtropical implanté autour de l'embouchure marécageuse d'une rivière. C'était aussi l'habitat de nombreux dinosaures.

Le site s'est révélé très riche en restes de dinosaures depuis la découverte du premier fossile, en 1910.

Squelette fossilisé d'un *Corythosaurus*

De fabuleux fossiles

De nombreux squelettes de dinosaures ont été merveilleusement conservés par le sol marécageux de l'époque, comme ce squelette de *Corythosaurus* (un hadrosaure).

Corythosaurus

Qu'y a-t-on trouvé ?

Les paléontologues ont trouvé dans le parc 35 espèces de dinosaures de la fin du crétacé et en ont extrait 300 squelettes. Les plus répandus étaient des hadrosaures.

Un véritable tank !

L'*Euoplocephalus*, un herbivore, était parfaitement protégé contre les attaques.

Quelle était la principale caractéristique des ankylosaures ?

Qu'y a-t-on trouvé d'autre ?
En plus des dinosaures, les chercheurs ont déterré les squelettes fossilisés de beaucoup d'autres créatures du crétacé dont de nombreux poissons, crocodiles, ptérosaures, oiseaux, mammifères et tortues.

Aurait-il pu te manger ?
L'*Albertosaurus* était le plus grand prédateur du parc. Il y croisait beaucoup d'hadrosaures susceptibles de combler son appétit.

Une armure vivante
Trois genres d'ankylosaures ont été découverts au Provincial Park.

Panoplosaurus **:** il avait de longues épines sur les épaules et des plaques osseuses sur le dos.

Edmontonia **:** il était couvert de rangées de plaques et de pointes osseuses.

Euoplocephalus **:** il se défendait à l'aide d'une massue caudale.

L'*Albertosaurus* ressemblait un peu au *Tyrannosaurus rex*, qui faisait partie de la même famille mais qui a vécu après lui.

Certains avaient la tête dure !
Le *Pachycephalosaurus* avait un crâne incroyablement épais. Peux-tu imaginer pourquoi ? Découvres-en plus sur ce dinosaure page 24.

Au crétacé, le parc contenait plus de 170 espèces de plantes différentes.

Deviens incollable...
Sur les ankylosaures, pages **78-79**
Sur les hadrosaures, pages **74-75**

Ils avaient des plaques osseuses en guise d'armure.

Les vaches du crétacé

Les hadrosaures du crétacé étaient l'équivalent des vaches actuelles. Ils étaient très répandus dans les forêts et les marécages d'Amérique du Nord.

Chacun sa crête

Les crêtes des hadrosaures avaient des formes variées.

Corythosaurus : sa crête avait la forme d'une plaque.

Tsintaosaurus : sa crête était peut-être couverte d'une peau de couleur vive.

Lambeosaurus : sa crête ressemblait à un casque.

Les hadrosaures avaient une queue raide qu'ils ne pouvaient sans doute pas balancer sur les côtés.

Les crêtes des hadrosaures mâles étaient sans doute plus grandes que celles des femelles.

Parasaurolophus

Quel profil !

Les hadrosaures sont les dinosaures aux têtes les plus étranges. Beaucoup avaient une crête.

Deviens incollable...

Sur un autre hadrosaure, le *Maiasaura*, pages **28-29**

Peux-tu nommer un animal à crête contemporain ?

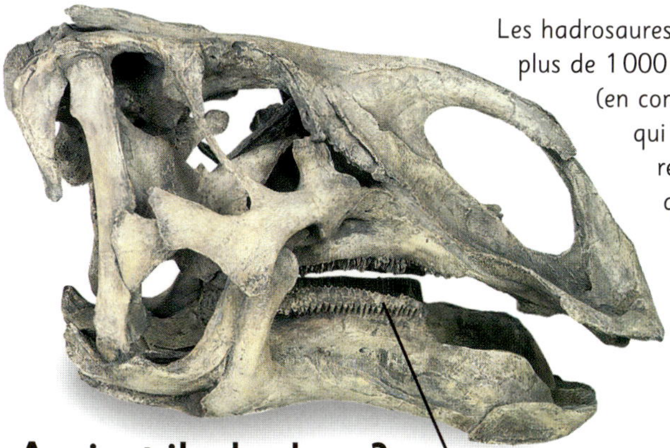

Les hadrosaures avaient plus de 1 000 dents (en comptant celles qui poussaient pour remplacer celles qui s'usaient).

Avaient-ils des becs ?

Leur mâchoire en forme de bec de canard contenait des rangées de dents rapprochées qui leur servaient à broyer les plantes.

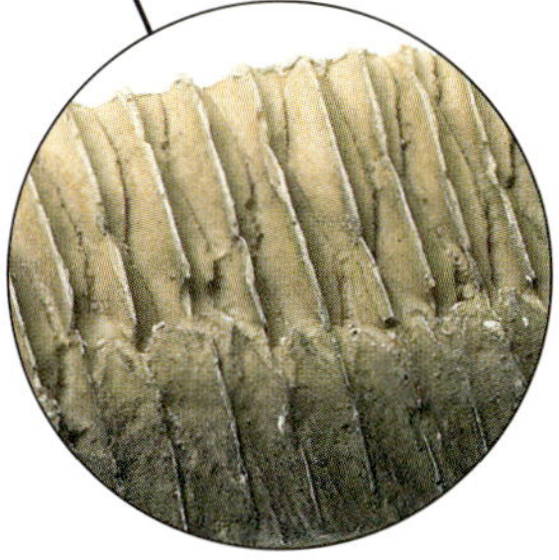

Dents fossilisées d'hadrosaure

Que mangeaient-ils ?

L'un des fossiles d'hadrosaure contenait encore les restes de son dernier repas : écorces, pommes de pain, aiguilles de conifères et branches, des matériaux rigides difficiles à digérer.

Corythosaurus

Une vie nomade

Les hadrosaures formaient d'énormes troupeaux, qui se déplaçaient en broutant les feuilles, les aiguilles des sapins et les fougères.

Le coq et le dindon, par exemple.

Cornes et collerettes

Avec son allure de rhinocéros, le *Triceratops* est l'un des dinosaures les plus connus. Il appartient au groupe des cératopsiens, ou dinosaures à « tête à corne ».

Un herbivore bien costaud !

Une tête à trois cornes
Le tricératops était l'un des plus grands cératopsiens. Adulte, il mesurait environ 10 m de long.

Que signifie le nom *Triceratops* ?

Les autres cératopsiens

On connaît plusieurs dinosaures à cornes et/ou à collerettes.

Protoceratops **:** il avait une collerette sur la tête mais n'avait pas de corne.

Styracosaurus **:** (ou « lézard à piques ») il avait une curieuse collerette à cornes.

Pentaceratops **:** il avait une énorme collerette sur le cou et trois longues cornes.

Les moutons du Gobi

Les protocératops arpentaient le désert de Gobi, en Asie, un peu comme les moutons dans nos campagnes. (Ils avaient d'ailleurs la même taille.)

Le *protoceratops* était pourvu d'un « bec de perroquet ».

Crânes de *Protoceratops*, de la sortie de l'œuf à l'âge adulte.

Crâne d'un bébé

Crâne d'un adulte

Une proie sans défense

Le *Protoceratops* n'avait pas de protection particulière. Sa petite taille en faisait une proie idéale pour un certain nombre de carnivores.

Un grand cimetière de dinosaures

Le désert de Gobi est jonché de restes de *Protoceratops* de tous âges.

Crâne d'*Ankylosaurus*

Des armures sur pattes

Les ankylosaures ressemblaient à des blindés ! Ils marchaient à quatre pattes et étaient couverts d'une armure faite d'épines et d'épaisses plaques osseuses.

Une tête dure
Les ankylosaures étaient protégés de la tête au bout de la queue. Regarde comme ces crânes ont l'air solides !

Des géants cuirassés
À une époque, *l'Euoplocephalus* (« tête protégée ») était l'ankylosaure le plus répandu des plaines d'Amérique du Nord. Il était à l'abri des prédateurs grâce aux plaques osseuses soudées qui couvraient son cou et son dos.

Crâne d'*Euoplocephalus*

Euoplocephalus

Les ankylosaures étaient-ils carnivores ou herbivores ?

Les ankylosaures

Les ankylosaures sont classés en fonction de leur apparence. Ils se répartissent entre trois principaux groupes.

Ankylosauridés : comme l'*Ankylosaurus*, leur queue se terminait par une massue osseuse.

Nodosauridés : comme l'*Edmontonia*, ils portaient des rangées d'épines sur le corps.

Polacanthidés : comme le *Gastonia*, ils portaient des épines sur le corps et la queue.

Des empreintes fossilisées montrent que le *Saltasaurus* avait des protubérances osseuses sur la peau.

Saltasaurus

Les sauropodes aussi !

Les ankylosaures n'étaient pas les seuls dinosaures du crétacé à avoir une armure. Certains sauropodes étaient également cuirassés, comme le *Saltasaurus*.

Massue caudale d'un *Ankylosaurus*

Les massues caudales

Certains ankylosaures avaient au bout de la queue une protubérance osseuse en forme de massue qui leur servait à frapper leurs assaillants. Cette arme lourde devait infliger de terribles blessures.

Le *Tyrannosaurus rex*

Ce puissant tyrannosaure a vécu en Amérique du Nord pendant les deux derniers millions d'années du règne des dinosaures.

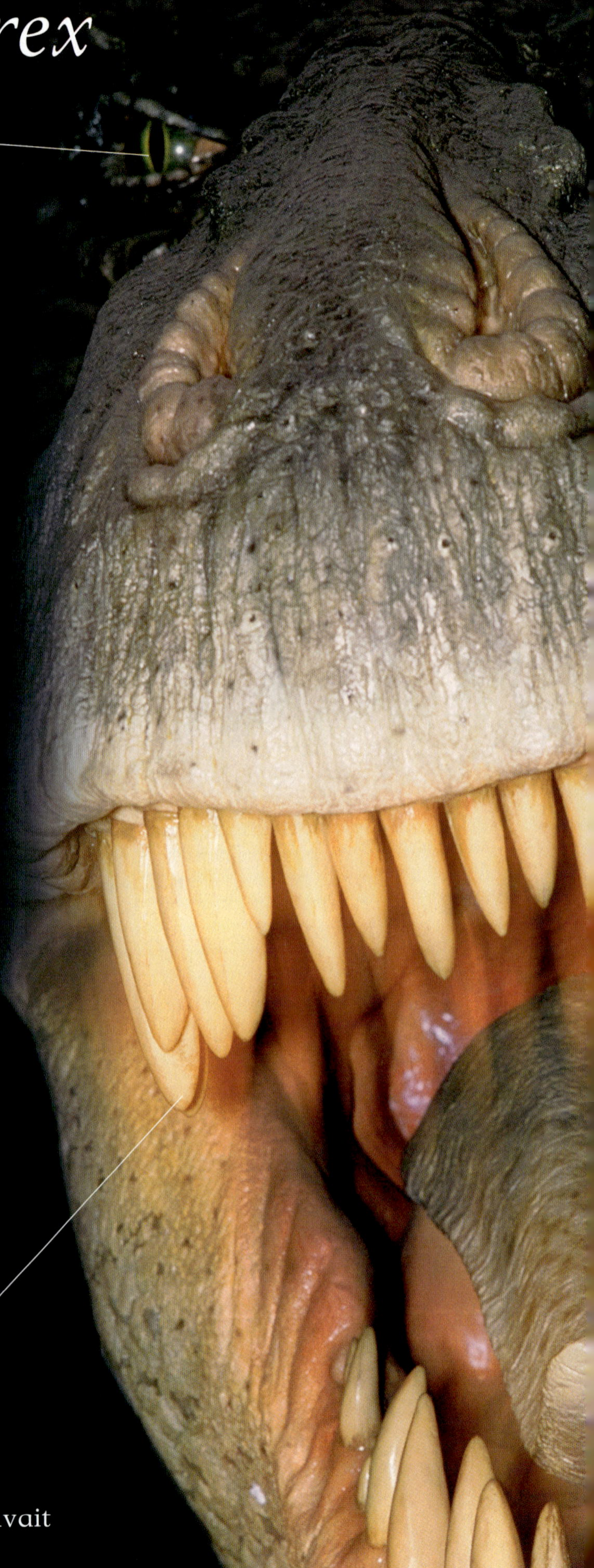

Les globes oculaires des *Tyrannosaurus rex* avaient la taille d'un poing.

Quand une dent cassait, une autre poussait pour la remplacer.

Des dents gigantesques
Le *Tyrannosaurus rex* avait de terrifiantes dents recourbées, aussi longues que la main d'un homme. Sa mâchoire contenait 58 de ces armes pointues.

Chasseur ou charognard?

Le *Tyrannosaurus rex* mangeait des herbivores comme le *Triceratops*.

Le *Tyrannosaurus rex* marchait sur ses puissantes pattes arrière.

Était-ce un chasseur?
Nous ignorons si le *Tyrannosaurus rex* était un chasseur qui attaquait ses proies pour les tuer et les manger, ou un charognard qui dévorait les dinosaures qu'il trouvait morts ou mourants. Peut-être était-il les deux.

Que signifie *Tyrannosaurus rex*?

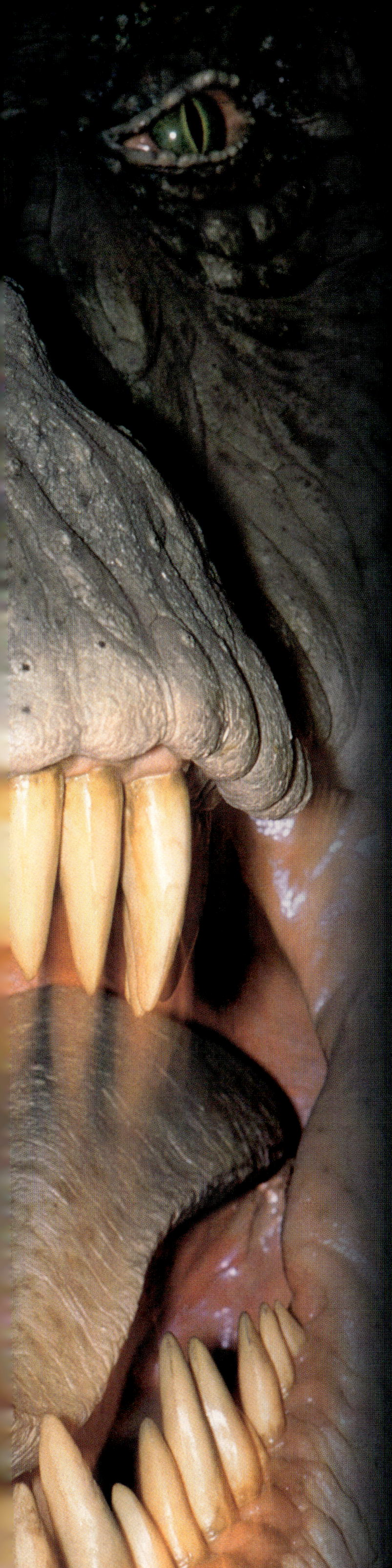

Un crâne adapté
Avec son crâne massif de 1,50 m de long, cet animal féroce pouvait avaler des petits dinosaures entiers ! Les os de son crâne étaient percés de cavités qui le rendaient plus léger.

Les dents du *Tyrannosaurus rex* présentaient de minuscules dentelures qui l'aidaient à arracher la chair de ses victimes.

Le *Guanlong* mesurait seulement 1 m de long et sa longueur était due principalement à son cou et à sa queue !

Un lointain ancêtre
L'un des membres les plus anciens de la famille du tyrannosaure a été découvert récemment en Chine. Le *Guanlong* vivait environ 100 millions d'années avant le *Tyrannosaurus rex*.

Quel succès !
Voici Sue, le squelette de dinosaure le plus grand et le plus complet au monde. Elle a été vendue à un musée américain en 1991 pour la coquette somme de 6 millions d'euros.

Du nez au bout de la queue, Sue mesure 13 m.

« Roi des lézards tyrans ».

Un énorme prédateur

Le *Giganotosaurus*, ou « lézard géant du Sud », était particulièrement grand, peut-être même plus que le *Tyrannosaurus rex*. Les deux espèces ne se sont jamais rencontrées, car le *Giganotosaurus* vivait environ dix millions d'années avant le *Tyrannosaurus rex*.

Une découverte récente
Des os de *Giganotosaurus* ont été découverts en Argentine (Amérique du sud) au début des années 1990 mais on n'en a pas trouvé de squelette entier.

Le *Giganotosaurus* devait avoir un odorat très fin et une excellente vue.

Le sais-tu ?

Il est difficile d'imaginer la taille et le poids d'un *Giganotosaurus* adulte. Les experts pensent que l'animal devait être aussi lourd que 125 hommes réunis. Cela fait beaucoup de monde !

Où vivait le *Giganotosaurus* ?

À l'attaque !

L'*Argentinosaurus*, un énorme sauropode argentin, côtoyait le *Giganotosaurus*. Ce monstre atteignait peut-être 43 m de long ! Avec ses 15 m de long, un *Giganotosaurus* seul n'en serait pas venu à bout, mais il chassait peut-être en groupe.

Deviens incollable...

Sur les sauropodes, pages **50-53**

Sur les *Tyrannosaurus rex*, pages **76-77**

Argentinosaurus

Une étreinte fatale

Les pattes avant des *Giganotosaurus* étaient plus grandes et plus puissantes que celle des *Tyrannosaurus rex*. Leurs trois doigts devaient servir à attraper des proies et de la nourriture.

De grandes dents

Le giganotosaure avait de grandes dents crénelées qui lui servaient à frapper, à retenir ses proies et à leur arracher des morceaux de chair. Les plus grandes dents mesuraient environ 20 cm.

Dans les marécages chauds du crétacé, en Argentine (Amérique du sud).

Le *Spinosaurus*

S'il existait un concours pour savoir quel dinosaure ressemblait le plus à un dragon, le *Spinosaurus* le gagnerait haut la main. Avec sa haute « voile » dorsale et sa longue mâchoire étroite, il devait être effrayant.

Qu'avait-il sur le dos ?
Le spinosaure avait sur le dos une impressionnante voile en peau soutenue par des os de 2 m de long.

Éléphant d'Afrique

À quoi servait sa voile ?
La voile était parcourue par un réseau de petites veines, comme les oreilles d'un éléphant. Peut-être s'en servait-il pour réguler sa température (comme les éléphants avec leurs oreilles).

Le *Spinosaurus* était-il plus grand que le *Tyrannosaurus rex* ?

Quelle couleur avait-il ?
Personne ne sait de quelles couleurs étaient les dinosaures. Celui-ci pouvait aussi bien être de couleur terne qu'arborer de splendides motifs.

Le *Spinosaurus* avait peut-être de somptueux motifs colorés comme certains serpents.

Le *Spinosaurus* était un proche parent du *Baryonyx*, que tu rencontreras page 92.

Les fossiles du *Spinosaurus* ont été trouvés dans le nord de l'Afrique (en Égypte et au Niger).

Un membre de la famille
Les dinosaures d'un même groupe pouvaient être de tailles très différentes. L'un des proches parents les plus petits du *Spinosaurus*, l'*Irritator*, vivait en Amérique du Sud.

Les restes fossilisés d'un *Irritator* ont été découverts au Brésil.

Le sais-tu ?

L'*Irritator* doit son nom à un incident irritant survenu lorsque son découvreur a abîmé ses restes en essayant de les recoller pour leur donner plus de valeur.

Oui, mais il vivait bien avant lui.

Le plus intelligent ?

Étant donné la taille de son cerveau par rapport à son corps, les scientifiques pensent que le *Troodon* était le dinosaure le plus intelligent.

Un chasseur nocturne ?
Le troodon avait sans doute une bonne vue. Il avait peut-être même des pupilles verticales (comme les chats) qui lui permettaient de voir dans l'obscurité, et donc de chasser la nuit.

Reproduction d'un *Troodon* mâle

Les longues pattes du *Troodon* devaient le rendre très agile.

La grosse griffe en forme de faucille située sur son second orteil lui servait à taillader ses proies.

***Troodon* femelle**

Deviens incollable...
Sur les œufs et les nids de dinosaures, pages **26-27**

Que pouvait chasser le *Troodon* ?

Dent de *Troodon*

Observe cette dent

Troodon signifie « dent qui blesse ». Le *Troodon* avait de petites dents crénelées recourbées vers l'arrière, qui l'aidaient à retenir ses proies.

Les *Troodon* avaient environ 120 dents (un enfant en a 20).

Le *Troodon* avait sûrement des plumes.

Une bonne prise

Le *Troodon* avait des « mains » à trois doigts pourvus de griffes aiguisées parfaites pour attraper et retenir ses proies.

C'est mon nid !

Le *Troodon* formait de grandes colonies et s'occupait de ses petits. Des nids lui appartenant probablement ont été découverts dans le Montana, aux États-Unis. Ils mesuraient 2 m de diamètre et contenaient jusqu'à 24 œufs.

Probablement des bébés dinosaures, des petits mammifères, des serpents, des lézards et des oiseaux.

Des tueurs féroces

Bambiraptor

À la fois agressif et rapide, le *Velociraptor* était un terrible prédateur qui vivait en Asie à la fin du crétacé. Il était petit mais ses dents tranchantes comme des lames et ses griffes aiguisées comme des poignards le rendaient très dangereux.

Velociraptor

Sa mâchoire étroite contenait environ 80 dents pointues.

Ses plumes lui tenaient chaud mais ne lui servaient pas à voler.

Un dinosaure à plumes?

Certains fossiles de dinosaures montrent qu'ils portaient des plumes. Le vélociraptor en avait sans doute, bien qu'aucun fossile ne vienne le confirmer.

Deinonychus

Les experts soupçonnent le *Deinonychus* d'avoir eu des plumes, mais cette théorie est si récente que la plupart de ses représentations n'en ont pas.

Le *Deinonychus* était sans doute l'un des dinosaures les plus intelligents.

La griffe du tueur

Le *Deinonychus* avait sur chaque patte arrière une griffe redoutable dressée presque à la verticale, qu'il utilisait pour attaquer ses victimes.

Pied fossilisé de *Deinonychus*

Que signifie *Velociraptor*?

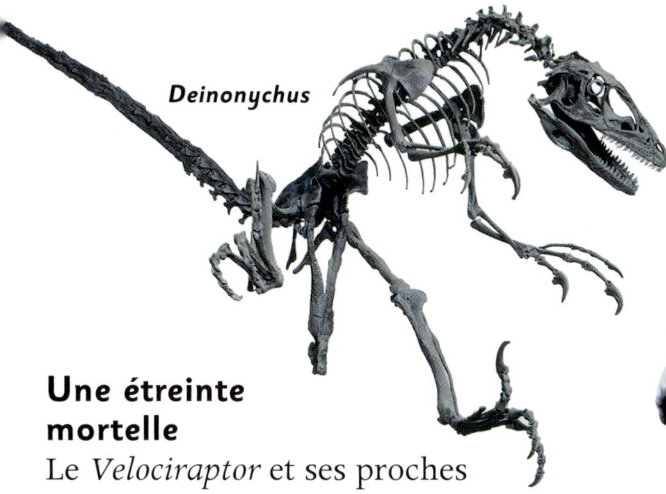

Deinonychus

Ce squelette a été monté de manière à montrer un *Deinonychus* en train de sauter sur une victime, toutes griffes dehors.

Une étreinte mortelle

Le *Velociraptor* et ses proches parents, comme le *Deinonychus,* plus gros que lui, chassaient sans doute en groupes et devaient sauter sur le dos de leurs proies en écartant les pattes.

Le sais-tu ?

Les *Velociraptor* et les *Deinonychus* appartiennent à la famille des dromæosauridés. Les scientifiques pensent que ces prédateurs sont les ancêtres des oiseaux.

Le *Deinonychus* avait un corps léger et de longues pattes arrière.

Deinonychus signifie « terrible griffe ».

« Voleur rapide ». Le *Velociraptor* pouvait sans doute courir à 65 km/h.

Un dinosaure bedonnant !

Le *Therizinosaurus* n'était peut-être pas le dinosaure le plus bizarre mais c'était celui qui avait les plus longs bras et les griffes de ses pattes avant pouvaient atteindre 60 cm.

Un aspect incertain
Les paléontologues ont dû faire appel à leur imagination pour reconstituer ce dinosaure car ils ne disposaient que de ses pattes avant ! L'apparence qu'on lui prête est basée sur la découverte d'autres thérizinosaures.

Tortue luth

Avait-il des nageoires ?
Le *Therizinosaurus* avait des bras tellement étranges que ses griffes ont d'abord été attribuées à une tortue géante.

D'après toi, le *Therizinosaurus* était-il carnivore ou herbivore ?

Un étrange cousin
Le *Therizinosaurus* n'était pas le seul thérizinosaure à l'allure étrange. Le *Beipiaosaurus* avait les pattes couvertes de plumes.

On ignore si le *Therizinosaurus* portait des petites plumes ou non.

Il était effrayant mais son bec sans dents indique qu'il ne mangeait que des plantes.

Du poisson au menu

Il y a 90 millions d'années, un dinosaure silencieux scrutait l'eau, au bord d'un grand lac. Soudain, ses griffes ont fendu la lumière et harponné un poisson de la longueur de ta jambe appelé *Lepidotes*. Ce dinosaure pêcheur s'appelait *Baryonyx*.

Dents fossilisées de *Lepidotes*

Le Lepi-quoi ?
Le *Lepidotes* vivait dans les lacs et les mers peu profondes du mésozoïque. Ses dents fossilisées sont fréquentes dans le sud de l'Angleterre, où elles sont connues sous le nom de *toadstones* (« pierres de crapaud »).

Les mâchoires de crocodile du *Baryonyx* étaient parfaites pour attraper les poissons. Des preuves supplémentaires qu'il en mangeait sont les écailles et les arêtes de poisson retrouvées dans un fossile de *Baryonyx*.

Baryonyx

Pourquoi les dents de *Baryonyx* s'appellent-elles *toadstones* (« pierres de crapaud »)?

Admire un peu cette griffe !

Baryonyx signifie « griffe lourde ». Ce dinosaure doit son nom à l'énorme griffe du doigt interne de ses mains. Ses longues griffes recourbées étaient parfaites pour harponner les poissons.

La courbe externe de cette griffe de *Baryonyx* mesure 30 cm.

Une belle découverte

La première griffe de *Baryonyx* a été découverte en Angleterre au début des années 1980, par un amateur de fossiles appelé William Walker.

Sa mâchoire contenait 96 dents pointues.

Crâne fossilisé de *Baryonyx*

Un trésor bien caché

Une fois la griffe découverte, environ 60 % du dinosaure ont été progressivement mis à jour, y compris son crâne, très bien conservé.

Il y a des centaines d'années, les gens croyaient qu'elles provenaient de crapauds !

Les autres formes de vie

Les dinosaures n'étaient pas les seuls animaux sur Terre, et aucun dinosaure ne volait ou ne vivait dans la mer. Sais-tu quels autres animaux vivaient à la même époque ?

Des animaux aujourd'hui disparus

Au cours du crétacé, les dinosaures ont dû faire face au développement de groupes « concurrents », comme les mammifères et d'autres reptiles. Ces groupes nous sont familiers mais certaines de leurs créatures ne ressemblaient à aucune de celles qui existent aujourd'hui.

Les dinosaures pouvaient-ils manger les ptérosaures ?

Test d'observation

Regarde attentivement les pages 94 à 103 et essaie de retrouver ce que représentent ces illustrations.

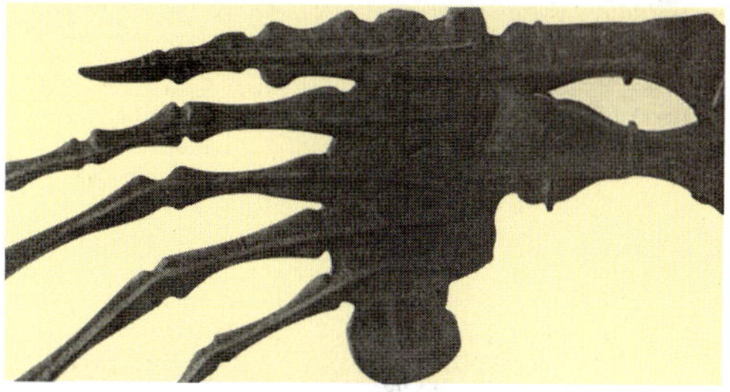

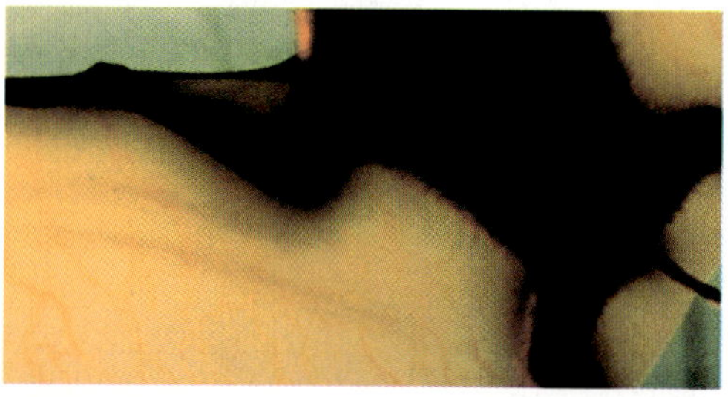

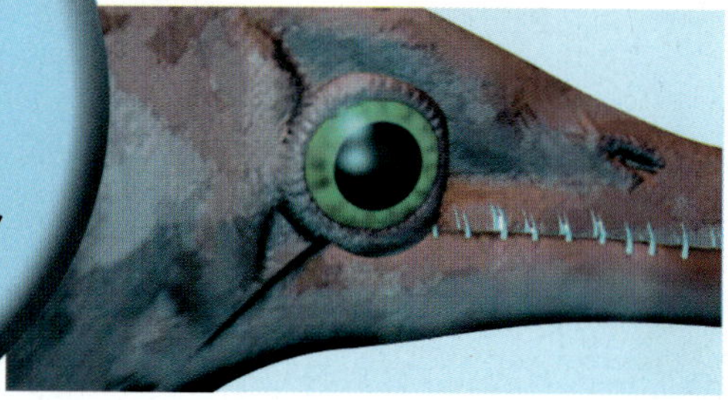

Deviens incollable…

Sur les ptérosaures, pages **98-99**
Sur les plésiosaures, pages **96-97**

Oui, s'ils arrivaient à les attraper !

Les monstres marins

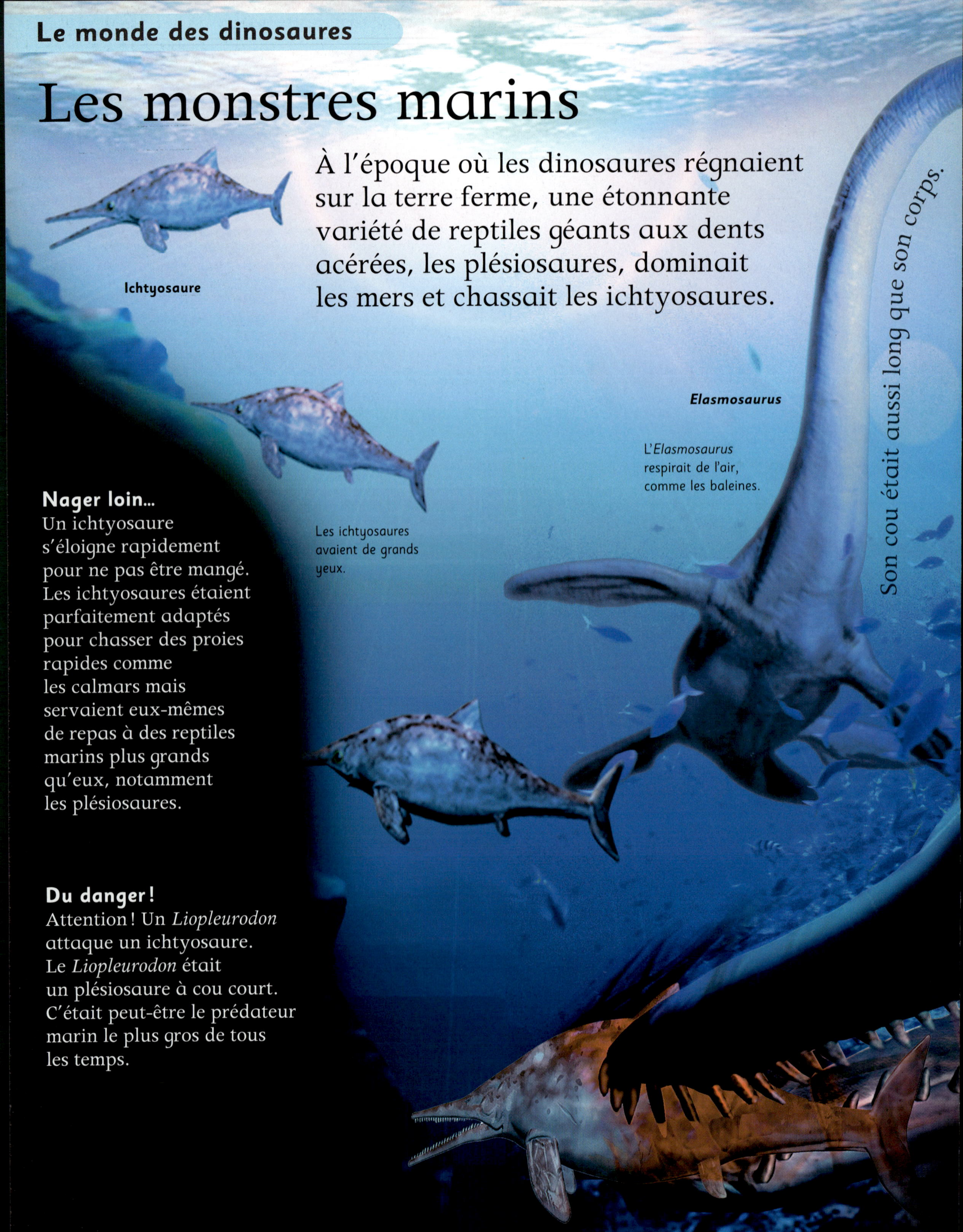

À l'époque où les dinosaures régnaient sur la terre ferme, une étonnante variété de reptiles géants aux dents acérées, les plésiosaures, dominait les mers et chassait les ichtyosaures.

Son cou était aussi long que son corps.

L'*Elasmosaurus* respirait de l'air, comme les baleines.

Les ichtyosaures avaient de grands yeux.

Nager loin…
Un ichtyosaure s'éloigne rapidement pour ne pas être mangé. Les ichtyosaures étaient parfaitement adaptés pour chasser des proies rapides comme les calmars mais servaient eux-mêmes de repas à des reptiles marins plus grands qu'eux, notamment les plésiosaures.

Du danger !
Attention ! Un *Liopleurodon* attaque un ichtyosaure. Le *Liopleurodon* était un plésiosaure à cou court. C'était peut-être le prédateur marin le plus gros de tous les temps.

Que mangeait le *Liopleurodon* ?

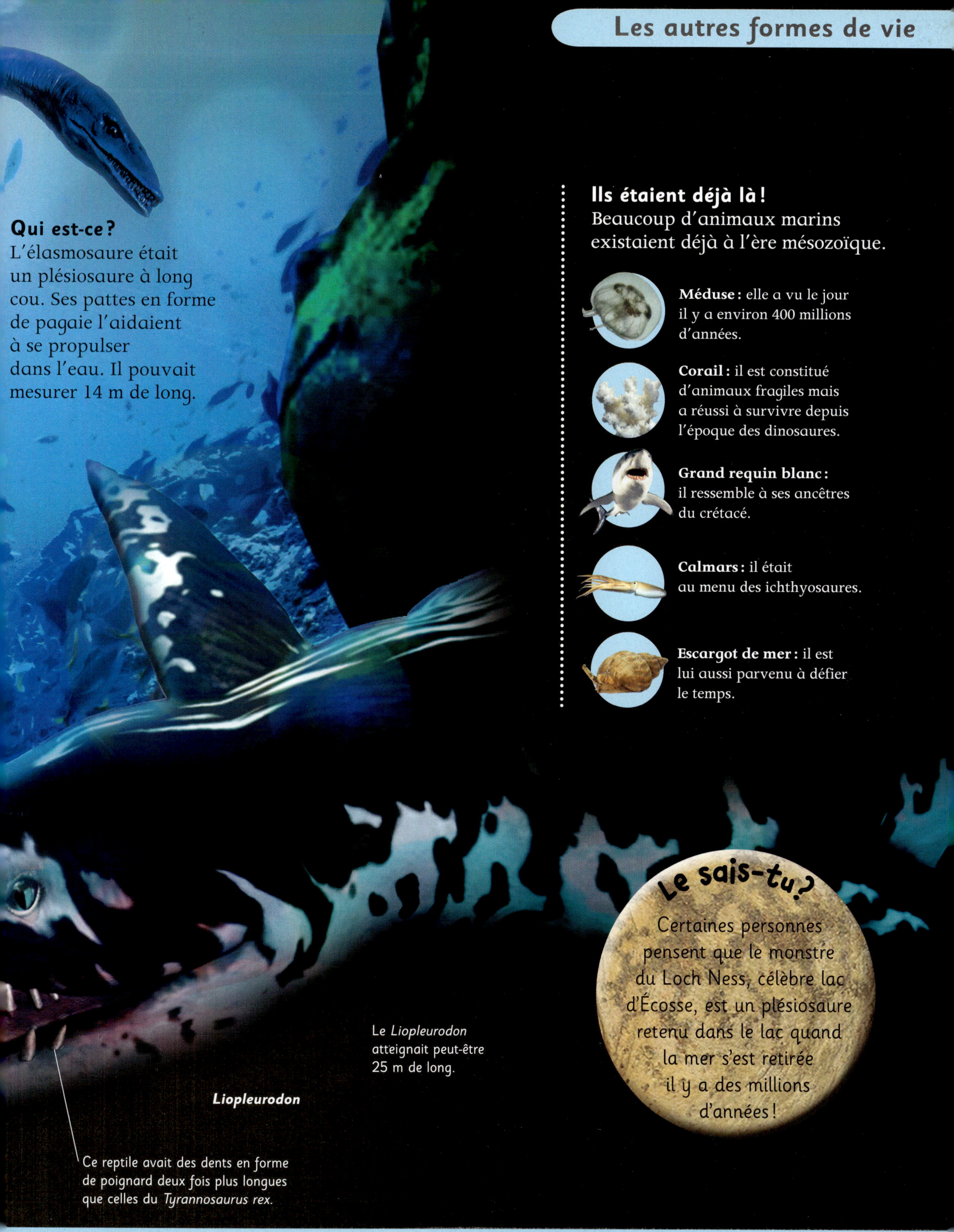

Qui est-ce ?

L'élasmosaure était un plésiosaure à long cou. Ses pattes en forme de pagaie l'aidaient à se propulser dans l'eau. Il pouvait mesurer 14 m de long.

Ils étaient déjà là !

Beaucoup d'animaux marins existaient déjà à l'ère mésozoïque.

Méduse : elle a vu le jour il y a environ 400 millions d'années.

Corail : il est constitué d'animaux fragiles mais a réussi à survivre depuis l'époque des dinosaures.

Grand requin blanc : il ressemble à ses ancêtres du crétacé.

Calmars : il était au menu des ichthyosaures.

Escargot de mer : il est lui aussi parvenu à défier le temps.

Le sais-tu ?

Certaines personnes pensent que le monstre du Loch Ness, célèbre lac d'Écosse, est un plésiosaure retenu dans le lac quand la mer s'est retirée il y a des millions d'années !

Le *Liopleurodon* atteignait peut-être 25 m de long.

Liopleurodon

Ce reptile avait des dents en forme de poignard deux fois plus longues que celles du *Tyrannosaurus rex*.

Tout ce qu'il pouvait attraper, y compris des ptérosaures qui volaient trop près de l'eau.

Les monstres volants

Aucun dinosaure ne volait, contrairement à certains de leurs proches parents : les ptérosaures, ou reptiles volants. Certains ptérosaures étaient minuscules, d'autres avaient la taille d'un petit avion.

Des drôles de créatures...
Les premiers ptérosaures étaient assez petits et avaient une longue queue et des ailes étroites. Le *Dimorphodon* et le *Rhamphorhynchus* mesuraient environ 1 m de long.

Leur queue leur servait de gouvernail.

Rhamphorhynchus

Dimorphodon

Le *Dimorphodon* avait une grosse tête qui ressemblait à celle d'un macareux et un bec pourvu de dents.

Que mangeaient-ils ?
La plupart des fossiles de ptérosaures ayant été trouvés dans des régions côtières, les experts pensent qu'ils devaient voler bas au-dessus de la mer pour attraper des poissons. Ils mangeaient sans doute aussi des insectes.

Pterodactylus

Concours de crêtes !

Beaucoup de ptérosaures du crétacé avaient une ou deux crêtes, qui leur servaient peut-être à séduire leurs congénères.

Tropeognathus : une grande crête se profilait sur sa mâchoire supérieure.

Anhanguera : il avait une crête sur la mâchoire supérieure et inférieure.

Pteranodon : sa longue crête était tournée vers l'arrière.

Dsungaripterus : il portait deux crêtes sur le haut de la tête.

Avaient-ils de la fourrure ?

Certains ptérosaures avaient peut-être de la fourrure, comme les chauves-souris. Ils avaient aussi de grands yeux et une excellente vision.

Tropeognathus

Grand comme un avion !

Les *Tropeognathus* mâles pesaient moins qu'un enfant de sept ans mais pouvaient avoir 6 m d'envergure.

Leurs ailes étaient faites de peau tendue entre les os d'un long quatrième doigt et les pattes arrière.

Quetzalcoatlus

Lequel était le plus gros ?

Les ptérosaures du crétacé étaient plus gros que leurs ancêtres. Le plus gros connu à ce jour, le *Quetzalcoatlus*, a été découvert au Texas en 1930. Il avait entre 12 et 14 m d'envergure.

Non. C'étaient des reptiles volants. Ils n'étaient pas apparentés aux oiseaux.

Et les mammifères ?

Les mammifères sont apparus à la fin du crétacé. À l'époque, ils étaient petits et subissaient la suprématie des dinosaures. Ils se sont développés d'une manière incroyable mais cela leur a pris des millions d'années.

Des débuts modestes

Les mammifères primitifs ont fait leur apparition vers la fin du trias, il y a environ 220 millions d'années. À l'époque, ils étaient minuscules. Compare leur taille avec celle de la main d'un adulte sur le fil du temps présenté ci-dessous ! Ces mammifères étaient probablement nocturnes et devaient se cacher dans les feuilles mortes et manger des insectes, ou peut-être même des œufs de dinosaures.

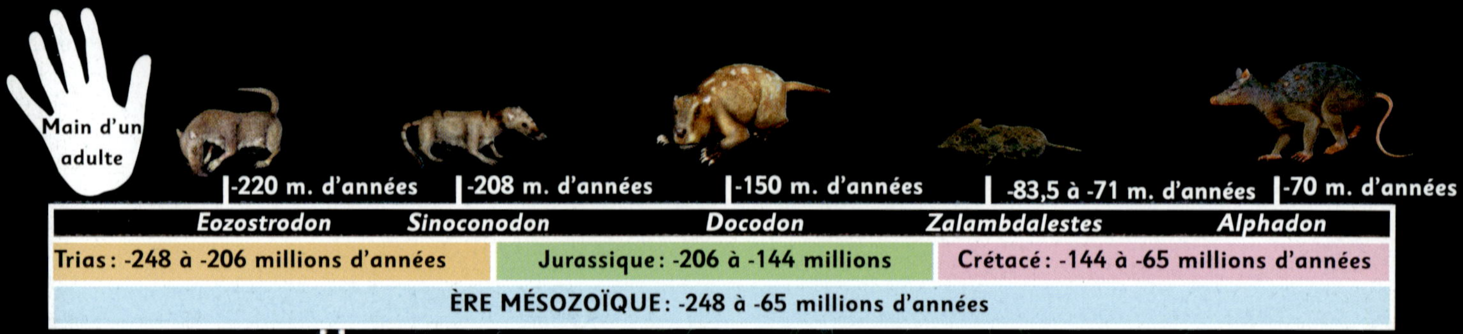

Les premiers mammifères mangeaient sans doute des œufs de dinosaures quand ils en avaient l'occasion.

Quel avantage auraient eu les premiers mammifères à être nocturnes ?

Quand ont-ils commencé à grandir ?
Les créodontes, premiers grands mammifères prédateurs, ne sont apparus qu'au paléocène, période située après l'extinction des dinosaures.

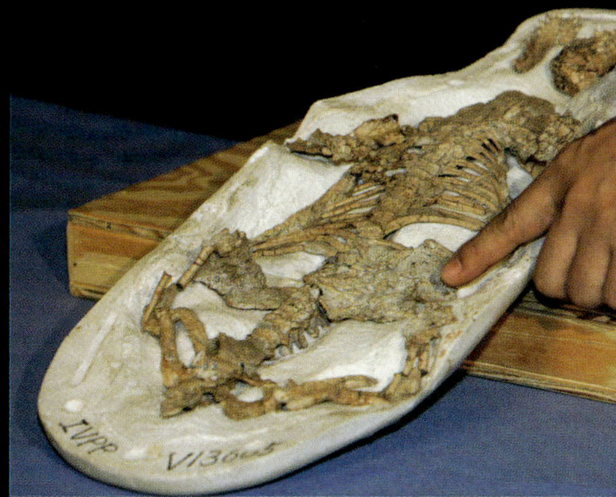

Mangeaient-ils des dinosaures ?
Les paléontologues ont récemment trouvé un fossile de *Repenomamus*, un carnivore de la taille d'un blaireau. Ce gabarit est énorme pour un mammifère du mésozoïque ! L'animal avait les restes d'un bébé dinosaure dans l'estomac.

Une allure familière
Un autre mammifère primitif, le *Steropodon*, ressemblait à un ornithorynque. Comme lui, il pondait sans doute des œufs.

Les premiers mammifères marchaient à quatre pattes et étaient pourvus d'une longue queue, d'un long corps et d'un long museau.

Le sais-tu ?
Les dinosaures ont régné sur la Terre pendant 180 millions d'années. Les humains ne sont apparus qu'il y a 200 000 ans, ce qui est très peu à l'échelle des temps géologiques.

Cela leur aurait permis d'éviter d'être mangés par les reptiles et les dinosaures.

Des proportions étonnantes

Les créatures du mésozoïque étaient de tailles extrêmement variées. Certaines étaient minuscules et d'autres énormes.

Pas si grand que cela...
Certains ichtyosaures étaient aussi courts qu'un de tes bras mais la plupart avaient la taille d'un dauphin.

Crâne du ***Mononykus***

Un tout petit crâne
Certains dinosaures étaient vraiment petits. Ce crâne est photographié grandeur nature.

Mais, c'est un géant !
Au cours du trias, les ichtyosaures sont devenus énormes.

Les plus grands ichtyosaures mesuraient 23 m de long.

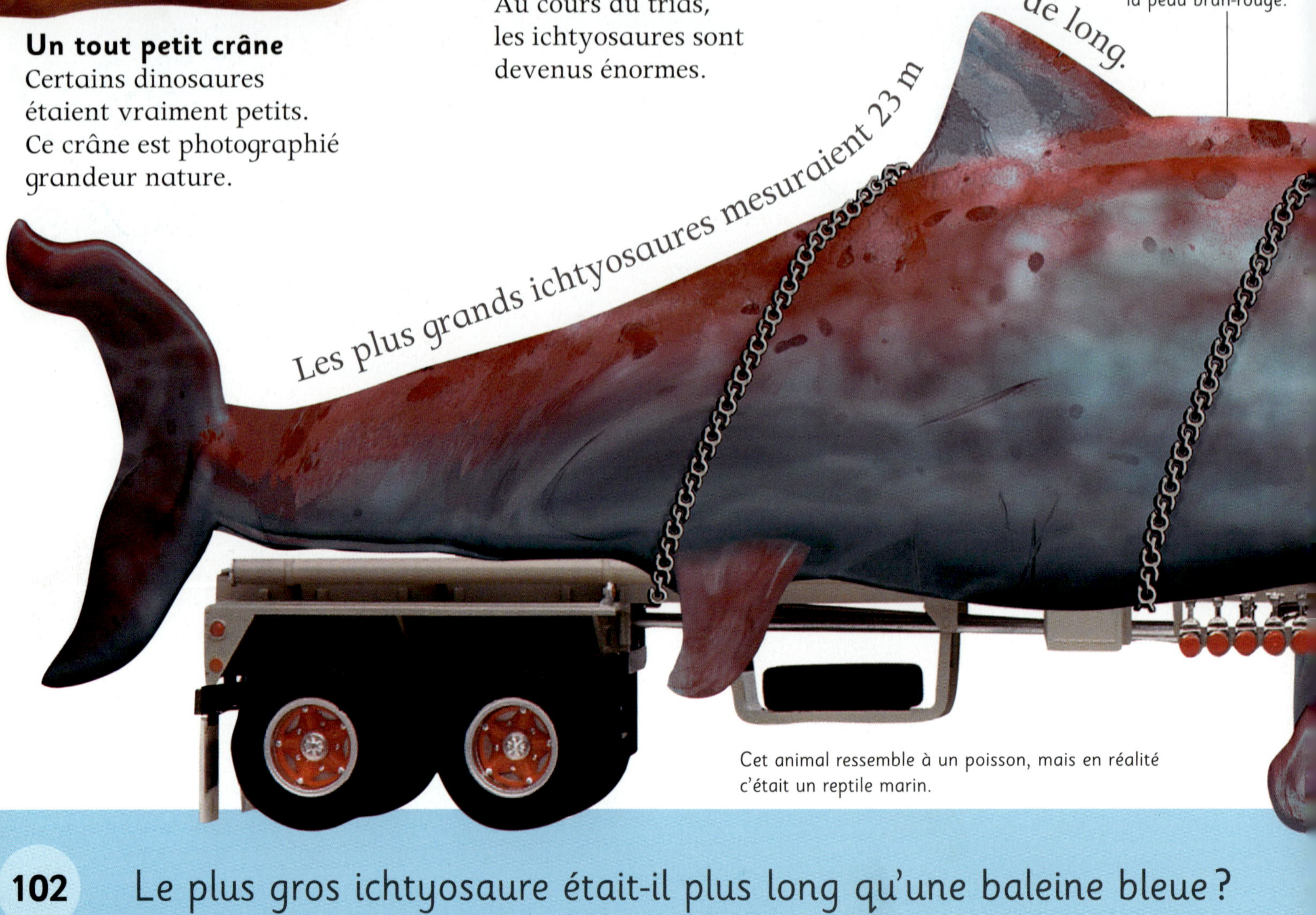

Les ichtyosaures avaient peut-être la peau brun-rouge.

Cet animal ressemble à un poisson, mais en réalité c'était un reptile marin.

Le plus gros ichtyosaure était-il plus long qu'une baleine bleue ?

Fossile d'*Archelon*

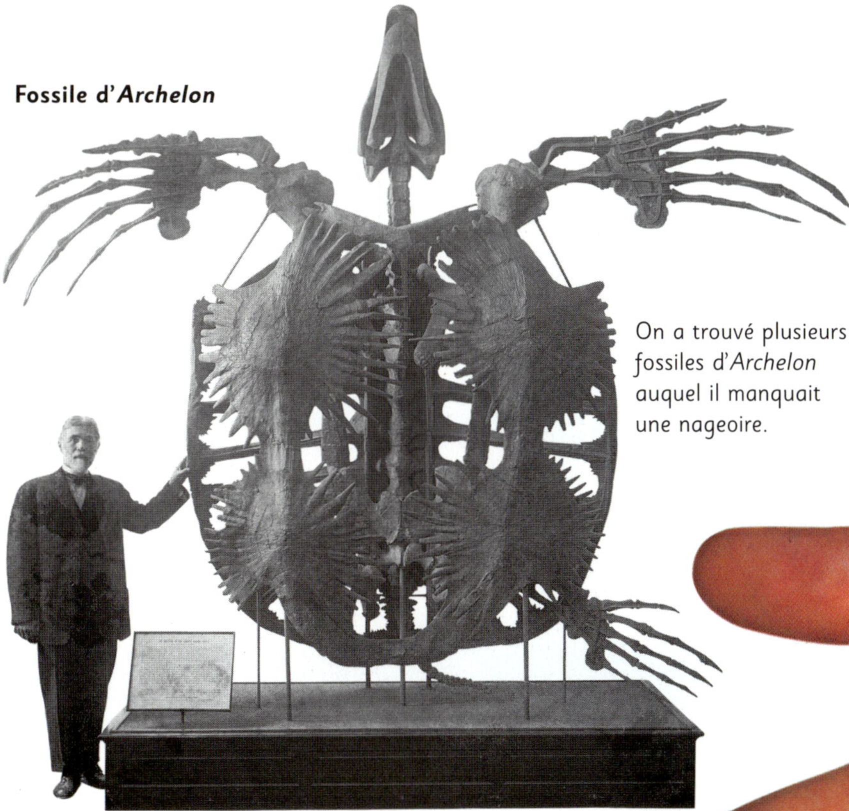

On a trouvé plusieurs fossiles d'*Archelon* auquel il manquait une nageoire.

Est-ce une tortue ?

L'*Archelon* était une tortue trois fois plus grande que les plus grosses tortues modernes. La carapace d'un adulte mesurait 4 m de long.

Un minuscule opossum

L'*Alphadon* était l'un des premiers marsupiaux. Les marsupiaux portent leurs petits dans une poche. Les kangourous sont des marsupiaux mais l'*Alphadon* était beaucoup plus petit.

Alphadon

Les ichtyosaures font partie des créatures les mieux connues du mésozoïque.

Deviens incollable...

Sur les ichtyosaures, page 96

Il vivait il y a 210 millions d'années.

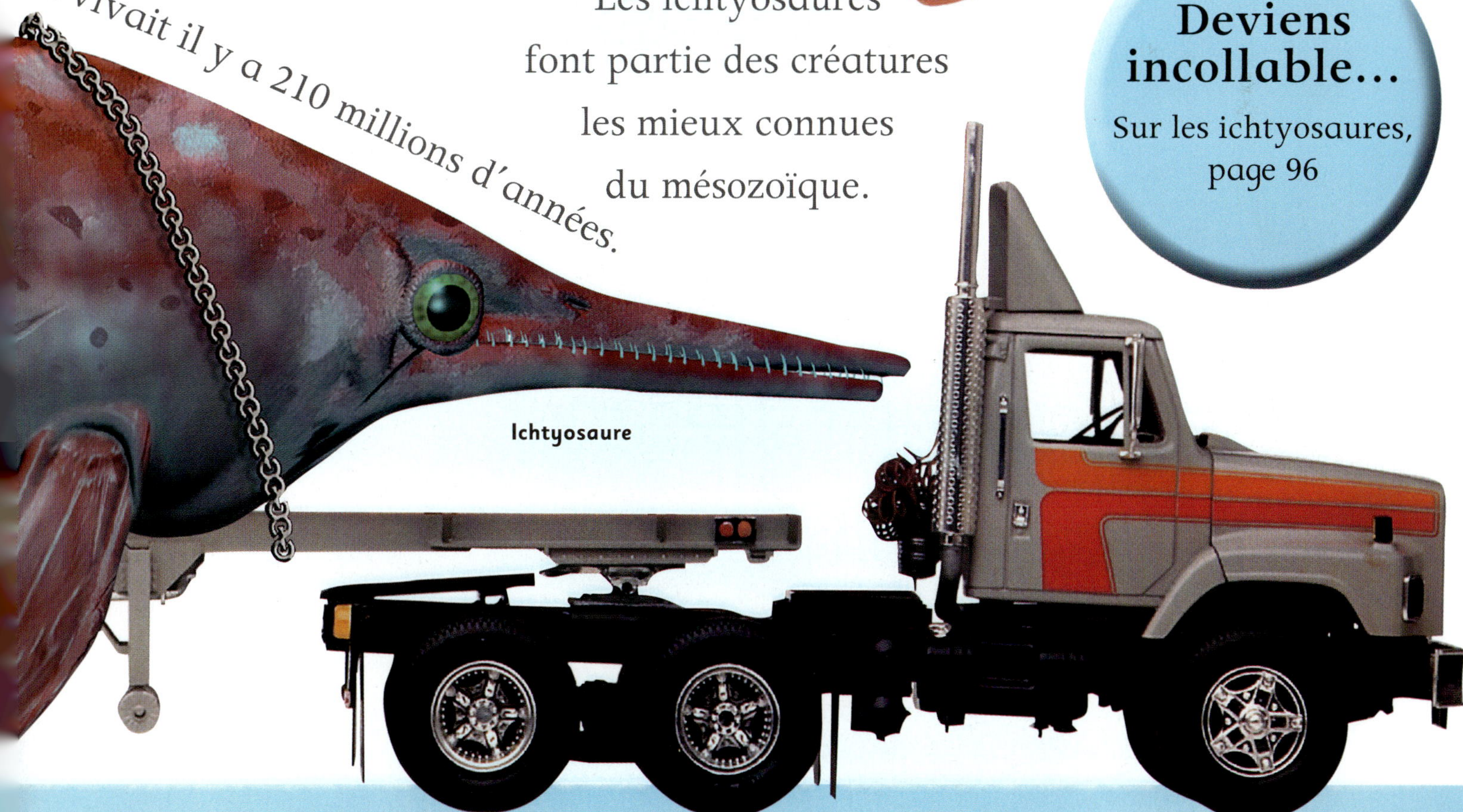

Ichtyosaure

Non. Les ichtyosaures étaient grands mais les baleines bleues peuvent atteindre 30 m de long.

Les fossiles

On a trouvé des fossiles partout dans le monde mais ils ne sont pas faciles à reconnaître et ont souvent été découverts par hasard, par exemple lors de chantiers de construction.

Un heureux hasard
De nombreux fossiles ont été mis au jour mais pour chaque dinosaure fossilisé, des milliers d'autres sont morts et ont disparu sans laisser de trace.

Le mot « fossile » vient du latin fossilis, qui signifie « tiré de la terre ».

Les fossiles sont prisonniers de roches qu'il faut dégager avec précaution.

Trouve une différence entre la fossilisation et la momification.

Les différents types de fossiles

Tous les fossiles ne se ressemblent pas.
Leur classification dépend de leur mode de préservation.

Préservation complète : L'animal est entièrement conservé comme cet insecte pris dans de l'ambre.

Semi-préservation : Seule la partie dure du sujet reste intacte.

Pétrification : Les parties dures sont préservées mais subissent des modifications chimiques. Le bois peut être pétrifié.

Moule naturel : En pourrissant, un animal ou une plante laissent une empreinte en creux dans la roche. Les paléontologues en font un moulage en caoutchouc.

Moulage naturel : Un moule est rempli par des substances naturelles qui durcissent (pour donner par exemple du silex).

Traces fossilisées : Les empreintes de patte, les nids fossilisés ou les coprolithes (déjections fossilisées) indiquent la présence d'animaux.

Test d'observation

Regarde attentivement les pages 104 à 115 et essaie de retrouver ce que représentent ces illustrations.

Deviens incollable...

Sur la manière dont un dinosaure peut s'être fossilisé, pages **106-109**

Les fossiles sont préservés naturellement dans la roche.
Les momies sont généralement préparées par des gens.

La formation d'un fossile

Un fossile peut se former quand un animal, ou une plante, est recouvert de boue ou de sable peu de temps après sa mort. La fossilisation prend des millions d'années.

Il y a 70 millions d'années
Un cadavre de tyrannosaure est emporté par le courant lors d'une crue. Son corps s'enfonce rapidement dans la boue.

Cinq ans plus tard
La chair de l'animal a disparu. Avec le temps, son squelette commence à se disloquer.

Il y a 50 millions d'années
La mer a recouvert la région. La pression exercée sur le sable le transforme lentement en grès.

Peux-tu nommer certaines des choses qui peuvent être fossilisées ?

Il y a 2 millions d'années
Au cours des millions d'années précédents, des montagnes ont surgi au-dessus du fossile mais l'érosion les use progressivement.

L'année dernière
La zone qui entoure le fossile est désormais désertique. Deux promeneurs repèrent un os qui sort du sol et commencent à fouiller.

Aujourd'hui
Les paléontologues dégagent les restes du tyrannosaure. Ils extraient les os un par un. Le squelette pourrait bien finir dans un musée.

On a découvert entre autres des os, des dents, des empreintes de patte et de peau et des plantes fossilisés.

Les « pièges à dinosaures »

Certains sites recèlent de nombreux fossiles de dinosaures. Les experts pensent que certains animaux se sont noyés lors d'inondations ou ont été « piégés » par les conditions naturelles et sont morts en grand nombre. Ces sites ont beaucoup à nous apprendre.

Ce paléontologue dégage un dinosaure pris dans un mur de fossiles formé par la noyade d'un grand groupe d'animaux.

Qu'a-t-on trouvé ?
Les paléontologues ont découvert plus de 10 000 os sur un site en Utah, aux États-Unis. Ils pensent que les herbivores venus s'abreuver au bord d'un lac se sont enfoncés dans une boue profonde. Les prédateurs se seraient enlisés à leur tour quand ils se sont approchés pour les attaquer.

Ce que nous apprenons
Les fossiles nous apprennent la taille et la forme des animaux, mais donnent aussi des indications sur ce qu'ils mangeaient et parfois sur la façon dont ils sont morts.

Un *Allosaurus* attaque un *Stegosaurus*.

Qu'est-ce qu'un prédateur ?

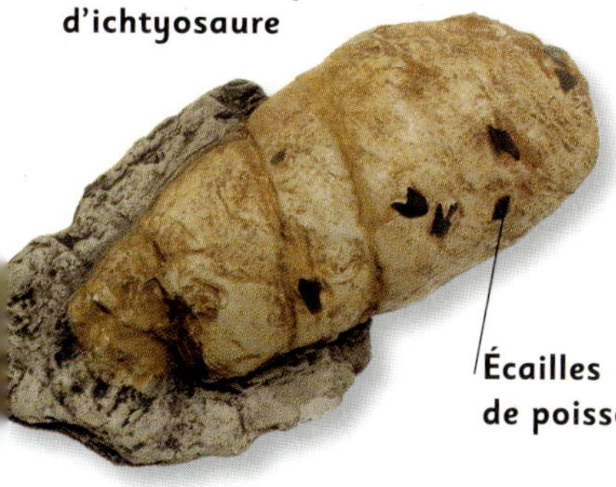

Excrément (coprolithe) d'ichtyosaure

Un amateur de poisson !

Les déjections fossilisées nous apprennent ce que mangeaient les animaux. Les ichtyosaures vivaient dans les océans à l'époque où les dinosaures régnaient sur Terre. Ce coprolithe d'ichtyosaure contient des écailles de poisson.

Ce que nous ignorons

On a retrouvé des empreintes de peau de dinosaure mais nous ignorons de quelle couleur ils étaient.

Empreinte de peau de dinosaure

Les *Tyrannosaurus rex* étaient-ils multicolores ?

La classification des ossements

Quand les paléontologues découvrent un nouveau site, ils classent les os qu'ils trouvent dans l'une des catégories suivantes.

Squelette articulé : les os sont encore reliés comme quand l'animal était en vie. Dans de rares cas, il est presque complet.

Squelette dissocié : le squelette s'est disloqué et les os se sont séparés mais ils viennent tous du même animal.

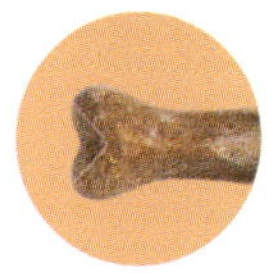

Os isolé : l'os a été séparé du squelette. Il peut s'agir aussi bien d'un crâne que d'un fémur.

Fragment : Les minuscules morceaux d'os brisés sont trop petits pour être utilisables.

Tous deux finiront enlisés dans la boue.

Après 145 millions d'années, le site est découvert et les fossiles mis au jour.

Un prédateur est un animal qui chasse et tue d'autres animaux.

Sur le terrain

L'extraction et l'examen d'un fossile prennent énormément de temps. Les os peuvent être recouverts de sable mais le plus souvent ils doivent être extraits de roches qu'il faut casser en petits morceaux. Quelle que soit la matière qui enveloppe les fossiles, elle doit disparaître.

Un travail minutieux
Les squelettes sont souvent entourés de roche et de terre qu'il faut éliminer avec soin pour ne pas abîmer les fossiles.

Ces paléontologues fouillent le site d'une nouvelle découverte.

Un outil précieux
Il est important de noter avec exactitude l'emplacement et la position des os. Les paléontologues posent une grille sur le site pour en dessiner une carte précise.

Comment un grand fossile, une fois plâtré, peut-il être transporté ?

Attention fragile !

Les grands fossiles sont recouverts de bandages enduits de plâtre pour les protéger lors du transport. Une fois dans un musée, le plâtre est enlevé et les fossiles sont étudiés comme il se doit.

Le fossile est enveloppé de bandes plâtrées.

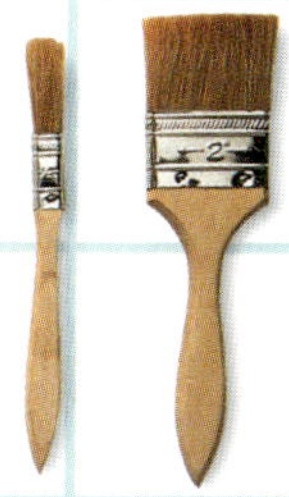

Les pinceaux servent à éliminer la poussière.

Les paléontologues emploient toutes sortes d'outils.

Boîte à outils

La boîte à outils d'un paléontologue contient des outils ordinaires comme des marteaux, des truelles et des pinceaux.

Les paléontologues enquêtent sur les dinosaures.

Le travail ne s'arrête pas là

Au musée, le plâtre est retiré et le fossile étudié par des spécialistes. L'opération requiert de la patience. Les techniciens ont mis plus de 3 500 heures (environ cinq mois) pour nettoyer et restaurer ce crâne de tyrannosaure. Ils l'ont ensuite moulé pour en exposer une reproduction.

Par hélicoptère.

Les reproductions

Les fossiles exposés dans les musées sont parfois des copies de vrais fossiles, plus légères que les originaux qui sont conservés en sécurité. Mais comment ces reproductions sont-elles fabriquées ?

Tout commence avec du caoutchouc
La première étape consiste à fabriquer un moule en deux parties en enduisant de caoutchouc liquide la surface du fossile.

En séchant, le caoutchouc durcit tout en formant un moule souple.

L'étape suivante
Une fois solidifié, le caoutchouc est recouvert d'un plastique liquide renforcé avec de la fibre de verre, pour lui donner de la rigidité.

Ici, l'os d'une patte a été moulé en deux parties.

Connais-tu d'autres emplois de la fibre de verre ?

Cet *Allosaurus* plus vrai que nature est exposé dans un musée.

Prêt pour le show !
Une fois les os prêts, le squelette est assemblé par sections puis les sections montées entre elles. L'ensemble de l'opération doit être planifié avec soin.

Deviens incollable...

Sur la manière d'assembler un *Barosaurus*, pages **114-115**

Le remplissage du moule
Chaque partie du moule est ensuite remplie de plastique liquide. En durcissant, le plastique forme une mousse rigide et légère. (Les os de la copie ne doivent pas être trop lourds.)

Chaque partie du moule est remplie de plastique liquide.

Admire le résultat !
Une fois le plastique solidifié, les deux parties du moule sont ôtées. Les lignes visibles aux jointures sont lissées pour obtenir une surface homogène et l'os est peint de la même couleur que le fossile d'origine.

La copie se démoule facilement.

La fibre de verre, solide et légère, est parfaite pour fabriquer des bateaux et des voitures.

Un véritable puzzle

Une fois les os étudiés et moulés, le musée peut décider de les présenter au grand public. Ce type d'exposition se révèle souvent très long à organiser.

Une préparation minutieuse
Les grands dinosaures ont beaucoup d'os et les experts doivent veiller à placer chacun au bon endroit.

Un assemblage en plusieurs temps
Certaines parties du squelette sont parfois assemblées avant d'être apportées au musée.

Un équipement spécial
Certains musées ont la chance d'avoir des plafonds assez hauts pour exposer un sauropode dressé sur ses pattes arrière. Le *Barosaurus* photographié ci-contre est si grand qu'il a fallu employer deux élévateurs pour l'assembler.

Une fois complète, cette reproduction mesurera plus de 15 m de haut.

Combien d'os constituent ce squelette de *Barosaurus* ?

Les touches finales

Les grandes reproductions comme celle présentée ci-contre doivent parfois être soutenues par des tiges de métal qu'il faut souder sur place. Pas question qu'un os tombe sur la tête d'un visiteur !

Les soudeurs portent des casques et des gants spéciaux pour se protéger des étincelles et de la lumière.

Cette scène montre une mère *Barosaurus* qui se cabre pour protéger son petit d'un *Allosaurus*.

Plus de 200.

La fin des dinosaures

Les dix derniers millions d'années du crétacé ont constitué l'âge d'or des dinosaures. Leurs espèces étaient très variées et ils régnaient sur Terre. Pourtant, ils devaient bientôt disparaître.

Quelle est l'explication la plus vraisemblable de la disparition des dinosaures ?

Pourquoi sont-ils morts ?

De nombreuses théories ont été avancées pour expliquer la disparition des dinosaures. Certaines sont vraisemblables et d'autres plutôt extravagantes.

La **rage** a décimé des millions de personnes en Europe dans les années 1 300. Les dinosaures sont-ils tombés malades ?

Des **irruptions volcaniques** ont pu rendre la vie sur Terre difficile.

Des **météorites** ont peut-être dévasté la planète.

Les **animaux qui mangeaient des œufs** ont augmenté. Peut-être les bébés dinosaures ont-ils été de moins en moins nombreux.

Des **tsunamis** engendrés par des tremblements de terre et la chute de météorites ont pu détruire leurs habitats.

Les **périodes glaciaires** ont entraîné d'importants changements (mais il n'y a pas eu de période glaciaire à cette époque !).

Le **manque de sommeil** est l'une des théories les plus farfelues envisagées pour expliquer la fin des dinosaures.

Test d'observation

Regarde attentivement les pages 116 à 123 et essaie de retrouver ce que représentent ces illustrations.

Deviens incollable…

Sur ce qui s'est passé à la fin de l'ère mésozoïque, pages **118-119**

La théorie la plus plausible est qu'ils ont disparu après qu'une immense météorite a frappé la Terre.

Que s'est-il passé ?

Les dinosaures, les ptérosaures et les plésiosaures ont disparu il y a 65 millions d'années. Leurs espèces ont connu une extinction massive d'origine inconnue, que beaucoup de spécialistes attribuent à la chute d'une météorite.

Qui a disparu ?
Un très grand nombre d'animaux ont disparu.

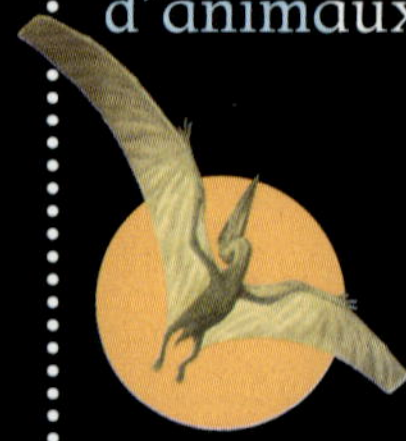

Ptérosaures : ils animaient jadis le ciel de leurs acrobaties aériennes.

Dinosaures : ils comprenaient de très nombreuses espèces.

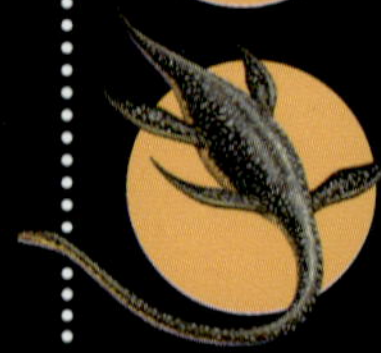

D'énormes reptiles : ils vivaient dans les océans.

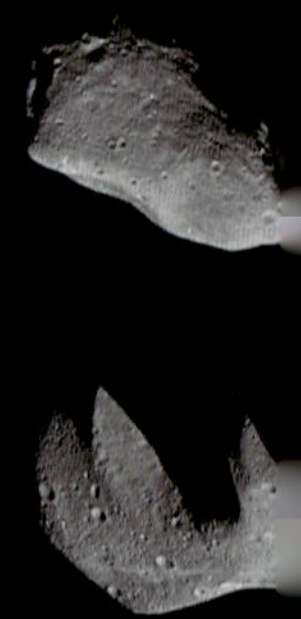

Qu'est-ce qui a changé ?
Les scientifiques pensent aujourd'hui qu'une gigantesque météorite a frappé la Terre, soulevant un nuage de poussières et de fumées toxiques qui a occulté la lumière du Soleil et modifié le climat.

La météorite aurait frappé la croûte terrestre avec une telle force qu'elle aurait envoyé des ondes de choc partout dans le monde.

Un gigantesque cratère !
Au début des années 1990, des géologues ont découvert au Mexique un cratère de 180 km de diamètre. Ils pensent qu'il a été creusé par l'impact d'une météorite qui s'est écrasée sur Terre il y a 65 millions d'années.

Quelle était la taille des animaux qui ont survécu ?

Des circonstances aggravantes

La météorite a frappé la Terre à une époque d'intense activité volcanique dans ce qui est aujourd'hui l'ouest de l'Inde. Les volcans auraient envoyé dans les airs des nuages de cendres et de poussières qui auraient masqué la lumière du Soleil (comme l'aurait fait la météorite). Ces deux événements majeurs se sont produits à peu près à la même époque.

Le cratère du Mexique a été creusé par une météorite de 10 km de diamètre.

Chute d'une météorite ou irruptions volcaniques, la disparition des dinosaures est peut-être due à l'addition de plusieurs facteurs.

Lors des irruptions volcaniques, les volcans envoient dans l'air des nuages de poussières mortellement toxiques.

Aucun animal terrestre plus gros qu'un chien n'a survécu.

Qui a survécu ?

Les dinosaures ont connu une fin tragique mais, aussi incroyable que cela paraisse, certaines créatures ont réussi à survivre.

De minuscules mammifères ont réchappé aux événements qui ont tué les dinosaures.

Les derniers des dinosaures
Les fossiles nous apprennent que le *Triceratops* a été l'un des derniers à disparaître, avec le *Tyrannosaurus rex*.

Les grands vainqueurs !
Parmi les animaux qui ont survécu, on compte : les requins, les méduses, les poissons, les scorpions, les oiseaux et les insectes.

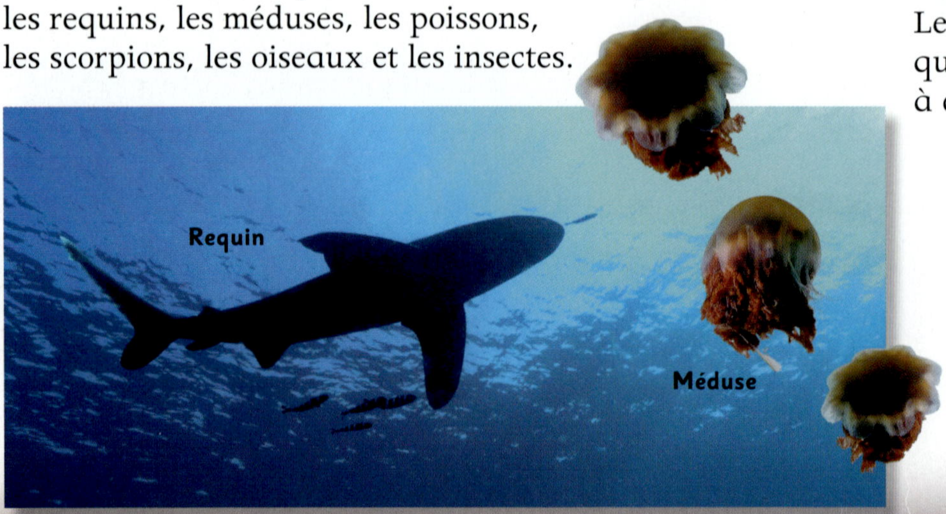

Une histoire ancienne
Les tuataras, curieux reptiles couverts d'épines qui vivent sur des îles au large de la Nouvelle-Zélande, sont apparentés aux reptiles qui vivaient à l'époque des dinosaures.

Quelle période a succédé à l'ère mésozoïque ?

Des survivants à écailles
Contrairement aux gros animaux terrestres, un certain nombre de petits reptiles ont survécu aux dinosaures.

Serpents : il existe aujourd'hui environ 2 900 espèces de serpents.

Tortues : elles sont apparues sur Terre avant les dinosaures, il y a environ 200 millions d'années !

Lézards : ils sont très prolifiques, avec environ 4 500 espèces.

Crocodiles : ils vivent principalement dans les rivières et les lacs d'eau douce.

Deviens incollable…
Sur le lien de parenté qui unit les oiseaux et les dinosaures, pages **122-123**

L'ère cénozoïque, pendant laquelle les mammifères se sont développés.

Les descendants des dinosaures

On pourrait croire que les reptiles sont les descendants des dinosaures, mais ces derniers ont davantage de liens de parenté avec les oiseaux !

Le chaînon manquant ?
Le lien entre les dinosaures et les oiseaux est encore mal connu. Le *Caudipteryx* semble avoir été un peu des deux.

Le *Caudipteryx* ne pouvait pas voler car ses ailes étaient trop petites.

Caudipteryx

Le premier oiseau ?
L'oiseau le plus ancien connu à ce jour est l'*Archaeopteryx*, apparu au jurassique. Il avait les dents, les griffes et la longue queue osseuse d'un dinosaure mais arborait des plumes.

Fossile d'*Archaeopteryx*

Archaeopteryx signifie « aile ancienne ».

Selon toi, quelle taille avait l'*Archaeopteryx* ?

À quoi servaient leurs plumes ?

Les plumes protègent les oiseaux de l'eau et des changements de température. Peut-être certains dinosaures en avaient-ils pour les mêmes raisons.

Les *Caudipteryx* vivaient au crétacé.

Les plumes isolent parfaitement du froid.

Les hoatzins vivent dans certaines régions d'Amérique du Sud.

Un lointain héritage

Certains oiseaux modernes ont des griffes au bout des ailes. Les hoatzins ont deux minuscules griffes à l'extrémité de chaque aile. Ils ne les utilisent plus une fois adultes mais les jeunes s'en servent pour grimper aux arbres.

Le *Caudipteryx* avait des dents, et des griffes aux pattes avant.

Le *Caudipteryx* avait environ la taille d'une dinde.

Sinosauropteryx

Le sais-tu ?

Bien qu'on ait trouvé des dinosaures à plumes, certains experts ne croient pas que les oiseaux leur soient apparentés. Il est peu probable que les dinosaures aient pu voler.

Un puzzle difficile à reconstituer

On découvre de plus en plus d'« oiseaux-dinosaures » et chacun nous aide à approfondir nos connaissances. Cette reproduction est fondée sur des fossiles de plumes trouvés en Chine.

Il était petit : environ la taille d'un pigeon.

Après les dinosaures

Il y a 65 millions d'années, les dinosaures ont laissé le monde aux mammifères, qui restaient jusque-là plutôt petits et discrets. Les mammifères se sont alors multipliés et diversifiés. Les oiseaux, les insectes et d'autres animaux ont eux aussi profité d'un monde sans dinosaures, mais plein de ressources.

Certains reptiles ont survécu
En Europe et en Amérique du Nord, 15 millions d'années après la disparition des dinosaures, le climat était tropical, c'est-à-dire chaud et humide toute l'année. Idéal pour des reptiles comme les crocodiles, qui ressemblaient déjà à ceux d'aujourd'hui !

Asiatosuchus

Des défenses et une trompe
Le *gomphoterium* est un très vieux parent de nos éléphants. Ce mastodonte, doté de quatre défenses et de petites oreilles, vivait il y a 10 millions d'années.

Gomphothérium

Presque un chien
Avec leurs petites pattes et leur corps allongé, les tout premiers canidés ressemblaient plutôt à des mangoustes.

Hesperocyon

Dinofélis, le terrible chat
Comme les chiens et les chevaux, les félins ont de nombreux ancêtres, disparus depuis longtemps. Un peu plus gros qu'une panthère, le *dinofelis* chassait il y a 4 millions d'années.

Dinofelis

 Quel était le climat sur Terre il y a 60 millions d'années ?

Une terreur à plumes
Cela peut sembler incroyable, mais les grands dinosaures carnivores ont d'abord été remplacés par des oiseaux. Bec énorme, cuisses musclées et 2 à 3 m de hauteur : le *gastornis* courait vite, mais ne volait pas.

Gastornis

Dryopithèque

Un vieux primate
Les singes et les hommes sont parents. Ils font partie du groupe des primates, dont les origines remontent à près de 60 millions d'années. Ce dryopithèque, avec ses allures d'orang-outan, n'a « que » 10 millions d'années.

La préhistoire a débuté il y a plus de 5 millions d'années !

Un air de famille
Cet australopithèque de 5 millions d'années est l'un des membres de notre famille. Comme lui, tous nos proches parents ont disparu. Il ne reste aujourd'hui que nos cousins chimpanzés et gorilles.

Australopithecus afarensis

Le climat sur Terre était plutôt chaud.

Les habitants du froid

Il y a un peu plus de 5 millions d'années, le climat commence à se refroidir sur Terre. Trois millions d'années plus tard, débute l'« Âge de Glace » : en Europe et en Amérique du Nord, quatre longues périodes froides, les glaciations, se succèdent. Les animaux ressemblent à ceux d'aujourd'hui, mais avec plus de fourrure.

Rennes

Gibier de choix
Animal du Grand Nord aujourd'hui, le renne était très répandu durant les glaciations.

Mammouths face à un smilodon, ou tigre à dents de sabre

Survivre dans la toundra enneigée
La scène se passe il y a 40 000 ans en Amérique du Nord. Un mammouth adulte menace d'écraser le smilodon qui convoite un petit. Les mammouths n'étaient pas aussi grands que les éléphants d'Afrique actuels, mais ils avaient de très longues défenses.

Quand débutèrent les périodes glaciaires ?

Bisons d'Europe

Notre frère préhistorique

L'homme de Neandertal était présent en Europe bien avant que notre ancêtre direct, l'homme de Cro-Magnon, ne s'y installe. Seuls quelques détails de son squelette le distinguent de nous. Il a disparu il y a 30 000 ans.

Survivant de l'ère glaciaire

Victime de la chasse et de la destruction des forêts, le bison d'Europe a failli disparaître. Plus grand que celui d'Amérique, ce bison était abondant dans les forêts européennes durant la dernière période glaciaire.

Un beau portrait

L'homme de Cro-Magnon est arrivé en Europe il y a 35 000 ans. Dans la grotte de Lascaux (sud-ouest de la France), un artiste de Cro-Magnon a peint les animaux qui vivaient dans sa région il y a 17 000 ans, comme ce bison.

La préhistoire a débuté il y a plus de 5 millions d'années !

Avec ses peaux de fourrure et son feu, l'homme de Neandertal était équipé contre le froid.

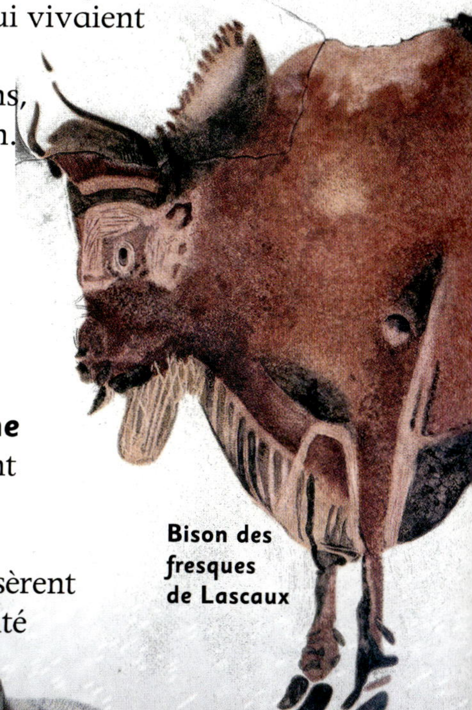

Bison des fresques de Lascaux

Grands félins en Europe

Des panthères semblables à la panthère des neiges asiatique vivaient jadis en Europe. Mais il existait des félins encore plus impressionnants : les tigres à dents de sabre (moins grands toutefois que ceux d'Amérique).

Le meilleur ennemi de l'homme

Lorsque les loups se rapprochaient des abris où vivaient les hommes préhistoriques, ils représentaient une menace, mais certains se laissèrent apprivoiser. C'est ainsi qu'a débuté la domestication, il y a 20 000 ans ou plus. Le loup allait devenir chien.

Panthère des neiges

Loup gris

Il y a un peu moins de 2 millions d'années.

Les records des dinosaures

Mussaurus

Ce jeune *Mussaurus* de la taille d'un crayon vivait dans le désert au trias, en Amérique du Sud. Son nom signifie « lézard souris ».

Le plus gros… Le plus petit… Le plus long… Le plus haut… les dinosaures qui suivent battent tous un record !

Le plus grand : le *Sauroposeidon* atteignait 18 m de haut (environ la hauteur de trois girafes l'une au-dessus de l'autre).

Le plus long : le museau du *Seismosaurus* se trouvait à 40 ou 50 m de l'extrémité de sa queue.

Le plus gros carnivore : avec ses 15 m de long, le *Giganotosaurus* devait être un prédateur terrifiant !

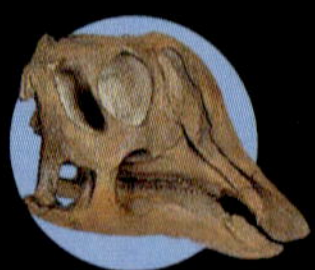

Celui qui avait le plus de dents : les hadrosaures comme le *Lambeosaurus* avaient plus de 1 000 dents, toutes adaptées pour mâcher des plantes !

Le plus petit adulte : une fois adulte, le *Microraptor* mesurait environ 40 cm de long.

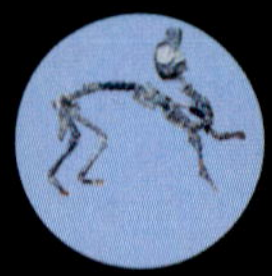

Le plus petit : on a trouvé un squelette de *Mussaurus* de 20 cm de long (mais il s'agissait d'un bébé).

Le cou le plus long : le cou du *Mamenchisaurus* mesurait 14 à 15 m de long (environ la longueur de trois éléphants debout l'un devant l'autre).

La queue la plus longue : la queue du *Diplodocus* mesurait environ 13 à 14 m de long.

Les griffes des plus longues : les griffes du *Therizinosaurus* atteignaient 90 cm de long (à peu près la longueur du bras d'un homme adulte).

Les œufs les plus gros : les œufs de *Macroelongatoolithus xixianensis*, découverts en Chine, mesuraient 46 cm de long.

La plus grosse tête : le *Pentaceratops* et le *Torosaurus* avaient chacun une tête de plus de 3 m de long.

Pentaceratops

Oviraptor

Ce dinosaure est-il le seul à avoir passé 80 millions d'années assis sur ses œufs ?

On a trouvé un *Oviraptor* mort dans son nid.

Les records indiqués sur ces pages pourraient-ils changer un jour ?

Le *Tyrannosaurus rex* était l'un des plus gros carnivores mais il était plus petit que le *Giganotosaurus*.

Reproduction grandeur réelle d'un *Tyrannosaurus rex*

Les premiers squelettes d'*Iguanodon* ont été découverts en Belgique dans des mines de charbon.

Le plus petit cerveau : le *Stegosaurus* avait un cerveau de la taille de trois balles de ping-pong.

Le plus rapide : les experts pensent que le *Dromiceiomimus* pouvait courir à 70 km/h.

Le plus ancien : l'*Eoraptor* vivait il y a environ 228 millions d'années, au trias.

Le premier troupeau découvert : le premier grand groupe de squelettes de dinosaures a été découvert en 1878. Il regroupait 32 squelettes d'*Iguanodon*.

Bien sûr ! On découvre régulièrement de nouveaux fossiles de dinosaures.

Lexique

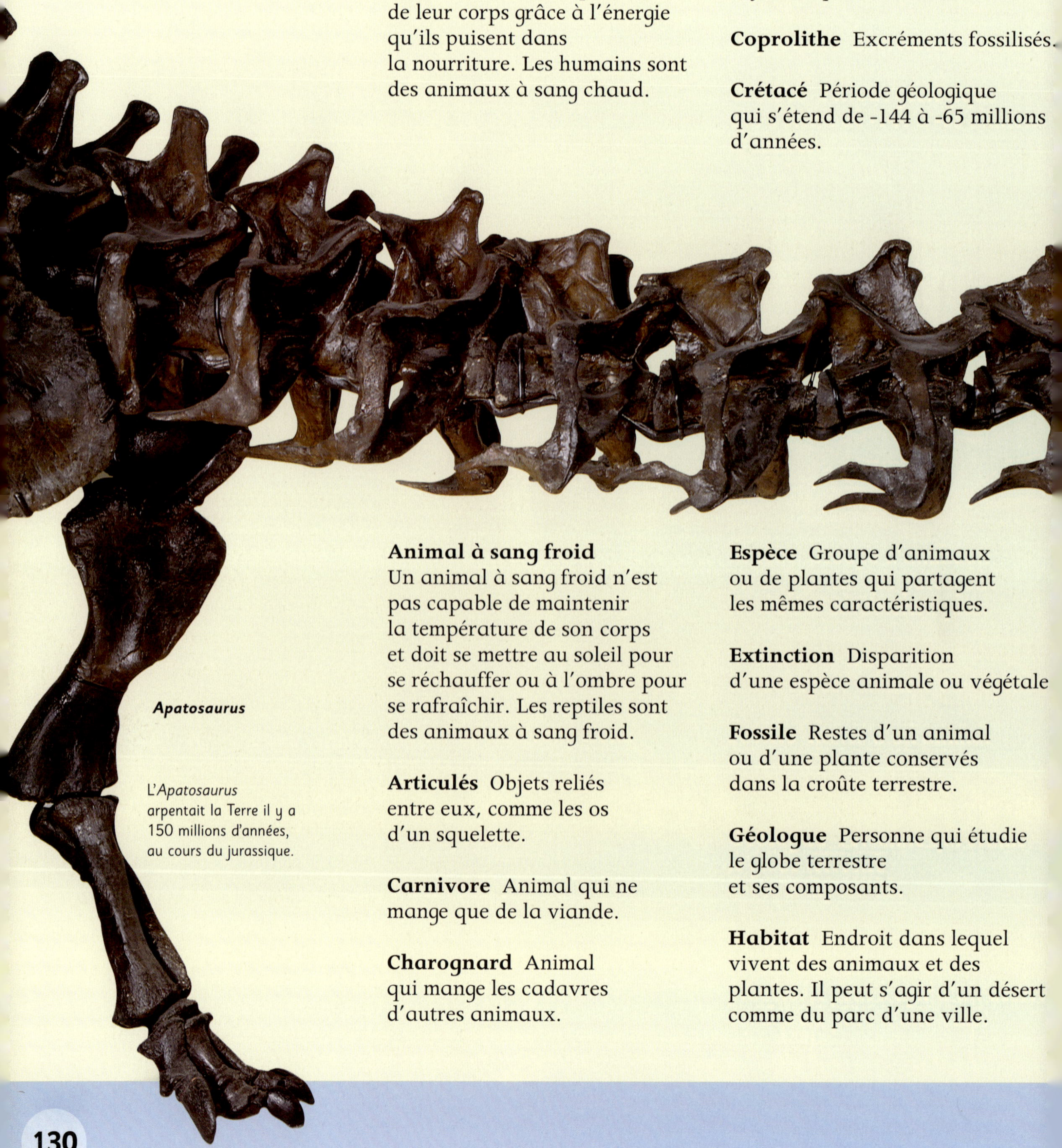

Apatosaurus

L'*Apatosaurus* arpentait la Terre il y a 150 millions d'années, au cours du jurassique.

Animal à sang chaud
Les animaux à sang chaud maintiennent la température de leur corps grâce à l'énergie qu'ils puisent dans la nourriture. Les humains sont des animaux à sang chaud.

Animal à sang froid
Un animal à sang froid n'est pas capable de maintenir la température de son corps et doit se mettre au soleil pour se réchauffer ou à l'ombre pour se rafraîchir. Les reptiles sont des animaux à sang froid.

Articulés Objets reliés entre eux, comme les os d'un squelette.

Carnivore Animal qui ne mange que de la viande.

Charognard Animal qui mange les cadavres d'autres animaux.

Continent Vaste étendue de terre émergée, comme l'Asie. Il y a cinq continents sur Terre.

Coprolithe Excréments fossilisés.

Crétacé Période géologique qui s'étend de -144 à -65 millions d'années.

Espèce Groupe d'animaux ou de plantes qui partagent les mêmes caractéristiques.

Extinction Disparition d'une espèce animale ou végétale

Fossile Restes d'un animal ou d'une plante conservés dans la croûte terrestre.

Géologue Personne qui étudie le globe terrestre et ses composants.

Habitat Endroit dans lequel vivent des animaux et des plantes. Il peut s'agir d'un désert comme du parc d'une ville.

Herbivore Animal qui ne mange que des plantes.

Jurassique Période géologique qui s'étend de -206 à -144 millions d'années.

Mammifère Animal à sang chaud qui a une colonne vertébrale et allaite ses petits.

Prédateur Animal qui chasse et tue d'autres animaux pour se nourrir.

Sauropode Nom d'un groupe de grands dinosaures herbivores qui avaient un long cou, une longue queue et un corps massif.

Trias Période géologique qui s'étend de -248 à -206 millions d'années.

Tsunami Vague gigantesque créée par les mouvements de la croûte terrestre, par exemple par un tremblement de terre situé au fond de l'océan.

Mésozoïque Période géologique très longue (appelée « ère ») pendant laquelle ont vécu les dinosaures. Le mésozoïque se divise en trois périodes : le trias, le jurassique et le crétacé.

Météorite Roche en provenance de l'espace, qui tombe sur un astre.

Nocturne Animal qui est actif la nuit et dort le jour.

Paléontologue Personne qui déterre et étudie des fossiles d'animaux et de plantes.

Théropode Nom du groupe des dinosaures carnivores.

Trace fossilisée Fossile qui indique la présence d'un animal mais n'est pas composée de ces restes, par exemple les empreintes de patte.

Vertèbre L'un des os qui forment la colonne vertébrale d'un animal.

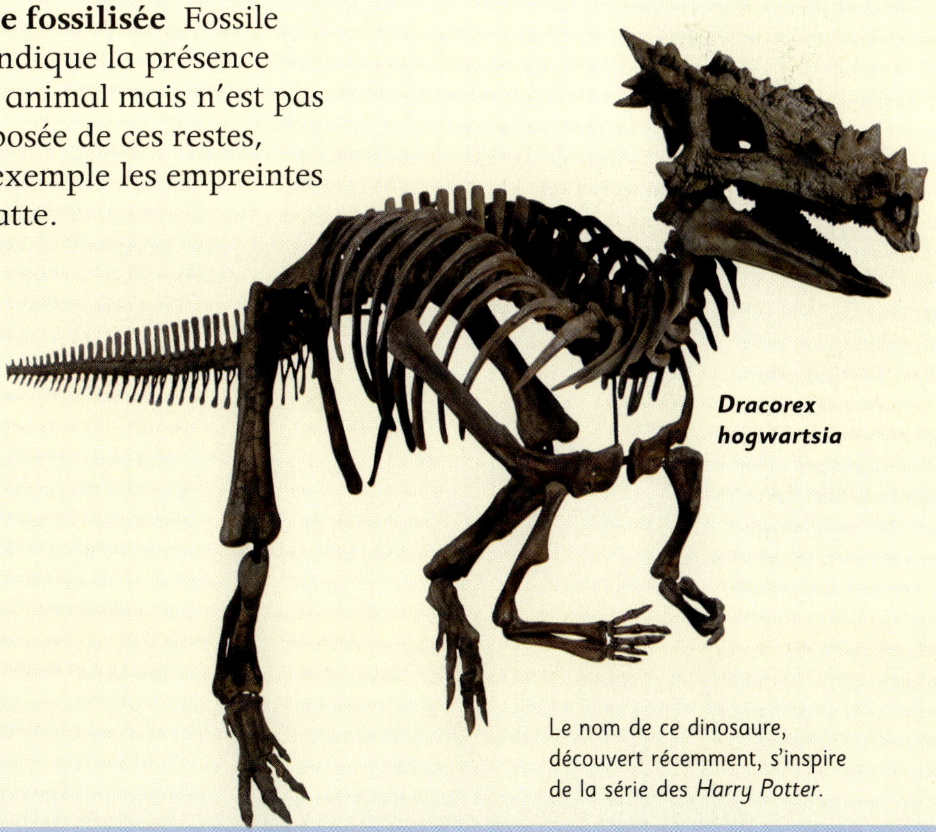

Dracorex hogwartsia

Le nom de ce dinosaure, découvert récemment, s'inspire de la série des *Harry Potter*.

Les animaux d'aujourd'hui

Le monde vivant

La nature qui t'entoure est un monde constitué d'êtres vivants : des végétaux et des animaux. Et ce monde n'a pas fini de te surprendre !

Tournesol

Abeille

Les végétaux

De la fleur la plus petite à l'arbre le plus grand, le monde végétal offre une incroyable diversité. On connaît environ 400 000 espèces végétales, mais les scientifiques pensent qu'il en existe bien davantage.

Séquoia géant

Les fleurs

De nombreuses plantes produisent des fleurs qui sont pollinisées par les animaux, par le vent ou par la plante elle-même. La pollinisation permet à la plante de produire une graine et de se reproduire.

Orchidée

Pâquerette

Les végétaux produisent l'oxygène que nous respirons.

Champignon vénéneux

Les champignons

Les champignons ne sont ni des animaux ni des végétaux, mais ils sont vivants. Certains champignons sont comestibles, d'autres vénéneux.

Dans le règne animal, quel groupement compte le plus grand nombre d'espèces ?

Les animaux
Le règne animal se divise en deux groupes : les vertébrés (animaux à colonne vertébrale) et les invertébrés (animaux sans colonne vertébrale).

il y a environ cinq milliards d'années.

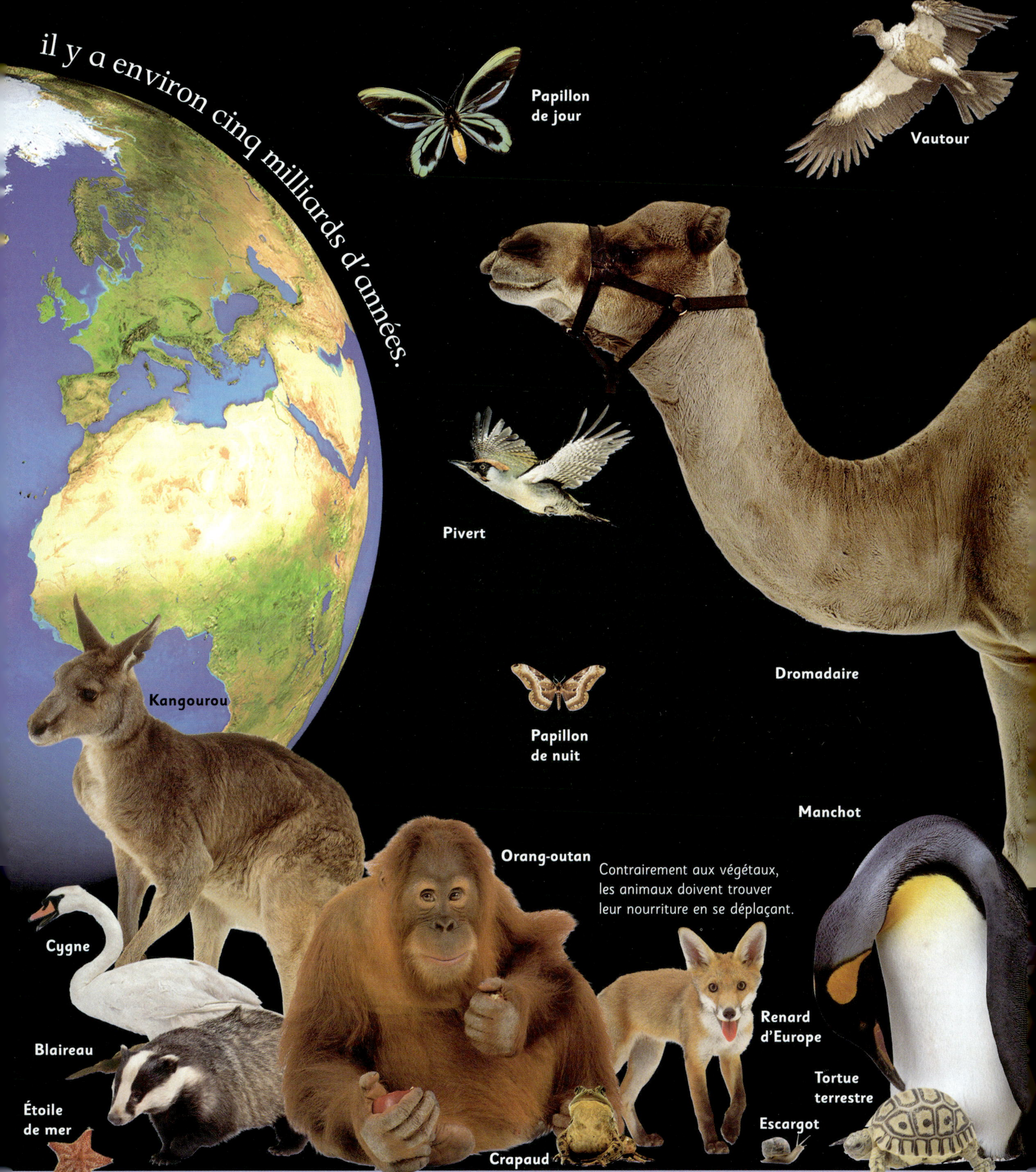

Contrairement aux végétaux, les animaux doivent trouver leur nourriture en se déplaçant.

Les invertébrés, qui constituent 95 % de toutes les espèces animales.

Les grands habitats du monde

Les animaux occupent les habitats naturels les plus variés, des froides régions polaires aux déserts brûlants en passant par les forêts tropicales humides.

Ours polaire

Les régions polaires
Les zones polaires arctique (au nord) et antarctique (au sud) sont des déserts glacés, mais de nombreux animaux occupent ces milieux pourtant inhospitaliers.

Feuille caduque

Les forêts tempérées
Les régions des forêts tempérées sont ponctuées par quatre saisons : un printemps, un été, un automne et un hiver. Ce sont des milieux favorables au développement des feuillus ou arbres à feuilles caduques (qui tombent en hiver).

Papillon diurne

Les forêts denses
Des forêts épaisses couvrent les régions tropicales chaudes et humides. Elles abritent une faune et une flore extrêmement riches et colorées.

Zèbre

Les milieux ouverts
Les principaux milieux ouverts (prairies, steppes et savanes) sont de vastes étendues de graminées, des plantes très appréciées des herbivores et dont il existe environ 10 000 espèces. Mais les herbivores sont les proies préférées des grands félins, qui habitent donc aussi en grand nombre ces régions.

Les déserts

Le désert couvre près de 15 % des terres émergées. Il apparaît comme un milieu hostile à la vie, mais abrite pourtant une faune et une flore qui ont su s'adapter à la chaleur et au manque d'eau.

Montagnes et grottes

La montagne couvre 5 % des surfaces émergées. Les espèces animales et végétales qui occupent cet habitat sont adaptées au manque d'oxygène, au froid et au vent.

Les eaux douces

Notre planète regorge de lacs et de cours d'eau alimentés par les eaux de pluie. Les eaux douces présentent des conditions très favorables à la vie de nombreux animaux et plantes.

Les océans

Les océans couvrent une très grande partie du globe (plus de 50 %). Les eaux salées abritent une faune et une flore très riches, la plupart des espèces marines se rencontrant dans les eaux peu profondes et autour des récifs coralliens.

Les zones urbaines

Des mousses qui s'infiltrent entre les pierres aux rats qui rôdent autour de nos poubelles, de nombreux animaux et végétaux ont élu domicile dans nos villes.

Un habitat est le milieu naturel dans lequel vivent certaines espèces animales et végétales.

Le règne animal

Le règne animal comprend les vertébrés et les invertébrés. Les mammifères, les oiseaux, les reptiles, les amphibiens et les poissons sont des vertébrés. Tous les autres animaux, dépourvus de colonne vertébrale, sont des invertébrés.

Les animaux

Tous les animaux ont un point commun : ils se nourrissent d'autres êtres vivants : animaux, végétaux ou les deux. Et tous, sauf quelques créatures marines, peuvent se déplacer.

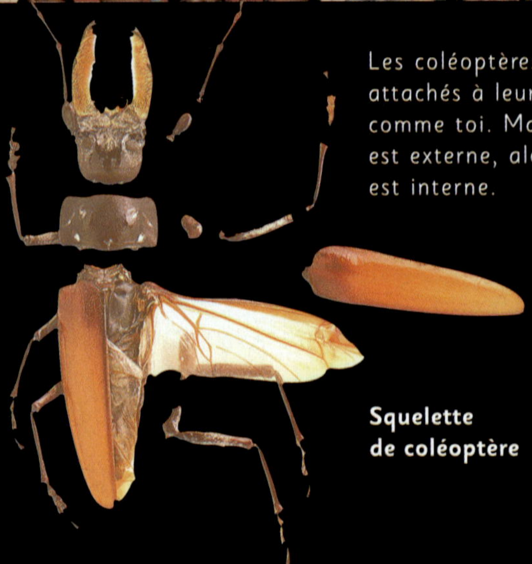

Les coléoptères ont des muscles attachés à leur squelette, comme toi. Mais leur squelette est externe, alors que le tien est interne.

Squelette de coléoptère

Squelette d'oiseau

Tous les oiseaux ne volent pas, même s'ils ont tous des ailes.

Qu'est-ce qu'un vertébré ?

La plupart des grands animaux de notre planète ont une colonne vertébrale et sont donc appelés vertébrés. Les mammifères, les oiseaux, les reptiles, les amphibiens et les poissons appartiennent tous à la classe des vertébrés.

Et un invertébré ?

Les invertébrés sont des animaux sans colonne vertébrale. Certains possèdent un squelette externe, d'autres sont totalement dépourvus d'os.

Tous les animaux possèdent-ils un cerveau ?

Les invertébrés

Les invertébrés représentent plus de 95 % de l'ensemble des animaux. Mais la plupart sont si petits que tu ne les remarques même pas.

Lucane (cerf-volant)

Les scientifiques pensent qu'il existe des millions d'invertébrés que nous ne connaissons pas encore.

Fourmis

Les fourmis sont des insectes, et donc des invertébrés.

La plupart des vertébrés peuvent se déplacer.

Lion

Le lion est l'un des carnivores les plus féroces de tous les mammifères.

Les lions gardent leurs griffes rentrées pour les protéger et ne les sortent que pour attaquer.

Les vertébrés

Les vertébrés sont apparus sur Terre il y a des millions d'années. Ils sont issus d'un ancêtre commun, mais ils ont évolué pour se diviser en quatre groupes principaux.

Mammifères : la plupart sont terrestres et tous sont incapables de respirer sous l'eau.

Oiseaux : ils possèdent tous des ailes et la plupart peuvent voler.

Poissons : ils vivent tous dans l'eau, douce ou salée. Ils respirent avec leurs branchies.

Reptiles et amphibiens : ce sont des animaux terrestres ou aquatiques à sang froid.

Non, quelques invertébrés n'ont pas de cerveau.

Les mammifères

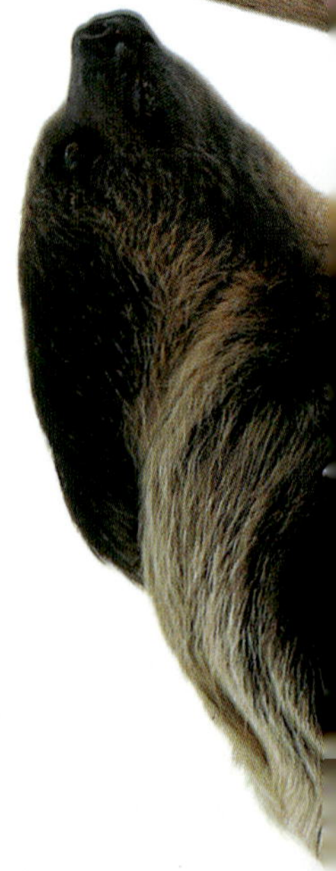

Les animaux tels que les chiens, les chauves-souris, les éléphants et les souris ont-ils quelque chose en commun ? Eh bien oui. Ce sont tous des mammifères, et ils se ressemblent plus que tu ne le crois.

Quel mammifère vit le plus longtemps ?

Oreillards

Paresseux à trois doigts

Chauve-souris commune

Les jeunes mammifères

Chez les mammifères, les jeunes sont des modèles réduits de leurs parents. Leur mère ou leurs deux parents s'occupent d'eux jusqu'à ce qu'ils puissent se nourrir et se débrouiller seuls.

Jeune wallaby de Bennett

Jeune tigre

Test d'observation

Regarde attentivement les pages 140 à 181 et essaie de retrouver ce que représentent ces photos.

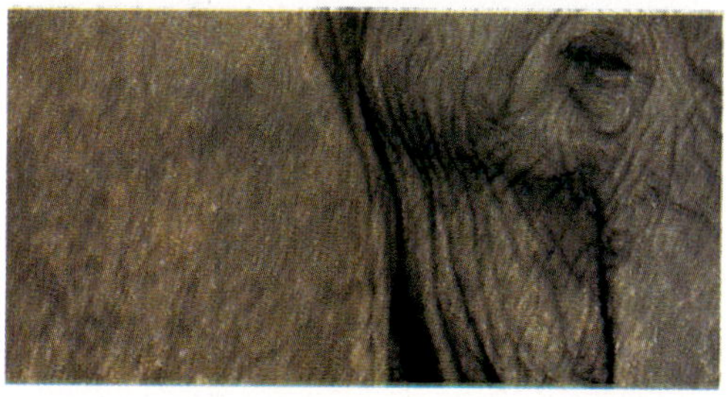

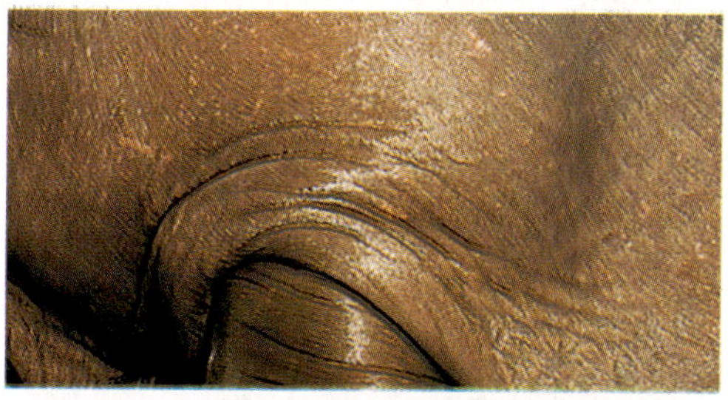

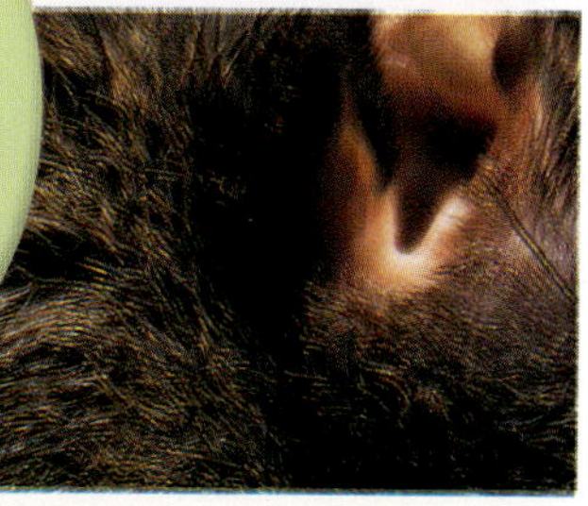

Deviens incollable…

Sur les félins, pages **148-151**
Sur les chauves-souris, pages **164-165**

L'homme.

Le monde des mammifères

Les baleines et les kangourous font partie des mammifères, comme toi ! Ce sont des animaux à sang chaud, généralement couverts de poils et qui allaitent leurs petits.

Squelette de gorille

Les bébés des mammifères

La plupart des femelles mettent directement au monde leurs petits, au lieu de pondre des œufs. Le bébé animal se développe à l'intérieur du corps de sa mère jusqu'à sa naissance.

Le squelette

Les mammifères peuvent avoir une apparence physique très différente, mais ils sont tous constitués d'un squelette osseux. Les scientifiques les appellent des vertébrés, des animaux à colonne vertébrale.

Allaiter les petits

Chez les mammifères, toutes les femelles produisent du lait pour nourrir leurs petits : on dit qu'elles les allaitent. Leur lait, très nourrissant, aide les jeunes à grandir.

Deviens incollable...

Sur les ours et pandas, pages **154-155**

Sur les éléphants, pages **168-169**

Ce bébé gorille appartient à l'ordre des primates.

Il existe de nombreuses divisions au sein de la classe des mammifères.

Jeune gorille

Combien existe-t-il d'espèces de mammifères ?

Des bêtes poilues
La plupart des mammifères sont couverts de poils. Certains possèdent même une fourrure sur tout le corps, qui leur tient chaud.

Éléphant

Cet éléphant n'a pas l'air d'avoir de poils, mais en réalité il en a.

Les ours blancs peuvent vivre dans les régions les plus froides parce qu'ils sont à sang chaud et possèdent une épaisse fourrure.

Des animaux à sang chaud
Les mammifères sont à sang chaud : ils peuvent réchauffer ou refroidir leur corps pour le garder à température constante. Un éléphant dans la jungle a une température interne identique à celle d'un ours dans la neige.

Ours blanc

L'ours blanc a le corps couvert d'une épaisse fourrure.

L'adaptation au milieu
Les caractéristiques physiques des mammifères diffèrent selon leur mode de vie.

Félins : les félins ont de longues pattes pour courir.

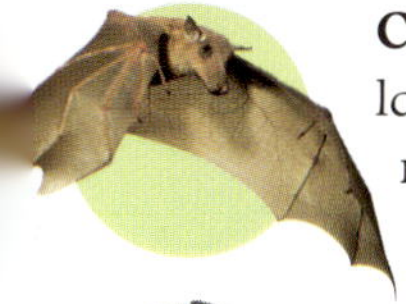

Chauves-souris : la chauve-souris est le seul mammifère à pouvoir voler grâce à ses ailes.

Dauphins : les mammifères marins ont de puissantes nageoires pour nager.

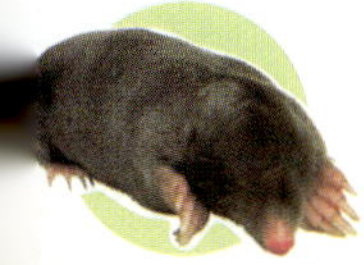

Taupes : la taupe a des pattes en forme de pelles pour creuser la terre.

Les exceptions à la règle
En général les mammifères donnent naissance à de petits êtres vivants, mais de rares espèces, dont l'ornithorynque, pondent des œufs à coquille molle de la taille d'une bille.

Singe hurleur

Lémuriens et petits singes

Les singes et les lémuriens appartiennent à l'ordre des primates. La plupart vivent dans des régions chaudes.

L'animal terrestre le plus bruyant
Communiquer par la voix est important pour les primates qui vivent en communauté. Ce singe hurleur crie pour se faire entendre à plusieurs kilomètres par des communautés voisines.

Le tamarin impérial est doté d'une longue moustache blanche.

Maki

Les lémuriens
Les lémuriens vivent uniquement sur l'île de Madagascar, dans l'océan Indien. Ils ont un corps fin et se déplacent souvent par bonds à l'aide de leurs pattes postérieures. Assis en tailleur, ce maki prend un bain de soleil.

La diversité des petits singes
On pense généralement que tous les petits singes se ressemblent, mais il existe de grandes différences entre eux.

Saki : le mâle est noir et la femelle brune. Il est en voie de disparition.

Tamarin : le tamarin à crinière dorée a une fourrure dorée et une longue crinière.

Singe laineux : appelé aussi lagotriche, il vit en Amérique du Sud et possède une épaisse fourrure.

Nasique : le nez du nasique mâle est proéminent et très long.

Les petits singes
Les petits singes ont des mains préhensiles, ce qui leur permet de grimper aux arbres. La plupart ont des traits distinctifs, comme ce tamarin impérial à la moustache blanche.

Le sais-tu ?
Le macaque japonais vit dans les montagnes du nord du Japon. Pour avoir chaud l'hiver, il prend des bains dans les sources chaudes des volcans.

Chez un petit singe, les membres les plus longs sont-ils les bras ou les jambes ?

Les petits singes arboricoles

Tous les petits singes sont d'excellents grimpeurs. Certains ont une longue queue qu'ils utilisent comme membre supplémentaire. La queue de l'atèle n'est pas poilue à son extrémité pour une meilleure préhension.

Les atèles n'ont pas de pouces.

Atèle

Comme nous, les singes ont des mains pour s'accrocher aux branches.

Mandrill

Le singe terrestre

Le mandrill est l'un des rares singes à ne grimper aux arbres que pour y passer la nuit. Le jour, il se déplace à quatre pattes. Quand un mâle se sent menacé, il ouvre grand sa bouche pour montrer ses redoutables dents.

Galago

Le galago

Le galago est un petit primate qui dort le jour et sort la nuit pour chasser. Ses yeux énormes lui permettent de mieux voir dans l'obscurité.

Les bras.

Les grands singes

Ces créatures intelligentes et plus habituées à marcher debout que les petits singes n'ont pas de queue visible. Elles sont presque toutes menacées de disparition. L'homme fait partie de la famille des grands singes, qui sont nos cousins.

La vie familiale
Les gorilles forment des groupes sociaux pouvant comporter 40 individus. Les mâles sont deux fois plus grands que les femelles et développent à leur maturité sexuelle une bande de fourrure argentée sur le dos.

Le roi des singes
Le gorille est le plus grand et le plus fort de tous les singes, mais il n'est pas agressif. Il vit dans les forêts d'Afrique équatoriale.

Gorille

Comment est appelé le mâle dominant d'un groupe de gorilles ?

Le gibbon

Excellents acrobates, les gibbons sont les singes les plus agiles. Leurs poignets et leurs épaules ultra-flexibles leur permettent de se balancer rapidement d'une branche à l'autre. Ces singes vivent en couple.

L'orang-outan

Les orangs-outans vivent tout en haut des arbres des forêts denses de Bornéo et de Sumatra. Ils descendent rarement de la cime des arbres : c'est là qu'ils mangent et qu'ils dorment.

Le chimpanzé

Les chimpanzés sont très intelligents. Ils communiquent par des mimiques faciales et font partie des rares mammifères qui utilisent des outils.

Ce chimpanzé se sert d'un outil : il utilise une pierre pour casser des coquilles de noix.

La toilette collective renforce les liens au sein du groupe.

La toilette collective

Les chimpanzés peuvent former des communautés de 120 individus. Chaque jour, ils procèdent à une toilette collective. Cette activité est très importante pour les grands singes : c'est ainsi qu'ils éliminent les parasites de leurs poils.

Un « dos argenté ».

Lynx

Les félins

Tous les félins passent leur temps aux mêmes activités : chasser, se nourrir et dormir.

Ce lynx est deux fois plus gros qu'un chat de compagnie.

Une vie solitaire

La plupart des félins mènent une vie solitaire, mais les mères vivent tout de même avec leurs petits.

Des carnivores

Les félins se nourrissent exclusivement de viande et ceux qui vivent à l'état sauvage doivent chasser pour survivre. Certains sont plus difficiles que d'autres sur le choix de leur nourriture.

Caracal : ce félin peut bondir très haut pour attraper des oiseaux.

Lynx : cet animal vit dans les régions boisées et se nourrit surtout de lapins.

Jaguarondi : ce petit félin trapu mange toutes les proies qu'il peut capturer.

Chat viverrin : ce chat attrape des poissons avec ses griffes.

Puma

Les pumas sont les rois du saut en longueur. Ils peuvent faire des bonds de 12 m de long.

De bons grimpeurs

Tous les félins savent grimper aux arbres. Ils ont un très bon équilibre et des griffes acérées pour s'accrocher aux branches. Certains vivent dans la forêt.

Pourquoi les félins se lèchent-ils ?

Lion

Chat domestique

On compte plus de 300 millions de chats de compagnie dans le monde. Ils sont de proches parents des chats sauvages.

Le roi du rugissement

La plupart des grands félins rugissent. Et quand le lion se met en colère, son rugissement peut être entendu à une distance de 8 km ! Les autres félins miaulent, ronronnent et grognent.

Une fourrure efficace

La fourrure des félins leur tient chaud et les camoufle. Ils passent beaucoup de temps à se lécher avec leur langue rugueuse pour rester propres.

La technique de chasse

Contrairement aux canidés, les félins sont incapables de courir vite sur de longues distances. Ils préfèrent donc rester à l'affût, le corps à ras du sol, avant d'avancer lentement et de bondir sur leur proie.

Les traits distinctifs

Tous les félins ont un air de famille, mais leur fourrure, leur morphologie et leur taille sont adaptées au milieu dans lequel ils vivent. Ce serval possède un long cou et de grandes oreilles pour mieux voir et entendre dans les hautes herbes de la savane.

Serval

Ocelot

L'ocelot est aujourd'hui une espèce protégée. Il était autrefois chassé pour sa fourrure.

Deviens incollable...

Sur les canidés qui vivent à l'état sauvage, pages **152-153**

Pour se nettoyer et se rafraîchir quand il fait chaud.

Des félins majestueux

Les cinq carnivores les plus grands et les plus féroces sont appelés grands félins ou fauves. Il s'agit du lion, du tigre, du jaguar, du léopard et de la panthère des neiges.

Léopard ou panthère?
Certaines panthères sont noires, mais les panthères d'Afrique affichent un pelage jaune tacheté de noir. On les appelle aussi léopards. D'ailleurs, panthères et léopards ont le même nom scientifique.

Le roi de la savane
Les lions, qui peuplent la savane africaine, sont les seuls félins à vivre en groupes, appelés bandes.

Chez les félins, les femelles portent leurs petits dans leur gueule.

De gros dormeurs
Les félins sont considérés comme les animaux les plus dormeurs du monde, avec plus de 19 heures de sommeil par jour. On voit souvent des bandes de lions endormis sous les arbres de la savane. Ils se sentent en totale sécurité, car ils ne redoutent aucun autre animal.

Bande de lions

Pourquoi les félins ont-ils des moustaches?

Le jaguar : un félin nageur

Le jaguar possède un pelage à grandes taches et adore nager, ce qui est assez inhabituel chez les félins. Le jour, il capture des poissons en les éjectant de l'eau d'un coup de patte. La nuit, il chasse les animaux de la jungle.

Tigre

Le léopard

Les léopards adorent grimper aux arbres. Tranquillement étendus sur les branches les plus hautes, ils observent ce qui se passe au sol. Ils y transportent souvent leurs proies pour qu'elles ne soient pas volées par d'autres animaux.

Léopard

Le tigre

Le tigre est le plus grand et le plus puissant de tous les félins, et il est beaucoup plus fort que l'homme ! On le trouve partout en Asie, des forêts tropicales aux régions boisées de Sibérie.

Les tigres chassent surtout la nuit.

Les lionnes n'ont pas de crinière.

Deviens incollable...

Sur le mammifère terrestre le plus rapide du monde, le guépard, pages **294-295**

Pour mieux se diriger dans l'obscurité.

Les canidés

Si tu entends parler des canidés, tu penses tout de suite aux chiens domestiques, mais sais-tu que la plupart des canidés vivent à l'état sauvage ?

Le dressage des chiens

Depuis des milliers d'années, les hommes dressent les chiens pour les aider dans certaines tâches.

Chien d'aveugle : certains chiens paisibles sont dressés pour guider les aveugles.

Chien de berger : Depuis des siècles, les bergers utilisent les chiens pour garder leurs troupeaux.

Chien policier : le flair des chiens de garde leur permet souvent de retrouver la trace des criminels.

Le loup

Les loups vivent en meutes d'une vingtaine d'individus, dirigées par un mâle et une femelle. Ce sont des carnivores qui chassent toujours collectivement. Leurs dents déchirent efficacement la chair de leurs proies.

Loup gris d'Europe

Les loups émettent parfois des jets d'urine pour marquer leur territoire.

La nuit, les meutes de loups hurlent pour signaler leur présence à des congénères.

Le langage du loup

Les loups utilisent les mimiques faciales et le langage corporel pour communiquer avec les autres loups de la meute. S'ils veulent éloigner d'autres meutes, ils hurlent au lieu d'aboyer comme les chiens.

Comment s'appelle le cri du renard ?

Renard roux

Le renard des villes

Le renard chasse plutôt la nuit et vit seul ou en petits groupes. On voit désormais le renard roux se multiplier aux abords des villes où il fouille dans les poubelles pour se nourrir.

Le sais-tu ?

Les chiens sont les meilleurs amis de l'homme depuis plus de 12 000 ans ! Tous les chiens domestiques descendent du loup gris et ont gardé de leurs ancêtres un odorat et une ouïe très développés.

Lycaon

Après la chasse, la meute se partage le repas.

Les lycaons sont souvent appelés « loups peints » en raison des magnifiques couleurs de leur pelage.

Le chien viverrin

Très poilu, il ressemble à un raton laveur. C'est l'un des rares canidés à savoir grimper aux arbres.

Le lycaon

Les lycaons vivent en meutes comprenant jusqu'à 30 individus. Ils sont longilignes et possèdent de longues pattes. Ils chassent en groupe et au moins une fois par jour des proies plus grosses qu'eux, un zèbre par exemple.

Les loups gris vivent en Amérique du Nord et dans le nord de l'Asie. Leur taille est de 1 m environ.

Le glapissement.

Ours et pandas

Les ours et les pandas sont de grands animaux possédant une grosse tête, des membres épais et une queue courte. Ils ont cinq griffes à chaque pied, et une fourrure magnifique.

La famille des ursidés

Il n'existe que huit espèces d'ursidés dans le monde, dont l'ours blanc et l'ours brun.

Ours brun : ce très grand ours est carnivore, mais il aime aussi les baies et les racines.

Ours blanc : c'est l'ours le plus gros et le plus dangereux. Il vit dans les régions arctiques.

Ours à lunettes : on dirait que cet ours porte des lunettes, d'où son nom.

L'ours

Les ours ont un odorat excellent, mais une vue et une ouïe assez médiocres. C'est parce qu'ils ont un grand museau allongé, mais des yeux et des oreilles de très petite taille.

Cet ours brun mesure 3,5 m de long, soit deux fois la taille d'un homme.

Ours brun

L'hibernation

La plupart des ursidés dorment tout l'hiver : on dit qu'ils hibernent. Ils mangent énormément en été et en automne pour constituer des réserves de graisse qui les aideront à passer l'hiver. Les oursons naissent en période hivernale.

Quel ours construit son nid dans les arbres ?

Ours noir : appelé aussi baribal, cet ours d'Amérique du Nord peut hiberner pendant six mois.

Ours des cocotiers : cet excellent grimpeur utilise sa longue langue pour lécher le miel des arbres.

Grand panda : cet ursidé noir et blanc mène une vie solitaire.

Ours lippu : il a des lèvres saillantes pour aspirer les termites et de longues griffes pour détruire les termitières.

Ours à collier : appelé aussi ours noir du Tibet, il est aujourd'hui une espèce protégée.

Les ursidés arboricoles

Les ursidés ont l'habitude de marcher lentement, mais ils peuvent courir très vite en cas de danger. La plupart peuvent aussi grimper aux arbres, ce qui paraît incroyable au vu de leur taille. Ce grand panda grimpe à un bambou pour manger ses pousses.

Le grand panda se nourrit de pousses de bambou. Il mange aussi parfois des larves d'animaux.

L'ours polaire

Les ours blancs vivent en Arctique. Leur fourrure épaisse les protège du froid glacial. Ce sont d'excellents nageurs qui peuvent retenir leur souffle pendant deux minutes sous l'eau.

L'amour maternel

L'ourse s'occupe beaucoup de ses oursons durant la première année de leur vie : elle leur apprend à survivre. Elle se dresse parfois sur ses pattes postérieures pour impressionner ses ennemis.

L'ours des cocotiers.

Les petits carnivores

De nombreux petits mammifères carnivores sont réputés pour leurs techniques de chasse particulièrement astucieuses.

La hyène ricaneuse
Au crépuscule, ces canidés à la croupe plus basse que le garrot sortent pour chasser ou trouver des charognes. Les hyènes vivent en petits groupes. Leurs cris ressemblent à des ricanements.

Hermine

L'hermine
Les hermines et les visons sont proches des belettes. L'été, les hermines sont brunes avec un ventre blanc, et l'hiver elles deviennent toutes blanches pour se confondre avec la neige.

Le vison d'Amérique du Nord arbore toute l'année une fourrure brun foncé et de fins poils blancs au museau.

Belette

Les belettes sont des chasseurs solitaires qui tuent leurs proies en les mordant au cou.

Les mustélidés
Les mustélidés ont un corps allongé et sont courts sur pattes. Redoutables prédateurs, ils tuent parfois des animaux plus grands qu'eux.

Deviens incollable...
Sur le blaireau, un proche parent de la belette, page **159**

Pourquoi la plupart des mustélidés sont-ils en voie de disparition ?

Le raton laveur

La face des ratons laveurs ressemble à celle du renard, mais avec un masque noir autour des yeux. Ce sont des créatures curieuses et habiles à la chasse.

En Amérique du Nord, les ratons laveurs font parfois les poubelles ! Certains savent même ouvrir les portes.

Cette mangouste a mordu le cou d'un serpent pour le tuer.

La mangouste

Les mangoustes sont si malines qu'elles n'hésitent pas à s'attaquer aux serpents les plus venimeux.

La moufette

Les moufettes vivent en Amérique et se nourrissent de petits animaux et de fruits. Si elles se sentent menacées, elles soulèvent leur queue et projettent un liquide qui sent mauvais à un kilomètre !

Suricates

Le suricate

Ces petites mangoustes vivent en groupes. Pendant que certains partent chasser le jour, d'autres font le guet en se dressant sur leurs pattes postérieures.

Quelle grande famille !

La famille des mustélidés comprend, entre autres, ces trois mammifères.

Glouton : cet animal a un corps plus grand et plus massif que la belette.

Putois : les putois sont parfois gardés comme animaux domestiques. On les appelle alors des furets.

Vison d'Amérique du Nord : c'est un prédateur à la fois terrestre et aquatique.

Parce qu'ils sont chassés pour leur fourrure.

Lapins, lièvres et fouisseurs

De nombreux mammifères creusent le sol pour construire un abri. Certains n'utilisent leur terrier que pour y dormir, d'autres y passent leur vie.

Le lapin
La plupart des lapins creusent des terriers pour se protéger de leurs ennemis et du froid et pour y élever leurs petits en sécurité. Les lapins de garenne vivent en collectivité.

Le terrier des lapins comporte de nombreuses galeries.

Le lièvre
Les lièvres sont apparentés aux lapins mais leurs oreilles sont plus longues et ils ne vivent pas dans des terriers. Les mâles se battent parfois pour les femelles.

Les lièvres se dressent sur leurs pattes postérieures et se donnent des coups à l'aide de leurs pattes antérieures.

Comment s'appellent les petits du lapin ?

L'oryctérope, ou cochon de terre

Le cochon de terre a un museau terminé en groin comme le cochon, de grandes oreilles comme le lapin et une longue langue pour capturer les fourmis comme le fourmilier, mais il n'a rien à voir avec ces animaux ! C'est un excellent fouisseur qui creuse de longues galeries avec ses griffes.

Le tatou

Le tatou est bien protégé face aux prédateurs grâce aux plaques cornées qui couvrent son dos comme une cuirasse. Il creuse des terriers pour chercher sa nourriture et pour s'abriter. La plupart des tatous se reposent sous terre le jour et sortent chasser la nuit.

Le blaireau a un corps allongé et massif, une petite tête et un long museau pour dénicher sa nourriture.

Les blaireaux ont une mauvaise vue mais un excellent odorat.

Le blaireau

Les blaireaux chassent plutôt la nuit. Leurs pattes courtes et robustes leur permettent de se réfugier au plus vite dans leurs terriers qu'ils se transmettent de génération en génération.

La taupe

Les taupes vivent principalement sous terre où elles mangent insectes et vers. La présence d'une taupe se décèle aux monticules de terre rejetée à la surface du sol.

Le condylure étoilé « nage » dans la terre grâce à ses pattes en forme de pagaies.

Taupe commune

Les lapereaux.

Les insectivores

De nombreux petits mammifères passent leur vie à manger des insectes et d'autres petites bestioles : on les appelle insectivores. La plupart d'entre eux ne chassent que la nuit.

Le pangolin
Parfois appelé fourmilier à écailles, le pangolin n'est pas de la même famille que le fourmilier. Il utilise ses griffes pour creuser les fourmilières et les termitières à la recherche de nourriture.

Le pangolin ferme ses narines pour manger les fourmis afin que ces dernières ne remontent pas par son nez.

Le tamanoir
Le tamanoir, ou grand fourmilier, possède un très long museau et une langue visqueuse avec laquelle il englue ses mets favoris : fourmis et termites.

Le myrmidon
Ce fourmilier nain est doté d'un museau plus court et d'une fourrure plus pâle que les autres fourmiliers. Il passe l'essentiel de son temps à déloger les fourmis dans les arbres.

Le tamanoir peut avaler plus de 30 000 fourmis par jour !

Deviens incollable...

Sur les fourmis et termites, pages **260-261**

Sur les vers de terre, page **271**

Combien mesure la plus petite musaraigne ?

Pour se défendre, le hérisson se transforme en une boule de piquants.

Hérisson

Il sort sa tête et ses pattes avec prudence pour voir si le danger est écarté.

Le hérisson

Les hérissons se servent de leur museau pointu pour détecter la présence d'insectes et de vers dans le sol. Ils sont couverts de piquants qu'ils utilisent comme moyen de défense. S'ils se sentent menacés, ils se mettent en boule, ce qui éloigne les prédateurs.

Il se retourne et poursuit son chemin.

La musaraigne

De la taille d'une souris, les musaraignes sont très actives. Elles doivent se nourrir toutes les deux ou trois heures pour survivre et peuvent avaler quotidiennement plus que leur poids en nourriture.

Les jeunes musaraignes sont les unes sur les autres pour ne pas se perdre.

L'échidné

L'échidné aussi est couvert de piquants qui sont des poils durcis. Il est l'un des seuls mammifères avec l'ornithorynque à pondre des œufs.

Des sens très développés

La musaraigne utilise son odorat et son ouïe, très développés, pour chasser petits insectes et vers de terre.

Échidné

Pachyure étrusque

Appelée pachyure étrusque, elle mesure 4 cm de long.

Les rongeurs

Des mammifères tels que les rats et les souris sont des rongeurs. On les trouve dans le monde entier, aussi bien dans les déserts que dans les régions arctiques.

La queue du rat lui sert de balancier et de gouvernail dans l'eau.

Le surmulot

Appelé aussi rat commun, le surmulot est considéré comme un animal nuisible. Il peut vivre presque partout, et former d'importantes communautés si la nourriture est suffisante.

Que mangent les rats ?

Les rats mangent tout ce que nous mangeons et bien davantage encore, ce qui leur permet de survivre partout. Le rat commun est très bon nageur et capable d'attraper des petits poissons sous l'eau.

Les rats et les souris ont un très bon odorat et communiquent par leurs odeurs corporelles.

Le sais-tu ?

Le rat noir a envahi l'Europe au XIVe siècle, propageant ainsi une peste qui fit 25 millions de morts, le tiers de la population de cette époque !

Des longues dents

Tous les rongeurs sont dotés de quatre longues incisives très coupantes comme celles de cette marmotte.

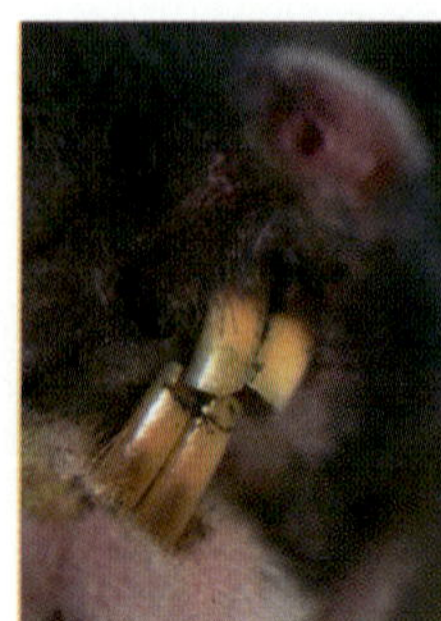

Quel est le plus gros rongeur du monde ?

Des rongeurs omniprésents

Plus de 40 % des mammifères sont des rongeurs. Il en existe une très grande diversité.

Hamster : originaire d'Asie Mineure, c'est un animal d'agrément très apprécié.

Écureuil : vivant dans les arbres, il se sert de sa queue comme d'un balancier.

Campagnol : ces rats terrestres ou nageurs creusent des terriers dans les champs ou sur les berges des cours d'eau.

Spalax : appelé aussi rat-taupe, il creuse des galeries avec ses pieds aplatis.

Porc-épic : il dresse ses longs piquants quand il se sent menacé.

Les chiens de prairie sont des écureuils terrestres : ils ne grimpent pas aux arbres.

Rat des moissons

Le rat des moissons se sert de sa queue pour s'accrocher aux tiges.

Des villages de rongeurs

Certains rongeurs mènent une vie solitaire, mais beaucoup forment de grandes communautés, comme ces chiens de prairie qui vivent an Amérique dans des réseaux de terriers réunis en villages.

Des souris

Les souris ont un museau pointu et de longues moustaches qui les aident à se diriger dans l'obscurité. Cette souris commune se nourrit de tout ce qu'elle trouve dans la maison et peut produire 36 000 déjections par an.

Souris

Un gros dormeur

Le loir vit dans les bois et les champs d'Europe, et sait très bien grimper et sauter. L'hiver, il hiberne pendant sept mois sans se réveiller une seule fois.

Le cabiai, qui a la taille d'un cochon.

Les mammifères volants

Écureuil volant

Certains mammifères peuvent effectuer des sauts planés mais seules les chauves-souris peuvent véritablement voler.

Oreillards

Le jour, les chauves-souris gîtent dans des grottes sombres, des arbres creux ou sous le toit d'un bâtiment. Elles dorment la tête en bas.

L'écureuil volant
L'écureuil volant possède une membrane reliant ses flancs à ses pattes. En sautant, il l'ouvre comme un parapluie, pouvant planer sur 100 m en se dirigeant avec sa queue et ses membres.

La chauve-souris
Les ailes de la chauve-souris sont en réalité de longs bras dotés d'une membrane tendue entre ses doigts. Ses pouces sont des griffes qui lui permettent de s'accrocher.

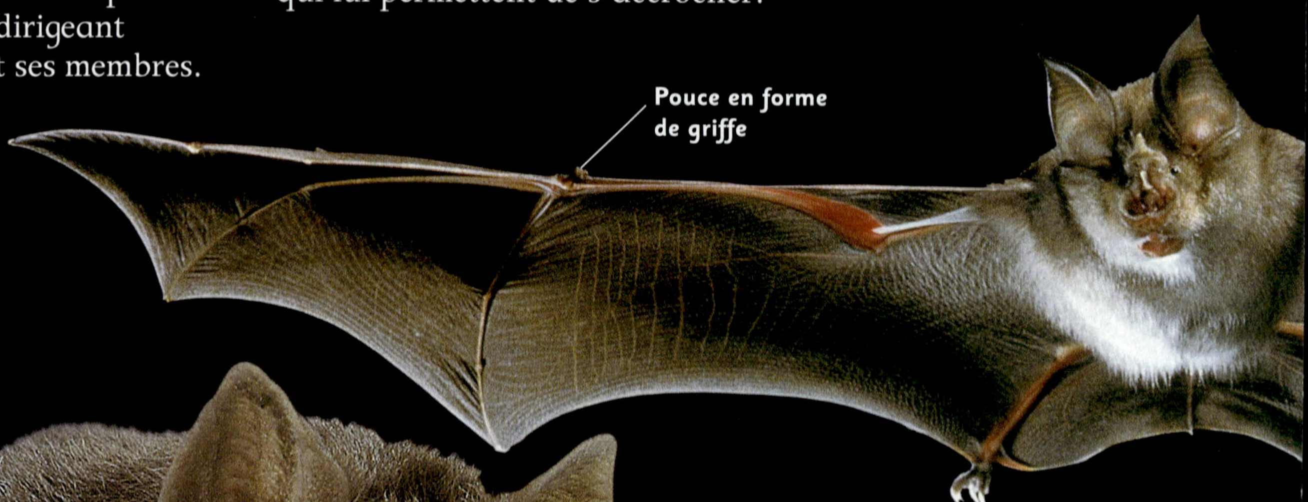

Pouce en forme de griffe

Les chauves-souris poussent des cris pour se retrouver dans l'obscurité.

Vampire

La salive du vampire anesthésie la peau de la victime qui ne sent pas la morsure.

Le vampire
Le menu favori du vampire est… le sang chaud ! Cette chauve-souris se nourrit en plantant ses dents pointues dans la chair, puis en suçant le sang de ses victimes.

La tête des chauves-souris
La forme de la tête des chauves-souris varie selon leurs habitudes alimentaires.

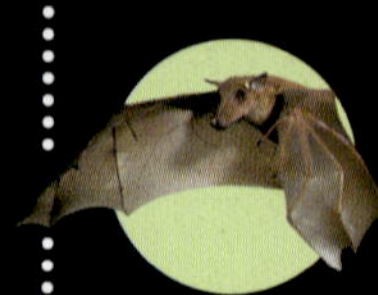

Roussette : elle a un nez allongé et une longue langue pour boire le nectar des fleurs et manger des fruits.

Oreillard : il a de longues oreilles pour entendre le battement d'ailes des insectes dont il se nourrit.

Macroglosse : cette chauve-souris est dotée d'un long nez pour mieux aspirer le nectar des fleurs.

Quelle est la plus petite chauve-souris du monde ?

La nursery

Certaines chauves-souris élèvent leurs petits en communauté dans une immense nursery souvent occupée par des milliers de jeunes. Et la mère retrouve toujours son petit lorsqu'elle lui apporte de la nourriture !

Roussette

Que mangent les chauves-souris ?

La plupart se nourrissent d'insectes, d'autres comme la roussette mangent des fruits et aspirent le nectar des fleurs ; d'autres encore sont carnivores.

Tueuses d'insectes

Les chauves-souris sont expertes pour capturer des insectes en plein vol et dans l'obscurité. Elles les détectent par écholocation, c'est-à-dire en émettant des ultrasons qui produisent un écho.

Deviens incollable…

Sur les grenouilles volantes, pages **234-235**

Sur les insectes piqueurs, pages **250-251**

Cette chauve-souris de Geoffroy va boire du nectar.

Le nez-de-cochon thaïlandais, de la taille d'un bourdon.

Les marsupiaux

Un marsupial est muni d'une poche ventrale, le marsupium, dans laquelle il porte ses petits qui naissent inachevés.

Le koala

Les koalas ressemblent à des oursons et vivent en Australie. Ils sont les seuls animaux à se nourrir de feuilles d'eucalyptus, qui sont si difficiles à digérer que le koala dort 19 heures par jour !

Quand le jeune koala devient trop gros pour tenir dans la poche de sa mère, il grimpe sur son dos et y reste accroché.

D'autres marsupiaux

Quelques marsupiaux vivent en Amérique du Sud, mais la plupart peuplent l'Australie et les îles voisines.

Dendrolague : ce petit kangourou sait grimper aux arbres.

Numbat : ce fourmilier est le mammifère qui possède le plus de dents : 52.

Bilby : fouisseur aux grandes oreilles, il est aussi appelé bandicoot-lapin.

Le diable de Tasmanie

Le diable de Tasmanie n'est pas beaucoup plus grand qu'un petit chien, mais il se montre très agressif. C'est le plus gros marsupial carnivore et ses mâchoires sont si puissantes qu'il peut dévorer la proie tout entière, os compris !

Lorsqu'il bondit, le kangourou

Le kangourou

Les kangourous sont incapables de marcher, mais leurs très longues pattes postérieures leur permettent de faire des bonds surprenants et de se déplacer à très grande vitesse.

Deviens incollable…

Sur les mammifères qui pondent des œufs, pages **143** et **161**

Quels sont les marsupiaux les plus grands : les wallabies ou les kangourous ?

La sarigue est un marsupial arboricole.

La sarigue
Aussi appelée opossum de Virginie, la sarigue vit en Amérique. La mère n'a pas de poche, ce qui est rare pour un marsupial. Ses petits sont donc accrochés à elle. Une femelle peut mettre bas jusqu'à 20 petits à la fois !

Ce jeune kangourou est assez fort pour sortir de la poche.

Dans la poche
La plupart des marsupiaux possèdent une poche ventrale. À la naissance, les petits sont minuscules et grimpent dans la poche en rampant. C'est là, et non dans l'utérus de leur mère, qu'ils poursuivent leur développement.

Les jeunes marsupiaux
Les petits des kangourous et des wallabies passent plusieurs mois dans la poche maternelle. Et même quand ils ont achevé leur développement, ils y retournent parfois en cas de danger.

n'utilise pas ses pattes antérieures.

Leur grande queue leur sert de balancier.

Les kangourous.

Les éléphants

L'éléphant est le plus grand animal terrestre. Et le plus gros à avoir existé pesait l'équivalent de 150 hommes ! On distingue deux espèces : l'éléphant d'Afrique et l'éléphant d'Asie, plus petit.

Éléphants d'Afrique

Les éléphants d'Afrique agitent leurs grandes oreilles pour se rafraîchir sous un soleil torride.

Les défenses sont des incisives supérieures énormes.

Les troupeaux d'éléphants

Les éléphants d'Afrique vivent en troupeaux qui ne rassemblent que les femelles et les jeunes. Les mâles restent à l'écart : ce sont des solitaires. Une famille comprend généralement huit à dix individus.

L'éléphanteau

Les éléphanteaux adorent jouer, ce qui est important pour des animaux qui grandissent au sein d'un groupe. Ils se pourchassent, se lancent des morceaux de bois et grimpent les uns sur les autres.

Quelle est la taille de l'ongle d'un éléphant ?

Une trompe à tout faire
Le nez énorme de l'éléphant s'appelle une trompe. Elle ne sert pas seulement à percevoir les odeurs. L'animal l'utilise aussi pour manger, boire, se laver et détecter les vibrations du sol.

Les éléphants communiquent en poussant des cris puissants appelés barrissements.

Les éléphants utilisent leur trompe pour atteindre les feuilles les plus hautes des arbres, inaccessibles aux autres animaux.

Éléphant d'Asie

Une trompe préhensile
L'éléphant peut saisir des objets avec l'extrémité de sa trompe, comme toi avec ta main. Il se sert de sa trompe pour arracher des végétaux et les mettre dans sa bouche, pour saluer des congénères et manifester son hostilité vis-à-vis d'autres animaux.

L'éléphant d'Afrique a des oreilles beaucoup plus grandes que celles de l'éléphant d'Asie.

Le bain
La peau de l'éléphant est très sensible. Elle exige des lavages fréquents pour être débarrassée des parasites et rester fraîche. L'éléphant se lave en aspirant de l'eau avec sa trompe et en s'aspergeant tout le corps.

Celle de ta main !

Les ongulés

Les ongulés, présents aux quatre coins du monde, désignent des mammifères dont les doigts se terminent par des sabots. Le sabot est en fait un ongle sur lequel ils marchent.

Le sanglier

Le sanglier, ou porc sauvage, mange de tout, ou presque. Il court vite et se montre très protecteur vis-à-vis de ses petits à robe rayée, les marcassins.

Les différents sabots

Le sabot est un ongle qui entoure et protège l'extrémité d'un doigt, un peu comme l'ongle de ton orteil. Les mammifères ongulés peuvent donc courir très vite.

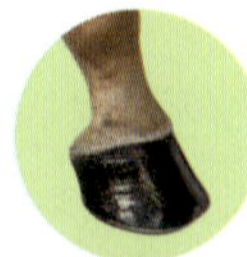

Cheval : il ne possède qu'un seul doigt. Il court sur la pointe des pieds.

Rhinocéros : il est très massif et possède trois doigts.

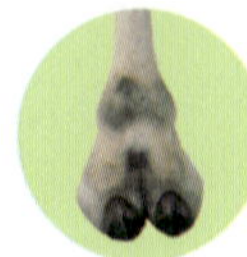

Chameau : le chameau est muni de deux doigts très espacés pour marcher dans le sable sans s'enfoncer.

Le tapir

Le tapir est doté d'une courte trompe et ressemble au sanglier, mais n'appartient pas à la même famille.

Tapir à chabraque

Le nez et la lèvre supérieure forment une trompe.

Trompe ou tuba ?

Les tapirs vivent beaucoup dans l'eau. S'ils se sentent menacés, ils plongent en laissant dépasser leur trompe qui leur sert de tuba pour respirer.

Le phacochère

Le phacochère est un porc sauvage d'Afrique assez haut sur pattes. Il fléchit ses genoux pour se nourrir.

Qu'est-ce qu'un orignal ?

Les rois du froid

Les rennes se déplacent en grands troupeaux dans les froides toundras des régions septentrionales du globe. Ils migrent deux fois par an, parcourant des milliers de kilomètres à la recherche d'un climat plus favorable pour se reproduire.

Quel géant !

L'élan, qui vit dans les forêts marécageuses d'Amérique du Nord et d'Europe, est le plus grand des cervidés. Ses bois peuvent atteindre 2 m d'envergure et posséder jusqu'à 20 ramifications.

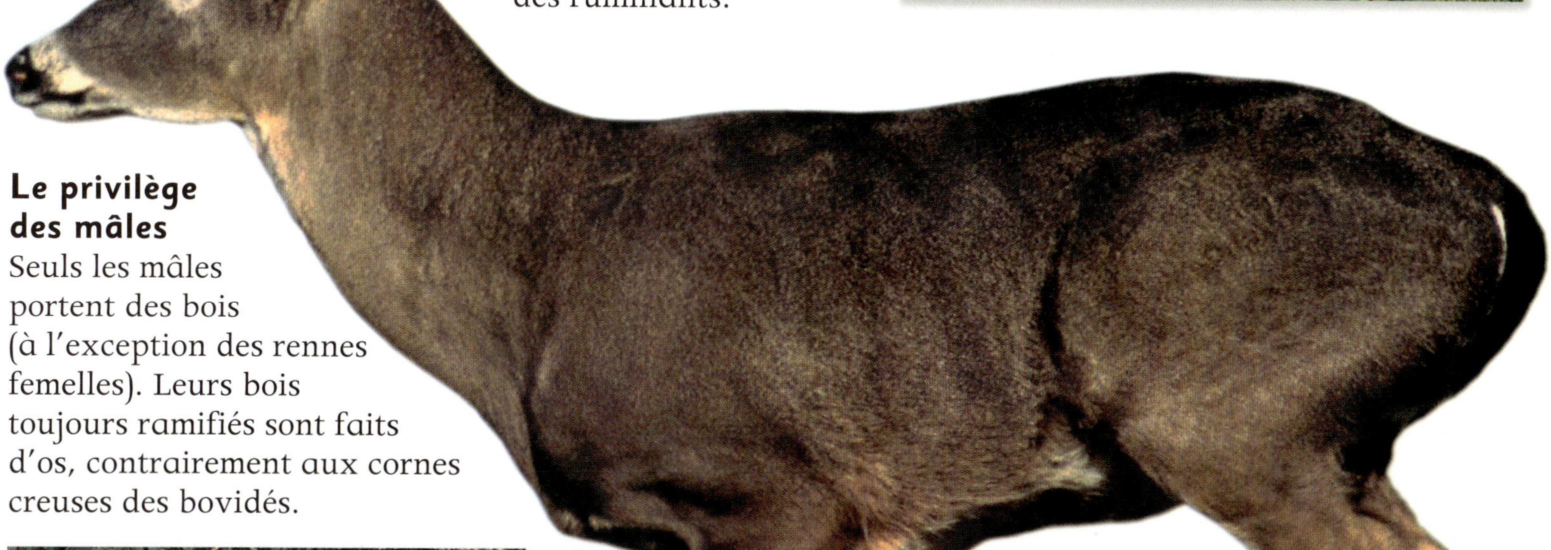

Les cervidés perdent leurs bois chaque année. Mais il en pousse toujours de nouveaux.

Les cervidés

Les cervidés vivent en troupeaux dans les régions boisées. Ils ruminent comme les vaches : ce sont des ruminants.

Le privilège des mâles

Seuls les mâles portent des bois (à l'exception des rennes femelles). Leurs bois toujours ramifiés sont faits d'os, contrairement aux cornes creuses des bovidés.

C'est le nom de l'élan en Amérique du Nord.

Les bovidés

Les bovidés sont eux aussi des ongulés. Ils sont herbivores, c'est-à-dire qu'ils se nourrissent de végétaux qu'ils ruminent et digèrent dans leur estomac à plusieurs poches. Tous ont des cornes pour se défendre.

Des animaux précoces
Les bovidés sont souvent dévorés par d'autres animaux. Les petits, comme ce jeune gnou, savent marcher dans les heures qui suivent leur naissance, ce qui peut être utile en cas de danger.

Brouter
Certains bovidés broutent l'herbe alors que d'autres, comme cette gazelle-girafe ou généruk, broutent les pousses et les feuilles des arbres et des arbustes.

La sécurité collective
La plupart des bovidés forment des troupeaux importants pour renforcer leur sécurité. Ces bisons se déplacent ensemble selon les saisons et la nourriture disponible.

Les bovidés perdent-ils leurs cornes tous les ans comme les cervidés ?

Des cornes majestueuses !

Il existe des cornes de toutes les formes et de toutes les tailles.

Antilope : les antilopes mâles portent de longues cornes pointues.

Bighorn : les cornes de ce mouflon d'Amérique de Nord sont enroulées.

Antilope cervicapre : cette antilope de l'Inde arbore des cornes élégantes, longues et torsadées.

Bœuf musqué : les fortes cornes du bœuf musqué sont incurvées vers le bas.

Bouquetin : cette chèvre sauvage des montagnes possède d'énormes cornes incurvées.

Sitatunga ou guib d'eau : les mâles ont de longues cornes spiralées.

Les ovins sauvages

Très bons grimpeurs, les moutons sauvages sont parfaitement adaptés à la vie dans les montagnes.

Mouflon à manchettes

Le bétail

Bovins (vaches), ovins (moutons) et caprins (chèvres) sauvages ont été domestiqués il y a des milliers d'années pour fournir de la viande, du lait, de la laine et du cuir aux hommes. Les vaches actuelles sont très éloignées de leurs ancêtres sauvages.

Le springbok

Ce « bouc sauteur » doit son nom aux bonds spectaculaires qu'il réalise pour échapper aux prédateurs.

Vache de Jersey

Non, ils les gardent à vie.

Les équidés

Étalon

Il y a des milliers d'années, les équidés, la famille des chevaux, étaient des animaux sauvages. Puis les hommes les ont domestiqués. Aujourd'hui, la plupart des équidés sauvages ont disparu à l'exception des zèbres et des ânes sauvages d'Afrique.

Des ongulés

Les chevaux n'ont qu'un seul doigt entouré d'un sabot. Ils courent sur la pointe des pieds, ce qui augmente leur vitesse. Ils sont également pourvus d'une longue queue et d'une crinière.

Les chevaux mâles sont des étalons et les femelles des juments.

Les chevaux sauvages

Les chevaux sauvages des États-Unis sont en réalité des chevaux domestiques retournés à l'état sauvage il y a des centaines d'années. Ils vivent en troupeaux composés d'un mâle et de femelles.

Un cheval sauvage peut peser 700 kg.

Comment le cheval fait-il pour se gratter le dos ?

Un langage clair !

Les chevaux communiquent entre eux en bougeant la tête, la queue et les oreilles.

Dents découvertes : le cheval a l'air agressif, mais en fait il est content !

Oreilles en arrière : le cheval est en colère.

Oreilles en avant : le cheval prête attention à quelqu'un ou à quelque chose.

L'âne sauvage

Les ânes sont plus petits que les chevaux et possèdent des oreilles plus longues. Les derniers ânes sauvages, aujourd'hui très rares, vivent dans les déserts rocheux d'Afrique du Nord et au Moyen-Orient.

Un équidé rayé

Les zèbres sont des équidés à rayures. Nul ne sait pourquoi ils sont rayés, mais nous savons que chaque zèbre possède un ensemble de rayures unique, comme nos empreintes digitales. Les zèbres vivent en Afrique au sein de grands troupeaux et broutent l'herbe de la savane.

Les rivalités entre mâles

Les zèbres mâles se battent pour les femelles en se cabrant ou en se donnant des ruades. Un mâle vit avec environ six femelles.

Des ongulés impressionnants

Certains animaux à sabots sont parmi les mammifères terrestres les plus grands ou les plus massifs du monde. Découvrons-les.

Les proches parents
Les grands ongulés ont des proches parents, mais généralement plus petits qu'eux.

Okapi : voisin de la girafe, il a un cou plus court et vit dans la forêt.

Hippopotame nain : bien que cinq fois plus petit que son cousin, il pèse quand même 200 kg.

Alpaga : de la même famille que les chameaux, les alpagas et les lamas vivent en Amérique du Sud.

Quel appétit !
Les girafes ne manquent jamais de nourriture. Leur cou est tellement long qu'elles peuvent atteindre les feuilles les plus hautes des arbres.

La girafe
Haute de 4 à 5 m, la girafe est le plus grand des mammifères. Elle est plus grande que deux hommes qui feraient une pyramide !

Quelle quantité de liquide le chameau peut-il boire d'une traite ?

Un chameau à une seule bosse s'appelle un dromadaire.

Le dromadaire et le chameau

Ils sont adaptés aux déserts. Leurs bosses constituent des réserves de graisse leur permettant de survivre en cas de pénurie. Ils peuvent porter de lourdes charges et marcher très longtemps.

Le rhinocéros

Le rhinocéros vit en Afrique et en Asie. Sa peau est très épaisse et une ou deux cornes ornent sont nez.

Rhinocéros blanc d'Afrique

L'hippopotame

Ce cousin du cochon possède un gros corps massif et des membres courts et épais. Il aime beaucoup se baigner et pèse si lourd qu'il peut marcher sous l'eau sans flotter. L'hippopotame est capable de retenir son souffle sous l'eau pendant 5 minutes.

Rhinocéros unicorne d'Inde

Les rhinocéros sont menacés de disparition, car on les tue pour leurs cornes, utilisées comme médicament en Asie.

Les girafes doivent écarter largement leurs pattes antérieures pour atteindre la surface de l'eau.

Neuf ou dix seaux d'eau, plus de 100 l.

Les mammifères aquatiques

Certains mammifères vivent dans l'eau. Mais contrairement aux poissons, les mammifères aquatiques doivent remonter à la surface pour respirer car ils ont des poumons.

Les pinnipèdes
Le phoque, l'otarie et le morse sont des pinnipèdes : ils ont des pattes transformées en nageoires, ce qui est parfait pour nager, mais peu commode pour marcher.

L'otarie se déplace plus facilement sur terre que le phoque parce que ses nageoires sont plus larges et plus mobiles.

Otarie

Deviens incollable...

Sur les grands mammifères marins, pages **180-181**

Vivre dans l'eau
Les pinnipèdes vivent essentiellement dans l'eau, mais retournent sur terre pour se reproduire. Ils possèdent une épaisse couche de graisse sous la peau, le lard, pour conserver leur chaleur corporelle.

Les pinnipèdes aiment jouer dans l'eau.

Quel est le cri du phoque ?

La loutre
Les loutres sont de petits mustélidés. Des pattes palmées et une queue musclée facilitent leur déplacement dans l'eau. Elles vivent près des cours d'eau et passent leurs journées à nager à la recherche de poissons et de mollusques.

La loutre de mer
La loutre de mer est le plus petit mammifère marin. Sa belle fourrure épaisse lui tient chaud. Elle se déplace rarement sur terre et dort même dans l'eau, s'enveloppant dans des algues pour éviter de dériver.

Le lamantin
Les lamantins sont souvent appelés vaches de mer en raison de leur taille imposante et de leur régime alimentaire strictement végétarien. Ils vivent dans les mers chaudes et se reproduisent dans l'eau.

Les morses utilisent leur museau pour fouiller les fonds marins à la recherche de proies, crabes et oursins en particulier.

Morse

Le morse
Les morses qui ont un corps massif et la peau toute plissée mesurent 3 m et pèsent plus d'une tonne. Ils se hissent hors de l'eau pour se reposer et se reproduire.

Virer au rose
Les morses sont habituellement d'un brun grisâtre, mais leur peau devient rose au soleil. Pourquoi ? Parce que le sang afflue à la surface de la peau pour rafraîchir l'animal.

On dit qu'il bêle, grogne ou rugit.

Les grands mammifères marins

Les cétacés ressemblent à des poissons, mais sont en réalité des mammifères. Ces géants plongent à de grandes profondeurs et sont capables de rester jusqu'à une heure sous l'eau.

Les cétacés à dents
Les cétacés à dents se nourrissent de poissons et parfois de gros animaux. Cette orque, ou épaulard, réussit même à bondir sur la plage pour capturer de malheureux phoques.

Le rorqual bleu
Aussi appelé baleine bleue, c'est le plus gros de tous les mammifères. Il pèse 130 t pour 30 m de long et son cœur a la taille d'une petite voiture. Il est si gigantesque qu'un éléphant mâle pourrait s'asseoir sur sa langue !

Dauphin

Les cétacés à fanons
Certains cétacés, comme cette baleine à bosse, n'ont pas de dents, mais des rangées de lames cornées appelées fanons. Ils aspirent de grandes quantités d'eau et leurs fanons font office de tamis en retenant la nourriture, composée principalement de plancton animal ou végétal.

Deviens incollable...
Sur les mammifères aquatiques, pages **178-179**
Sur le plancton, pages **278-279**

Quel animal émet le son le plus fort ?

Des bavardages sous l'eau

Les cétacés sont des animaux grégaires et la plupart communiquent entre eux par des cris aigus, des sifflements, des grondements et des cliquetis qui composent une très belle musique. Le béluga ou baleine blanche est tellement bavard qu'on le surnomme parfois « canari des mers ».

D'autres cétacés

La plupart des cétacés se ressemblent, mais quelques-uns possèdent des traits distinctifs.

Narval : ce curieux cétacé est pourvu d'une très longue dent torsadée semblable à une épée.

Marsouin : le marsouin est un cétacé à dents qui ressemble au dauphin.

Cachalot : le cachalot a une très grosse tête carrée et dévore calmars et pieuvres.

Dauphin de l'Amazone : ce dauphin au long bec est l'un des rares cétacés d'eau douce.

Le « surf » des dauphins

Les dauphins sont incroyablement intelligents et d'une curiosité insatiable. On les voit souvent glisser le long des bateaux.

Dauphin

Avec sa queue puissante, le dauphin peut s'élever très haut au-dessus de l'eau pour échapper aux prédateurs.

Les cétacés ont une ou deux narines, les évents, qui se ferment lorsqu'ils sont immergés.

Dauphin douteux

Aux côtés de leur mère

Les jeunes cétacés se développent dans le ventre de leur mère, comme presque tous les mammifères. La mère les allaite jusqu'à ce qu'ils puissent avaler une nourriture solide. Les dauphins douteux, comme cette mère avec son petit, vivent en bandes pouvant comporter jusqu'à 15 individus.

Le rorqual bleu, qui produit un grondement très grave.

Les oiseaux

La plupart des oiseaux volent. C'est pourquoi ils sont capables de vivre dans des endroits inaccessibles à d'autres animaux. On les rencontre jusque dans les régions glaciales de l'Arctique.

Les oiseaux sont parmi les créatures les plus colorées du monde.

Quel oiseau possède le plus grand nombre de plumes ?

Un monde plein d'oiseaux
On dénombre environ 10 000 espèces d'oiseaux dans le monde. Le plus grand, l'autruche, dépasse la taille d'un homme et ne peut pas voler, alors que le plus petit, le colibri, mesure quelques centimètres.

Test d'observation

Regarde attentivement les pages 182 à 213 et essaie de retrouver ce que représentent ces photos.

Deviens incollable...

Sur les mammifères volants, pages **164-165**
Sur les insectes volants, pages **244-245**

Le cygne siffleur, qui en possède environ 25 000.

Le monde des oiseaux

Seuls quelques animaux sont capables de voler : les insectes, les chauves-souris et les oiseaux. Mais les oiseaux sont les meilleurs dans ce domaine.

Des bêtes à plumes

Les oiseaux sont les seules créatures à posséder des plumes. Ils les utilisent pour voler et se protéger du froid. Certains arborent des plumes très colorées pour la parade nuptiale.

Les plumes

Les plumes ont toutes des rôles différents.

Rémiges primaires : ces grandes plumes, très solides, aident l'oiseau à se propulser.

Rémiges secondaires : ces plumes de l'aile aident l'oiseau à se maintenir dans l'air.

Rectrices : les plumes de la queue, longues et minces, servent de gouvernail et de balancier pendant le vol.

Tectrices : ces plumes douces, recouvrent le corps de l'oiseau et lui tiennent chaud.

Deviens incollable...

Sur la nidification, pages **188-189**
Sur les oiseaux exotiques, pages **206-207**

Quel est le plus petit oiseau du monde ?

L'adaptation au vol

Les oiseaux peuvent voler parce qu'ils possèdent des ailes et un squelette très léger : la plupart de leurs os sont creux. De plus, leur corps court et compact favorise leur vol.

Les oiseaux migrateurs

Près d'un tiers des oiseaux parcourent des milliers de kilomètres à l'automne pour passer l'hiver dans une région plus chaude et au printemps pour revenir chez eux : on dit qu'ils migrent. Leur destination est souvent la même tous les ans.

Les pattes

La forme des pattes des oiseaux varie selon le milieu naturel dans lequel ils vivent.

Rapaces : des serres pour saisir et tuer les proies.

Passereaux : trois doigts tournés vers l'avant et un doigt tourné vers l'arrière pour se percher.

Palmipèdes : des pattes palmées pour ramer.

Autruches : les autruches courent très vite grâce à leurs deux doigts épais.

Les becs

La forme et la taille du bec sont adaptées au régime alimentaire.

Canard : bec large et aplati pour arracher les végétaux et filtrer la nourriture dans l'eau.

Pic : bec long et dur pour percer l'écorce des arbres et attraper les insectes.

Pinson : bec court et conique pour écraser les graines.

Héron : bec très long pour transpercer les poissons.

La communication

Tous les oiseaux ont une ouïe excellente pour entendre leurs congénères et leur répondre. Certains oiseaux sont des chanteurs très doués et d'autres, comme les perroquets, savent « parler ».

La parade nuptiale

Chez les oiseaux, la femelle cherche à s'accoupler à différentes périodes de sa vie. Les mâles font alors tout pour séduire leur future partenaire, et leurs parades ressemblent à des danses.

Une rude concurrence
Il existe souvent une terrible rivalité entre les mâles pour attirer les femelles. La parade doit donc être rapide et efficace. Retrouve la parade du paon, page 209.

Grue couronnée

Un décorateur de talent
Chez les oiseaux jardiniers, le mâle construit une avenue de brindilles qu'il « décore » à chaque extrémité d'objets tels que coquilles, os ou baies colorées. La femelle choisit le nid qui lui plaît le plus.

Le sais-tu ?
Certains rapaces paradent en réalisant d'incroyables acrobaties aériennes. Le mâle et la femelle unissent leurs serres en plein vol et chutent presque jusqu'au sol avant de reprendre de l'altitude.

À quelle saison les oiseaux commencent-ils à parader ?

Deux par deux

Il est important de trouver la ou le meilleur partenaire pour s'accoupler.

Paon : le mâle parade en secouant sa queue aux plumes magnifiques.

Cygne : quand un mâle et une femelle s'accouplent, ils restent ensemble pour la vie.

Faisan : les mâles se battent avec violence pour les femelles.

Tisserin gendarme

Un nid d'amour

Le tisserin mâle tresse un nid étonnant suspendu à une branche. Au passage d'une femelle, il s'accroche sous son nid, remue ses ailes dorées et pousse des cris pour appeler sa partenaire.

La danse des pieds

Quand il veut s'accoupler, le fou à pieds bleus danse et soulève ses pieds (bleus) pour attirer les femelles.

Après avoir trouvé leur partenaire, les grues dansent, puis se saluent, bondissent et entament une course effrénée.

Chez les grues, sept des quinze espèces existantes sont en voie d'extinction.

C'est moi le plus beau !

Le frégate mâle parade en gonflant l'énorme poche rouge de son cou. Au passage d'une femelle, il se dandine, remue sa poche et glousse pour impressionner la belle.

En général au printemps.

L'oiseau fait son nid

Tous les oiseaux pondent des œufs, qui attirent les prédateurs. Ils construisent donc des nids pour mettre leurs œufs à l'abri.

Des nids collectifs
Les tisserins sociaux, ou républicains, construisent un seul nid gigantesque pour loger un grand nombre d'individus. Mais uniquement dans les régions désertiques. S'il pleuvait, le nid gorgé d'eau tomberait sous son propre poids.

Les colibris sont les oiseaux les plus petits du monde.

Un nid minuscule
Ce colibri a installé son nid sur une pomme de pin. Certains colibris utilisent les toiles d'araignée pour sécuriser leur nid.

Tisserin

Un abri protégé
Un nid doit avant tout être à l'abri des prédateurs. C'est pourquoi la plupart des oiseaux les construisent dans les arbres.

Les tisserins suspendent leurs nids à des branches d'arbre, ce qui est une tâche très complexe.

Quel oiseau est capable de faire des nœuds ?

Une fois son nid terminé, l'oiseau va et vient dedans jusqu'à obtenir un creux parfait.

Un nid en coupe

Les nids circulaires et creux sont appelés nids en coupe. Ils sont confectionnés à l'aide de brindilles, de plumes, de mousse et d'autres matériaux disponibles, poils de vache par exemple.

Grand pic

Des nids étonnants

Certains oiseaux sont de véritables bâtisseurs.

Tunnels d'entrée : certains tisserins construisent des nids dotés de tunnels d'entrée.

Dans les roseaux : la rousserolle accroche son nid entre les roseaux.

Nid de boue : le fournier roux maçonne son nid avec de la boue.

Arbre creux : la mésange bleue cache son nid dans un tronc d'arbre creux.

Dans un tronc

Les arbres creux constituent des abris sûrs pour les œufs. Les pics construisent leur nid en perçant des trous dans les troncs avec leur bec en forme de ciseau. L'année suivante d'autres oiseaux, par exemple les perroquets, peuvent s'y installer.

Couvé à même le sol

Certains oiseaux ne construisent pas de nid mais pondent au sol. Pour qu'on ne les voit pas, les œufs ont presque la couleur du sol.

L'union fait la force

Le long de la côte ouest de l'Afrique, des milliers de fous de Bassan pondent au même moment, les uns à côté des autres. Ainsi, leurs œufs risquent moins d'être volés par des prédateurs.

Les œufs de l'huîtrier sont mouchetés: ainsi, ils se confondent avec les galets.

Les œufs

Les œufs des oiseaux ont une coquille dure. Mais ils doivent être surveillés, car les prédateurs peuvent les briser assez facilement.

Œuf de casoar

Le tisserin.

La naissance des oisillons

S'il n'est pas facile de trouver ou de construire un nid, il est plus difficile encore de surveiller les œufs et d'élever les oisillons !

L'oisillon se développe dans l'œuf en se nourrissant du jaune.

En sortant de l'œuf, les oisillons sont affamés.

Les parents

La mère couve ses œufs dans le nid jusqu'à ce qu'ils éclosent. Une fois nés, les oisillons sont nourris par leurs parents jusqu'à ce qu'ils puissent se débrouiller seuls.

Famille de mésanges bleues

Au bout de deux semaines, les oisillons n'ont plus assez de place. Il est temps pour eux de quitter le nid.

À trois jours, ils réclament sans cesse de la nourriture, le bec grand ouvert.

À neuf jours, les plumes apparaissent et le nid devient trop petit.

Les petits

Certains oisillons naissent aveugles et nus, et dépendent totalement de leurs parents. D'autres, tels les canetons, éclosent les yeux ouverts et sont revêtus d'un fin duvet.

Les oiseaux d'eau

Les oiseaux aquatiques naissent souvent à même le sol, c'est pourquoi ils doivent être capables de fuir le danger rapidement. Les canetons vont barboter dans l'eau peu de temps après leur éclosion.

Le jeune oiseau utilise une dent appelée « diamant » pour percer la coquille.

Il pousse contre les extrémités de la coquille et s'extirpe de l'œuf.

Caneton

Quel oiseau construit le plus grand nid ?

En famille

Chez les cygnes, la femelle pond jusqu'à huit œufs et se charge seule de les couver. Dès la naissance, les deux parents s'occupent de leur progéniture pendant cinq mois environ.

Les jeunes cygnes se promènent sur le dos de leur mère.

Troglodyte

De vrais sans gêne !

Les coucous ne s'occupent pas de leurs petits. La femelle pond ses œufs dans le nid d'un autre oiseau. Quand ils éclosent, les oisillons se débarrassent des œufs de leurs parents adoptifs.

Quels gloutons !

Les parents peuvent donner à leur progéniture jusqu'à 1 000 becquées par jour !

Le jeune coucou est nourri par ses parents adoptifs. Il est souvent plus grand qu'eux.

Le pygargue à tête blanche.

Les petits chanteurs

La plupart des oiseaux sont des passereaux. Ils sont aussi appelés oiseaux percheurs ou oiseaux chanteurs. Ils passent presque tout leur temps en vol.

Ses pattes encerclent totalement la branche : l'oiseau ne peut pas tomber.

Un bec court brise facilement des surfaces dures, par exemple des coquilles de noix.

Les passereaux peuvent même dormir sur des branches.

Des pattes spéciales

Branches, roseaux ou fils électriques, les passereaux peuvent s'agripper partout grâce à la position de leurs doigts : trois tournés vers l'avant et un pouce dirigé vers l'arrière.

Mésange bleue

Quelle diversité !

Les passereaux sont tous très différents dans leur apparence, leurs habitudes et leurs chants.

Rouge-gorge : il est reconnaissable à sa gorge et à sa poitrine rouges.

Merle : il chante souvent dans la soirée, perché sur les hautes branches.

Paruline : ce passereau nord-américain est connu pour ses différents chants, pas toujours mélodieux.

Petits mais voraces

La plupart des oiseaux chanteurs, comme cette grive musicienne, sont de petite taille mais dépensent beaucoup d'énergie à voler. Ils ont donc besoin de grosses quantités de nourriture – petits insectes, vers et escargots.

Dans quelle région les oiseaux sont-ils les seuls à pouvoir survivre ?

Les jeunes apprennent à chanter en écoutant les adultes.

Le rossignol, la grive et l'alouette sont les meilleurs chanteurs.

Le chant des oiseaux

Chaque espèce a son propre chant, avec ses notes et ses rythmes particuliers. Les mâles chantent généralement plus que les femelles.

Des concerts à l'aube

Dans les forêts d'Europe et d'Amérique du Nord c'est à l'aube que les mâles chantent le plus pour attirer les femelles. Les femelles reconnaissent le chant des mâles de leur espèce au milieu d'une véritable cacophonie !

Volée et sécurité vont de pair

De nombreux oiseaux chanteurs se regroupent au sein de volées. Ils chassent ensemble et unissent leurs forces pour repousser des oiseaux plus gros qui cherchent à les dévorer.

Le sais-tu ?

Le ménure d'Australie, ou oiseau-lyre, sait imiter les chants d'autres oiseaux, mais aussi d'autres sons, par exemple les tronçonneuses et les appareils photographiques !

Les passereaux ont un corps petit et compact ainsi qu'un bec court.

Accenteur

Ce sont les seuls vertébrés à pouvoir survivre dans l'Antarctique.

Les acrobates du ciel

Certains oiseaux sont de formidables acrobates. Ce sont les champions des airs, certains pouvant même voler à reculons ! La plupart de ces oiseaux passent presque toute leur vie en vol.

Le colibri a un long bec pour aspirer le nectar des fleurs.

Colibri magenta

Le colibri
Cet oiseau minuscule décrit un huit en battant des ailes : c'est ainsi qu'il peut faire du surplace ou voler à reculons ! Les espèces les plus petites battent des ailes 80 fois par seconde.

Les hirondelles
Les martinets et les hirondelles ont une queue fourchue pour manœuvrer en vol. Ils peuvent attraper des insectes en plein vol et même, comme cette hirondelle, descendre en piqué à la surface de l'eau pour happer quelques gorgées d'eau.

Le colibri d'Hélène
Originaire de Cuba, c'est le plus petit oiseau du monde. Il se nourrit du nectar des fleurs. Ses œufs sont plus petits que des petits pois !

Colibri d'Hélène

Certains insectes volants sont plus gros que cet oiseau.

Hirondelle

Quelle est la particularité du colibri porte-épée ?

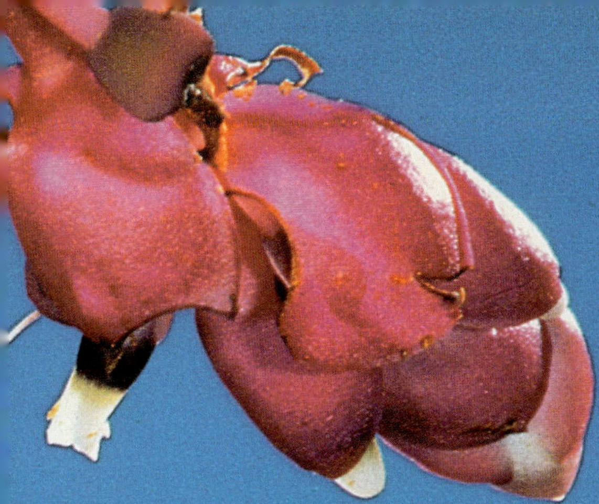

Un nid maçonné
Les hirondelles utilisent des boulettes de boue pour façonner leur nid en forme de coupe, souvent situé sous un toit ou dans une grange. Pour nourrir leurs petits, les parents ne se posent pas.

L'hirondelle de cheminée
Les hirondelles passent beaucoup de temps en vol, mais doivent se poser lorsqu'elles sont prêtes à nidifier.

L'hirondelle possède un petit bec mais qui s'ouvre largement pour attraper les insectes en plein vol.

Deviens incollable...
Sur d'autres techniques de nidification, pages **188-189**

Un nid souterrain
Les hirondelles de rivage ressemblent aux autres hirondelles, mais construisent leur nid en creusant des terriers dans la terre meuble le long des rivages ou des falaises.

Martinet

Le martinet
Les martinets peuvent rester en vol deux années entières sans se poser. Ils attrapent des insectes et dorment dans les airs !

C'est le seul oiseau dont le bec est plus long que le corps.

Les oiseaux d'eau

Partout dans le monde les oiseaux sont nombreux à vivre près des lacs et des cours d'eau : ce sont des oiseaux aquatiques. Certains nagent, tandis que d'autres, appelés échassiers, arpentent les eaux peu profondes en quête de nourriture.

Les palmipèdes

Les canards, les oies et les cygnes sont des palmipèdes : leurs pattes ressemblent à des palmes. Ils ont un corps en forme de bateau, ce sont donc d'excellents nageurs.

Le martin-pêcheur

Le martin-pêcheur vit au bord des cours d'eau. Il se perche sur des branches au-dessus de l'eau en attendant le passage d'un poisson. Dès qu'il en voit un, il plonge aussitôt !

Le martin-pêcheur plonge pour saisir un poisson, refait surface d'un battement d'ailes puissant et s'envole avec son repas.

Le derrière en l'air !

Les palmipèdes ont un bec aplati bordé de lamelles dures pour saisir des proies glissantes et des plantes aquatiques. Les colverts se nourrissent en basculant la tête la première dans l'eau : ce sont des plongeurs.

Comment s'appellent les petits du canard ?

Les échassiers

Les échassiers ont de longues pattes pour marcher dans les eaux peu profondes sans mouiller leur plumage. Certains possèdent aussi un long cou pour fouiller le fond de l'eau à la recherche de nourriture.

Un bec pour tuer

Le héron vit au bord des lacs et des cours d'eau et se nourrit de poissons. Il attrape ses proies en avançant son cou en forme de S et en les poignardant brusquement avec son long bec pointu.

Le flamant rose

Les flamants forment parfois des communautés d'un million d'individus ! Beaucoup mangent des crevettes, ce qui colore leur plumage en rose.

Deviens incollable...

Sur les oiseaux migrateurs, pages **210-211**
Sur les oiseaux marins, pages **198-199**

Les canetons.

Les oiseaux marins

De nombreux oiseaux vivent au bord de l'océan ou en haute mer. Certains ne font escale sur la terre ferme que pour se reproduire et élever leurs petits.

L'adaptation au milieu
Un grand nombre d'oiseaux de mer, comme cet albatros, sont dotés de pattes palmées pour nager et d'un bec spécial pour saisir des proies glissantes telles que les poissons.

L'albatros est l'oiseau qui possède la plus grande envergure.

Techniques de pêche
L'océan est une immense réserve de nourriture. Certains oiseaux pourchassent les poissons sous l'eau, alors que d'autres comme les fous de Bassan descendent en piqué, tels des torpilles, pour s'en emparer brusquement.

D'autres oiseaux marins
Les rivages du monde entier regorgent d'oiseaux de mer.

Goéland argenté : il est très répandu en Europe et en Amérique du Nord.

Sterne inca : cet oiseau aux couleurs vives vit sur la côte occidentale de l'Amérique du Sud.

Cormoran : cet oiseau se rencontre aussi à l'intérieur des terres en Europe, en Asie et en Afrique.

Pélican

Les pélicans utilisent aussi la poche de leur énorme bec pour recueillir les eaux de pluie et les boire ensuite.

Une poche extensible
Le pélican plonge et se sert de son bec à poche comme d'un filet. Il peut y emmagasiner trois fois plus de poissons que dans son estomac !

Combien de temps les oiseaux peuvent-ils survivre sans retourner sur la terre ferme ?

Le bec de l'albatros est crochu et bordé de lamelles cornées pour saisir fermement les poissons.

Des mouettes voraces

Les mouettes se rassemblent en grand nombre le long du rivage. Elles mangent tout ce qu'elles trouvent, n'hésitant pas à faire les poubelles et à voler les œufs d'autres oiseaux.

En équilibre

Ces mouettes tridactyles forment d'importantes colonies bruyantes sur les falaises rocheuses. Elles réussissent même à nicher et pondre leurs œufs sur les rebords étroits.

Mouettes tridactyles

Une falaise est un lieu sûr pour se reposer, car inaccessible aux prédateurs.

Le macareux moine

Ses pattes palmées et ses petites ailes lui servent principalement pour nager. Il élève ses petits dans un terrier creusé en haut des falaises. Au printemps, son gros bec se pare de plaques colorées qui lui donnent un air de clown.

Le macareux moine peut plonger à 60 m de profondeur.

Macareux moine

Deviens incollable…

Sur l'oiseau marin par excellence, le manchot, pages **200-201**

Un copieux repas !

Le bec et la langue du macareux ont des bords épineux, ce qui leur permet de saisir beaucoup de poissons à la fois.

Pour certains oiseaux, cette période peut durer cinq ans !

Les oiseaux

Difficile de survivre aux températures glaciales de l'Antarctique ? Pas pour tous : albatros, sternes et pygargues le fréquentent, et les manchots en ont fait leur royaume.

Le manchot
La plupart des manchots, tels ces manchots empereurs, vivent en colonies comptant parfois des centaines de milliers d'individus.

Voler dans l'eau
Maladroits sur terre et incapables de voler, les manchots sont de formidables nageurs. Dans l'eau, ils sont vraiment dans leur élément, utilisant leurs ailes comme nageoires, leurs pattes et leur queue comme gouvernail.

Bien au chaud
Pour avoir chaud dans la neige et les eaux glacées, les manchots ont un plumage dense et imperméable, ainsi que plusieurs couches de graisse.

Combien de temps le manchot peut-il rester sous l'eau ?

Les pattes des manchots sont très en arrière de leur corps. Debout, ils doivent donc s'équilibrer avec leur queue pour ne pas tomber en avant.

D'autres oiseaux de l'Antarctique

L'un des rares oiseaux à vivre et à se reproduire sur le continent antarctique est le pétrel des neiges. Complètement blanc, il passe inaperçu dans la neige.

Skua de l'Antarctique

Le skua de l'Antarctique

Puissant et audacieux, il vit sur la banquise ou à proximité et niche sur les côtes. Il se nourrit d'œufs de manchots et n'hésite pas à s'attaquer aux jeunes manchots laissés sans surveillance.

Les manchots adultes ont un ventre blanc et un dos noir: un camouflage parfait dans l'eau.

Le manchot royal

Le manchot royal pose son œuf en équilibre sur sa patte et l'enveloppe dans les plis de son ventre. Les parents se relaient pour le couver. Les petits naissent couverts d'un duvet brun.

Deviens incollable...

Sur les oiseaux inaptes au vol, pages **212-213**

Sur les autres oiseaux marins, pages **198-199**

Quand il fait très froid, tous les manchots, jeunes et adultes, se blottissent les uns contre les autres pour se tenir chaud.

Drôle de luge !

Les manchots ont du mal à se déplacer debout, alors ils préfèrent glisser à plat ventre sur la neige et la glace en s'aidant de leurs nageoires et de leurs pattes.

Les parents nourrissent leurs petits jusqu'à ce qu'ils développent un plumage adulte imperméable.

Vingt minutes.

Les rapaces diurnes

Avec leurs ailes immenses, leurs serres puissantes et leur bec crochu, les rapaces diurnes sont les chasseurs les plus redoutables dans le monde des oiseaux.

Aigle fascié

Des chasseurs précis

La plupart des rapaces diurnes repèrent une proie au sol de très loin grâce à leur vue perçante. Ils descendent alors en piqué et saisissent leur victime dans leurs serres mortelles.

On appelle diurnes les animaux qui sont actifs le jour.

Grand serpentaire

Ces oiseaux sont réputés pour manger des serpents qu'ils tuent en les piétinant.

L'aigle est le plus puissant des rapaces diurnes. Il est capable de tuer un animal aussi grand que lui.

Le grand serpentaire

Doté de pattes interminables, ce grand oiseau de la savane africaine préfère se promener à pied. Il ne vole que rarement.

Quel est le rapace diurne le plus rapide ?

Buse à queue rousse

Les ailes immenses de la buse lui assurent un vol rapide et lui permettent de planer largement.

Le vautour

Les vautours sont les éboueurs de la nature : ils mangent principalement des cadavres et ne chassent que rarement des proies vivantes.

Vautours

Les vautours sont très propres. Après le repas, ils parcourent souvent de longues distances pour aller se baigner.

e perchoptère d'Égypte

es vautours ne se nourrissent as seulement de charognes : ; aiment aussi les œufs.

Pour briser l'épaisse et dure coquille des œufs d'autruches, ce vautour les frappe avec une pierre.

Œuf d'autruche

Le balbuzard pêcheur

Le balbuzard pêcheur est doté d'une si bonne vue qu'il repère les poissons en train de nager en profondeur. Il rase la surface de l'eau, puis plonge pour saisir sa proie dans ses serres avant de s'envoler dans les airs.

Le faucon pèlerin, qui peut fondre sur sa proie à 270 km/h.

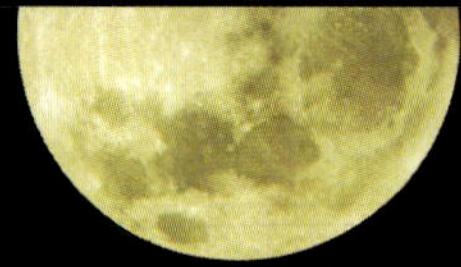

Les rapaces nocturnes

Lorsque le soleil disparaît, la plupart des oiseaux s'apprêtent, eux aussi, à aller se coucher. Mais les chouettes, les hiboux et les engoulevents se préparent à chasser toute la nuit : ils sont nocturnes.

Les engoulevents vivent essentiellement dans les airs, utilisant rarement leurs pattes.

L'engoulevent

Les engoulevents se reposent au sol durant la journée. La nuit ils chassent les insectes en volant le bec grand ouvert.

Chouette effraie

Un bec crochu aide à déchiqueter les proies.

Les hiboux et les chouettes

Les hiboux et les chouettes, comme cette chouette effraie, chassent dans l'obscurité en se fiant à leur vue et à leur ouïe, particulièrement développées.

Chouettes et hiboux ont des serres pour saisir et dépecer leurs proies.

Les plumes des ailes sont garnies de silencieux, des franges veloutées pour assourdir le vol.

Quelques rapaces nocturnes

Il existe des rapaces nocturnes de toutes tailles et de toutes couleurs aux quatre coins du monde.

Hibou grand duc : ce hibou majestueux porte des aigrettes de plumes.

Chouette à lunettes : cette chouette vit dans les forêts épaisses d'Amérique du Sud.

Harfang des neiges : les plumes de cette chouette des régions froides couvrent même ses pattes et son bec.

Chevêche des terriers : cette chouette creuse son nid dans le sol.

À l'abri des regards

Les rapaces nocturnes dorment le jour, en général dans les branches des arbres. Leur plumage les camoufle si efficacement qu'ils passent inaperçus.

Les œufs d'un rapace nocturne sont presque ronds.

Quel est le plus petit rapace nocturne ?

Chasser la nuit

Les rapaces nocturnes se nourrissent de petits mammifères. Ils s'abattent silencieusement sur leurs victimes, dans l'obscurité, et les saisissent dans leurs serres.

Chouette hulotte

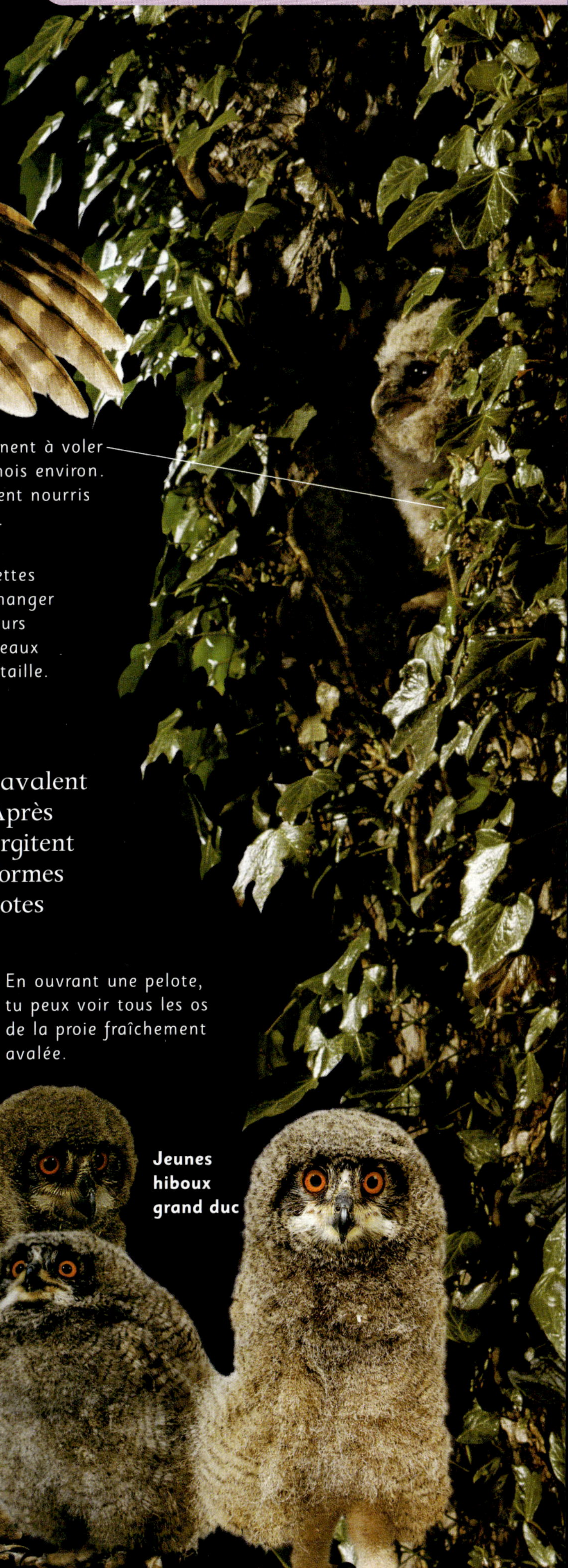

Les petits apprennent à voler à l'âge de deux mois environ. Jusque-là ils étaient nourris par leurs parents.

Dans l'obscurité les rapaces nocturnes localisent parfois leurs proies uniquement aux sons qu'elles émettent.

Les chouettes adorent manger des rongeurs et des oiseaux de petite taille.

Le bec d'une chouette paraît petit, mais il peut s'ouvrir très largement.

Avaler tout cru

Les rapaces nocturnes avalent leur proie d'un coup. Après l'avoir digérée, ils régurgitent les os et les poils sous formes de pelotes appelées pelotes de réjection.

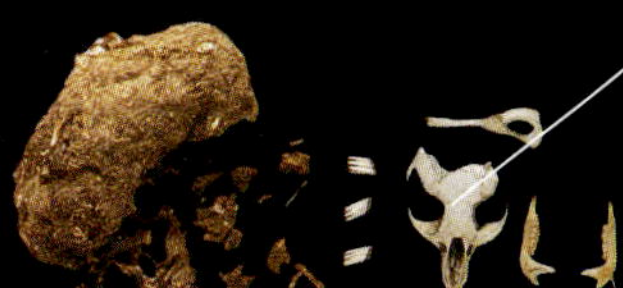

En ouvrant une pelote, tu peux voir tous les os de la proie fraîchement avalée.

Pelotes de réjection

Jeunes hiboux grand duc

Les jeunes rapaces nocturnes

Au lieu de construire un nid, les rapaces nocturnes préfèrent pondre leurs œufs dans des cavités, troncs d'arbres ou bâtiments. Les deux parents nourrissent leurs petits.

La chevêchette des Saguaros, qui ne mesure que 15 cm de haut.

Les oiseaux exotiques

Les forêts tropicales sont peuplées d'une multitude d'oiseaux, souvent très grands, au plumage et au bec vivement colorés.

Cet énorme bec aux couleurs brillantes n'est pas lourd car il est creux.

Le toucan est doté de deux doigts tournés vers l'avant et de deux doigts tournés vers l'arrière.

Toucan

Ce petit toucan s'installe dans le nid d'autres oiseaux.

Aracari à oreillons roux

Le toucan

Le toucan vit au sommet des plus grands arbres, dans les forêts tropicales d'Amérique du Sud. Il se nourrit de fruits mais aime aussi les œufs et les oisillons.

Le paradisier

Le mâle déploie ses ailes et les secoue pour exhiber son magnifique plumage devant la femelle. Cet oiseau habite la Nouvelle-Guinée, une grande île près de l'Australie.

Où les perruches ondulées vivent-elles à l'état sauvage ?

Dans la famille des perroquets...

Ces oiseaux sont très colorés et souvent très bruyants. Ils ont un vol puissant et sont de bons grimpeurs. C'est la famille des psittacidés qui comprend, entre autres, les aras, les perruches (perruches ondulées, inséparables), les cacatoès et les perroquets.

Le cacatoès à huppe jaune

Ces cacatoès portent sur la tête une huppe jaune vif qu'ils redressent lorsqu'ils sont effrayés ou en colère.

Loriquet arc-en-ciel

Ara rouge

Ces loriquets sont les plus colorés de toute la famille. On les rencontre le long de la côte est de l'Australie.

L'alimentation

La quasi-totalité des psittacidés (nom scientifique de la famille des perroquets) se nourrit de fruits, de fruits secs et de graines. Ce sont les seuls oiseaux à porter leur nourriture à leur bec à l'aide de leurs pattes.

Les perruches ondulées sont des oiseaux domestiques réputés pour leur capacité à imiter les sons et le langage humain.

Deviens incollable...

Sur les créatures exotiques des océans, pages **282-283**

En Australie.

Les gallinacés

Les gallinacés vivent principalement au sol. La plupart ont un corps bien dodu, une petite tête, des ailes courtes et des pattes robustes.

Certains gallinacés, comme cette poule et ce jeune coq, sont élevés pour leur chair.

Des plumes pour séduire

Comme la plupart des gallinacés mâles, ce jeune coq possède un plumage plus coloré que la poule. Les mâles utilisent la beauté de leur plumage pour séduire les femelles.

Du gibier à plumes

Faisans, cailles et perdrix sont chassés par les hommes. C'est pourquoi ils sont aussi appelés gibier à plumes.

Ce faisan commun mâle est doté d'un bec dur et pointu pour déterrer les racines et dénicher les insectes dans la terre.

La queue du paon traîne par terre quand l'oiseau ne fait pas la roue.

Les mâles sont parés d'un plumage

Les gallinacés sont les meilleurs pondeurs : ils peuvent pondre plus de 20 œufs par couvée.

Nicher dans le sol

La plupart des gallinacés nichent dans des cavités peu profondes creusées dans le sol. Grâce à leur plumage terne, les femelles se confondent avec la couleur de la terre.

Certains gallinacés ne couvent pas leurs œufs, mais les enfouissent dans le sol pour les garder au chaud.

Où trouve-t-on le plus de dindons sauvages ?

La paonne choisit son partenaire uniquement sur son apparence.

Le paon relève sa queue et la déploie en éventail pour séduire la femelle.

Paon

Paonne

Une queue qui fait des envieuses

Le paon mâle possède l'une des plus belles queues du monde animal. Il la soulève pour attirer l'attention.

Un décollage vertical

Les gallinacés sont de bons coureurs et préfèrent fuir le danger en courant plutôt qu'en volant. Mais s'il le faut, ils peuvent s'envoler rapidement à la verticale avec des battements d'ailes frénétiques.

Faisan vénéré

Lors de l'envol rapide, les ailes font un vrombissement qui effraie les prédateurs.

très coloré pour attirer les femelles.

Ce lagopède est à mi-chemin entre son plumage d'automne et son plumage d'hiver.

Changer de plumes

Tous les mâles ne possèdent pas un plumage coloré. Chez les lagopèdes des saules, le mâle et la femelle changent de couleur au fil des saisons pour se confondre toujours avec leur milieu.

Deviens incollable...

Sur les parades d'autres oiseaux, pages **186-187**

Les jeunes gallinacés peuvent fuir le danger rapidement parce qu'ils sont aptes à courir et à voler peu après leur éclosion.

Jeunes faisans

Les oiseaux migrateurs

Les oiseaux ont l'énorme avantage de pouvoir voler. Et donc de migrer quand ils le veulent vers des régions plus chaudes pour y passer l'hiver.

Un voyage record
La sterne arctique est le plus grand voyageur de tous les oiseaux. Chaque année, elle accomplit un aller-retour entre le cercle arctique et l'Antarctique.

Sterne arctique

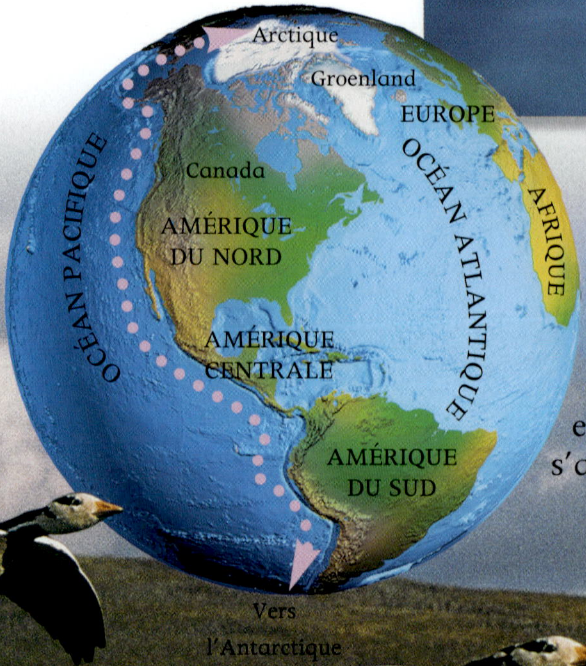

La migration
De nombreux oiseaux ne passent pas l'hiver et l'été au même endroit. Leurs voyages en automne et au printemps s'appellent des migrations.

Des oiseaux migrateurs
Certains font le voyage d'une traite, sans escale, d'autres s'arrêtent en route pour se reposer.

Grive musicienne : ces petits passereaux voyagent la nuit et s'orientent à l'aide des étoiles.

Buse : les rapaces diurnes attendent une journée chaude et parcourent de longues distances en vol plané.

Sanderling : les échassiers transportent beaucoup de nourriture pour voyager sans escale.

Bernache du Canada : les oies volent rapidement et s'arrêtent fréquemment pour se nourrir.

Cygne : ces oiseaux volent le jour ou la nuit et se reposent si la visibilité devient mauvaise.

Colibri à gorge rubis : ce minuscule oiseau traverse le golfe du Mexique pour atteindre l'Amérique du Sud.

Un ciel rempli d'oies !
Avant chaque hiver, des dizaines de milliers d'oies des neiges quittent le Canada et parcourent 2 000 km à destination de la Californie et du Mexique. Elles suivent la même route migratoire tous les ans.

Combien d'oiseaux migrent chaque année ?

Deviens incollable...

Sur les oiseaux d'eau, pages **196-197**

Sur les rapaces diurnes, pages **202-203**

Les rapaces diurnes

À l'approche de l'hiver, faucons, buses et aigles quittent l'Amérique du Nord et migrent vers le sud où il fait plus chaud.

Pygargue à tête blanche

Les rapaces diurnes utilisent les courants chauds pour planer sur de longues distances.

La maubèche

Ce bécasseau délaisse l'Arctique à l'automne au profit des côtes européennes. Il parcourt plus de 3 000 km sans escale.

Des vols en V

De nombreux vols collectifs forment un V dans le ciel. Chaque oiseau profite ainsi des tourbillons créés par celui qui le précède.

Environ 33 %.

Des oiseaux qui ne volent pas

Les plus grands oiseaux sont incapables de voler. Ils se rattrapent en devenant d'excellents coureurs ou de formidables nageurs.

L'autruche a un long cou et une petite tête.

Autruche

Les oiseaux de Nouvelle-Zélande

En Nouvelle-Zélande, les prédateurs sont si rares que certains oiseaux n'ont pas besoin de voler.

Kakapo ou perroquet-hibou : cet oiseau très ancien est le perroquet le plus rare du monde.

Kiwi : ses plumes sont si petites qu'elles ressemblent à des poils.

Takaké ou notornis : il n'en reste plus que 40 couples dans le monde.

Une championne de la course

L'autruche est l'oiseau coureur le plus rapide. Elle court même plus vite qu'un cheval de course : elle peut atteindre une vitesse de 75 km/h.

L'autruche est le seul oiseau du monde à ne posséder que deux doigts.

L'autruche

L'autruche est le plus grand oiseau du monde. Une partie de son plumage, qui ressemble davantage à de la fourrure, lui tient chaud. Elle était autrefois chassée pour ses plumes dont on garnissait les chapeaux.

Tous ensembles

Comme les autres oiseaux, les autruches et les émeus aiment la vie en groupe.

Quel oiseau pond les œufs les plus gros ?

Des ailes réduites

Si les oiseaux ont des ailes, c'est pour échapper rapidement aux animaux qui veulent les manger. Ceux qui n'ont pas de prédateurs n'ont pas besoin de voler et peu à peu ne savent plus le faire.

Nandou

Ces géants mesurent plus de 2 m de haut et pèsent plus de 50 kg (100 pour l'autruche).

Les grands oiseaux inaptes au vol ont des pattes épaisses pour courir vite.

Le manchot

Le manchot a transformé ses ailes en nageoires pour « voler » dans l'eau. Ses plumes sont courtes et raides pour lui tenir chaud dans les régions les plus froides.

Un cormoran sans ailes

Sur les îles Galápagos, à l'ouest de l'Équateur, les mammifères n'existent pas. Les cormorans ont donc perdu leur aptitude à voler. Mais ils sont devenus de bons nageurs.

Le nandou

Chez les nandous, c'est le père qui couve les œufs et s'occupe des petits. Il doit parfois surveiller 60 œufs appartenant à des femelles différentes.

Deviens incollable...
Sur les manchots, pages **200-201**
Sur les œufs des oiseaux, pages **190-191**

Les nandous et les émeus sont munis de trois gros doigts tournés vers l'avant.

Le père s'occupe des jeunes nandous jusqu'à ce qu'ils atteignent l'âge de cinq mois.

L'autruche.

Reptiles et amphibiens

Les reptiles et les amphibiens sont des animaux à sang froid. La plupart des amphibiens (grenouilles, crapauds) vivent près de l'eau. Les reptiles (serpents, lézards) se rencontrent à la fois dans les milieux terrestre et aquatique.

Gecko volant

Caïman

Python vert des arbres

Anolis à gorge rouge

Chélodine à long cou

Chélydre serpentine

Caïman à lunettes

Gecko diurne de Madagascar

Crotale

Du sang froid ?

Les animaux à sang froid n'ont pas un sang froid à proprement parler. Mais leur température varie en fonction de celle de l'air ou de l'eau qui les entoure. S'ils ont froid, ils prennent des bains de soleil, s'ils ont chaud, ils se mettent à l'ombre.

Les crocodiles sont-ils des reptiles ou des amphibiens ?

Test d'observation

Regarde attentivement les pages 214 à 237 et essaie de retrouver ce que représentent ces photos.

Deviens incollable...

Sur d'autres créatures à la peau recouverte d'écailles, pages **280-289**

Des reptiles.

Le monde des reptiles

Les reptiles pondent des œufs, ils sont dits ovipares, et leur peau est couverte d'écailles. Ils vivent sur terre et dans l'eau.

Habitudes alimentaires

Les reptiles sont des prédateurs, à l'exception des tortues terrestres qui se déplacent trop lentement pour attraper des proies vivantes. Les lézards peuvent manger la moitié de leur poids en insectes en une seule nuit.

Les quatre groupes

Les reptiles (du latin *reptare* : ramper, se traîner) comptent quatre groupes bien distincts.

Chéloniens (tortues) : ils portent une carapace.

Squamates (serpents et lézards) : la majorité des reptiles appartient à ce groupe.

Crocodiliens : ce sont les géants du monde reptilien.

Rhynchocéphales : ces reptiles primitifs n'ont plus qu'un seul représentant.

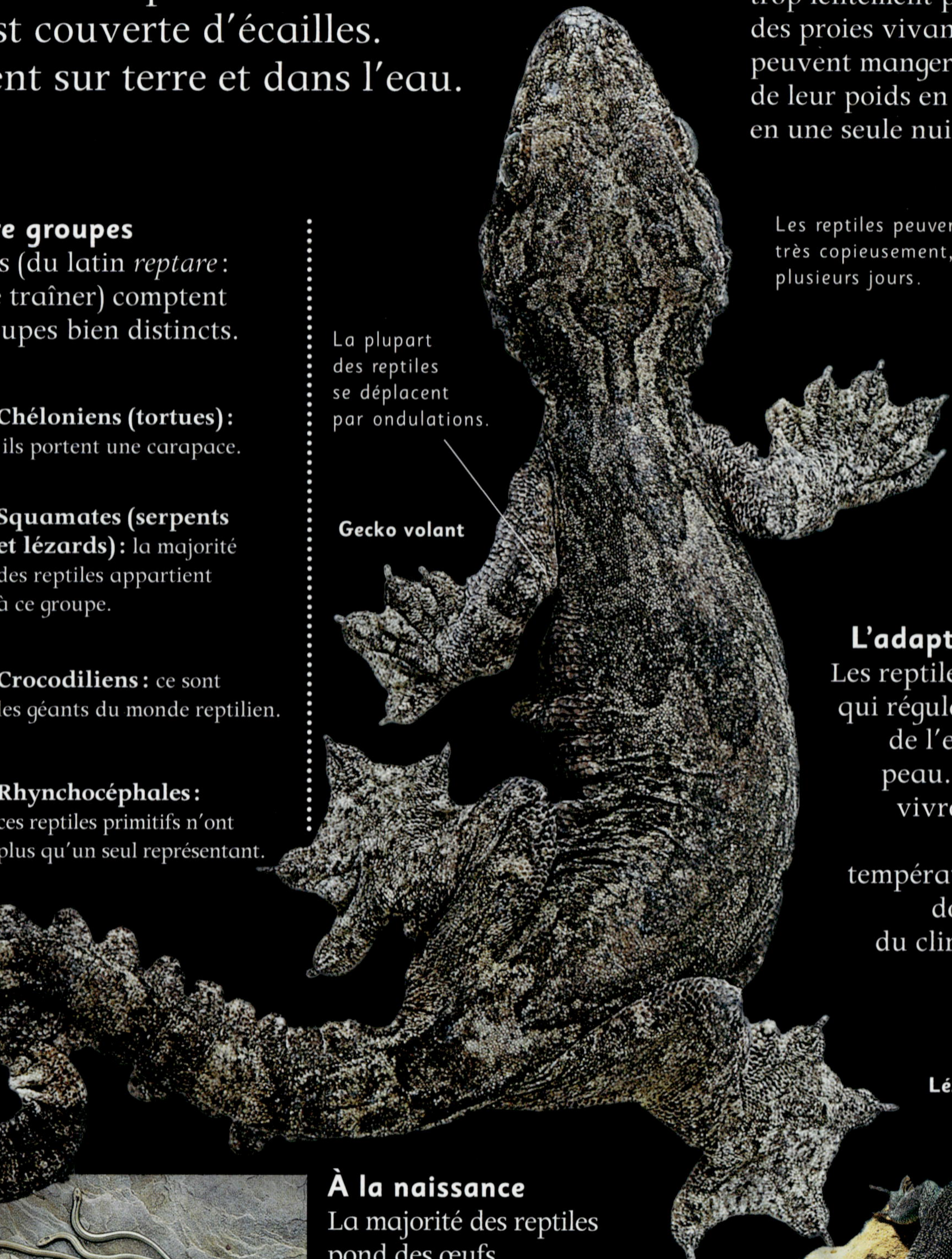

Gecko volant

La plupart des reptiles se déplacent par ondulations.

Les reptiles peuvent manger très copieusement, puis jeûner plusieurs jours.

Tous les reptiles muent : ils changent de peau de temps en temps.

L'adaptation au climat

Les reptiles ont des écailles qui régulent l'évaporation de l'eau à travers leur peau. Ils peuvent donc vivre dans les régions sèches. Mais leur température est variable, donc ils dépendent du climat environnant.

À la naissance

La majorité des reptiles pond des œufs où se préparent à naître des « modèles réduits » des parents.

Lézard ocellé

Ce lézard vit dans le désert et se chauffe au soleil sur les rochers.

Quel est le plus long serpent du monde ?

L'hattéria vit dans un terrier et chasse la nuit. Il peut atteindre l'âge de 100 ans.

Un reptile primitif

L'hattéria est le seul représentant d'un groupe de reptiles qui vivait à l'époque des dinosaures il y a des millions d'années. Il survit aujourd'hui sur des îles au large de la Nouvelle-Zélande.

Peau à écailles

La peau des reptiles est couverte d'écailles formées de kératine, comme tes ongles.

Tortue : sa carapace est couverte de nombreuses grandes écailles très dures.

Lézard : ses écailles recouvrent une peau extensible.

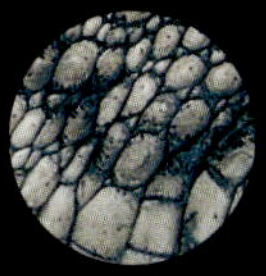

Crocodile : ses écailles sont renforcées par des plaques osseuses.

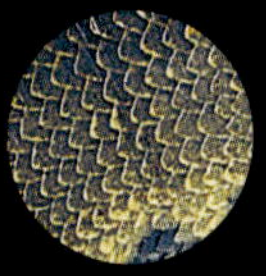

Serpent : la peau des serpents est bien protégée par des écailles qui se chevauchent.

Les descendants des dinosaures

Les reptiles actuels sont les derniers descendants des dinosaures et ressemblent beaucoup à leurs ancêtres. Tu ne trouves pas un air de famille entre le *Tyrannosaurus rex* et ce lézard ?

Tyrannosaurus rex

Lézard à collerette

Deviens incollable...

Sur les animaux à coquille, pages **270-271**

Le python réticulé, qui peut atteindre 10 m de long.

Les tortues

Les tortues sont facilement reconnaissables à la « maison » qu'elles portent sur le dos : leur carapace, solidement attachée au corps.

Tortue terrestre

Les différentes carapaces

La carapace protège le corps de la tortue. Il existe différentes formes de carapaces.

Tortue élégante : sa carapace, très bombée, est difficile à attaquer.

Tortue d'Afrique à carapace molle : sa carapace est très plate.

Tortue charbonnière à pattes rouges : cette espèce possède une très longue carapace.

Les tortues terrestres

Les tortues terrestres se déplacent très lentement en raison de leur carapace très lourde. Elles ont des pattes courtes et robustes pour soutenir le poids de leur carapace. Elles passent presque toute la journée à se nourrir, principalement de végétaux.

Tortues aquatiques

Douce ou salée ?

Certaines tortues vivent dans l'eau douce, d'autres dans la mer.

Les tortues aquatiques

Ces tortues sortent parfois la tête de l'eau pour respirer, mais elles peuvent aussi respirer sous l'eau par leur peau. Certaines restent sous l'eau pendant des semaines.

La tortue géante des Galápagos peut vivre jusqu'à 150 ans.

Les tortues ont-elles des dents ?

Nées avec une carapace

La plupart des carapaces sont très bombées. Certaines sont dures, mais d'autres assez molles. Les jeunes tortues doivent faire des efforts pour sortir de leur coquille.

Les petites tortues naissent avec leur carapace.

Kinixys de Bell

Vite à la maison !

Si une tortue terrestre se sent menacée, elle rentre vite ses pattes et sa tête sous sa carapace qui est trop coriace à manger pour les prédateurs, et reste immobile.

La ruée vers l'océan

Les tortues marines se rassemblent par milliers pour pondre sur une plage. Dès leur éclosion, les petites tortues se précipitent vers l'océan, le milieu dans lequel elles vont vivre.

La carapace des tortues est une matière osseuse.

Selon les spécialistes, les tortues terrestres vivaient parmi les dinosaures il y a 200 millions d'années et ont peu évolué depuis.

La tortue géante des Galápagos

Les plus grosses tortues terrestres vivent sur les îles Galápagos, au large des côtes sud-américaines. Elles peuvent mesurer 1,80 m de long, la taille d'un homme !

Les tortues terrestres mangent parfois des insectes, mais elles ne sont généralement pas assez rapides pour les attraper.

Non, mais des mâchoires cornées en forme de bec pour couper les petites branches et les feuilles.

Les lézards

Il existe plus de 3 000 espèces de lézards qui occupent tous les milieux du globe, des déserts aux forêts denses. Mais ces reptiles préfèrent les régions les plus chaudes.

Gecko tokay

Le lézard
Les lézards possèdent un corps couvert d'écailles et quatre pattes pourvues chacune de cinq doigts. Au cours de leur développement, ils muent environ une fois par mois.

Orvet

L'orvet
C'est un lézard sans pattes. Il ressemble beaucoup aux serpents, mais possède des paupières et sa langue n'est pas fourchue.

Gecko de Madagascar

Le gecko de Madagascar
À l'inverse de la plupart des autres geckos qui sont actifs la nuit, celui-ci est actif dans la journée. Il vit dans les forêts, se nourrissant de petits insectes et de fruits.

Quel est le lézard le plus rapide du monde ?

Le lézard volant

Ce lézard ne vole pas vraiment, mais il est doté d'une membrane autour du corps qui s'ouvre comme un parachute et qui lui permet de planer d'arbre en arbre.

Quelle agilité !

Les lézards sont extrêmement agiles. Ils peuvent courir très vite, certains savent grimper aux arbres et d'autres sont même capables de marcher sur l'eau !

Les caméléons vivent dans les arbres : ils possèdent de longues griffes pour s'accrocher aux branches.

Caméléon

La queue du caméléon l'aide à s'équilibrer sur les branches les plus fines.

Les œufs

La plupart des lézards pondent leurs œufs à même le sol.

Ponte : les œufs sont pondus au milieu des feuilles ou dans des cavités.

Œufs : les coquilles sont souples comme du cuir, ce qui les rend plus faciles à briser.

Éclosion : le lézard éclôt au bout de deux à trois semaines.

Jeunes lézards : les petits lézards ressemblent à leurs parents.

Des pattes collantes

Les doigts des geckos sont munis de lamelles adhésives qui leur permettent de se déplacer sur toutes les surfaces. Ils peuvent donc grimper sur les murs et marcher au plafond !

Marcher sur l'eau

Pour se déplacer plus vite, certains lézards, tel le dragon d'eau australien, courent sur leurs pattes postérieures. Le basilic, ci-dessus, peut même courir à la surface de l'eau sur de courtes distances, ses larges pattes le propulsant à grande vitesse.

Dragon d'eau australien

Chasser et se défendre

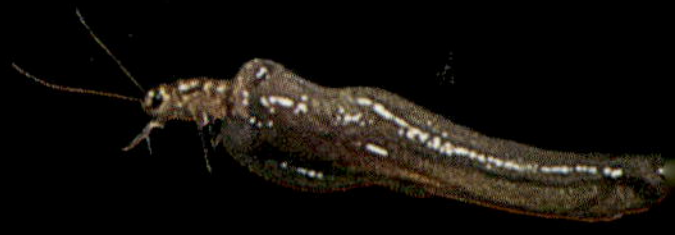

Les lézards sont des coureurs extrêmement rapides, ce qui leur permet de fuir le danger au plus vite. Leur vélocité leur sert aussi à chasser des petits animaux pour se nourrir.

Impressionner l'ennemi
Si le lézard à collerette se sent menacé, il ne fuit pas, mais déploie sa collerette, se secoue et pousse des sifflements terribles. Il n'en faut souvent pas plus pour effrayer le prédateur !

Quand le lézard déploie sa collerette,

Deviens incollable...

Sur les défenses des insectes, pages **248-249**
Sur les défenses des poissons, pages **286-287**

Quelle est la particularité des yeux du caméléon ?

Caméléon

Une queue détachable

Certains lézards peuvent détacher une partie de leur queue si le prédateur l'a attrapée. Et la queue continue souvent de remuer, ce qui déroute l'ennemi.

Un régime carné

Les lézards sont carnivores. Certains mangent de petits animaux, d'autres des proies plus grosses qu'eux. Ce caméléon déroule sa longue langue visqueuse pour engluer des insectes.

Ce scinque a perdu une partie de sa queue, mais elle repoussera.

il apparaît quatre fois plus gros !

Le varan de Komodo peut mesurer 3 m de long

Le varan de Komodo

Le plus grand de tous les lézards est si fort qu'il peut capturer des animaux plus gros que lui. Sa longue langue fourchue lui sert à « goûter » l'air ambiant et à localiser les charognes. Il vit en Indonésie.

Le lézard venimeux

Le monstre de Gila est l'un des deux lézards venimeux du globe. Après avoir capturé sa victime, il la mord pour lui injecter un venin mortel.

Moloch

Monstre de Gila

Lézard épineux

Le moloch possède un moyen de défense extrêmement efficace : son corps est recouvert d'épines redoutables qui risquent de faire très mal aux prédateurs imprudents !

Ils sont indépendants et peuvent donc bouger chacun dans des directions différentes.

Les serpents

Les serpents savent survivre dans tous les milieux, des régions les plus froides aux déserts les plus chauds en passant par les forêts denses. On les rencontre même dans l'eau !

Les groupes de serpents

Il en existe quatre.

Couleuvres (colubridés) : généralement inoffensives, les couleuvres sont les serpents les plus répandus.

Vipères et crotales (vipéridés) : ils ont des crochets venimeux et vivent dans les régions chaudes.

Boas et pythons : ils tuent leurs proies en s'enroulant autour d'elles pour les asphyxier.

Cobras et serpents marins : très venimeux, ils comptent parmi les animaux les plus dangereux.

Un odorat performant

Les serpents possèdent une ouïe et une vue assez médiocres, mais un odorat très fin. Leur langue fendue en deux leur sert à humer l'air ambiant.

Les modes de locomotion

Les serpents sont apodes, c'est-à-dire qu'ils n'ont pas de pattes. Mais ils ont un corps ultra-flexible. Certains progressent en ligne droite, d'autres, telle cette vipère du désert, se déplacent le long de lignes d'appui parallèles.

La langue fourchue du serpent « goûte » l'air à la recherche de proies ou l'avertit de la présence d'un prédateur.

Serpent ratier à queue rouge

Les serpents n'ont pas de paupières.

Deviens incollable...

Sur les défenses des serpents, pages **226-227**

Quel est le serpent le plus petit ?

Les serpents arboricoles

On appelle ainsi les serpents qui vivent dans les arbres. Ils s'enroulent autour des branches et sont pourvus d'une longue queue pour grimper et s'équilibrer.

Certains serpents arboricoles ont le ventre strié pour mieux adhérer aux branches.

Le corps du serpent est d'une souplesse incroyable.

Les serpents arboricoles détectent les nids des oiseaux grâce à leur odorat, puis dévorent les oisillons.

Une forme adaptée

Les serpents terrestres ont un corps puissant pour ramper au sol, alors que les serpents marins ont une queue en forme de rame pour nager.

La plupart des serpents marins, tel ce cobra de mer, sont très venimeux.

L'hibernation

Les serpents ont du mal à réguler la température de leur corps. C'est pourquoi les espèces qui vivent dans les régions froides hibernent souvent et sont capables de survivre plusieurs mois sans se nourrir.

Couleuvres rayées ou serpents-jarretières

Pauvres petits !

Si le python s'enroule autour de ses œufs pour les garder bien au chaud, la plupart des autres serpents les abandonnent. Les jeunes doivent donc se débrouiller seuls.

Le serpent minute, de la taille d'un ver de terre.

Tuer ou être tué

Tous les serpents mangent des animaux, dont d'autres serpents de plus petite taille. Mais d'autres animaux voudraient bien les manger. Les serpents doivent donc se défendre et chasser pour survivre.

Ruser pour survivre

Les serpents possèdent de nombreux moyens de défense.

Faire le mort : la couleuvre reste étendue au sol la gueule ouverte, feignant d'être morte.

Se camoufler : les couleurs de cette vipère lui permettent de passer inaperçue au milieu des feuilles.

Produire des sons effrayants : le serpent à sonnette secoue sa queue pour émettre des sons inquiétants.

L'autoprotection

La vipère verte possède de longs crochets pour mordre et injecter un venin mortel à son agresseur. S'il se sent inquiété, le cobra se redresse et siffle. Si cela ne suffit pas à effrayer l'ennemi, il passe à l'attaque.

À l'attaque !

Les cobras sont parmi les serpents les plus dangereux : leur venin peut tuer un homme. Le cobra cracheur projette son venin dans les yeux de sa victime, ce qui peut la rendre définitivement aveugle.

Quel est le serpent le plus venimeux du monde ?

Malin comme un serpent

Les serpents rampent vers leurs victimes, puis leur sautent dessus avec une rapidité incroyable. Ils les tuent en les empoisonnant ou en les étouffant avant de les dévorer.

Vipère

De nombreux serpents se confondent avec leur milieu ce qui facilite leur approche des proies.

Le régime alimentaire

Les serpents mangent tout ce qui bouge, des fourmis aux chèvres en passant par les crocodiles ! Le serpent mangeur d'œufs peut avaler des œufs plus gros que sa tête. Il absorbe le contenu et recrache la coquille.

Les mâchoires du serpent sont élastiques et s'ouvrent largement pour lui permettre d'avaler de grosses proies.

Serpent mangeur d'œufs

L'œuf est écrasé par les muscles à l'intérieur du corps.

Étouffer leurs proies

Les serpents constricteurs, comme cet anaconda, s'enroulent autour de leurs victimes et les serrent jusqu'à les asphyxier. Manger un alligator tout entier ne leur fait pas peur !

Les serpents peuvent avaler une si grande quantité de nourriture en un seul repas qu'ils peuvent jeûner ensuite pendant des semaines.

Deviens incollable...

Sur les défenses des lézards, pages **222-223**

Le taïpan, un serpent d'Australie.

Les crocodiliens

Les monstres du monde reptilien guettent leurs victimes dans l'eau. Dépêche-toi de faire la connaissance des crocodiliens, ces reptiles redoutables !

Le caïman appartient à la même famille que l'alligator et vit en Amérique centrale et du Sud.

Les crocodiliens

Ces grands reptiles vivent dans l'eau, mais chassent aussi parfois sur la terre ferme. Ils possèdent tous des mâchoires très puissantes.

Un air de famille

On distingue trois types de crocodiliens : le gavial, l'alligator et le crocodile.

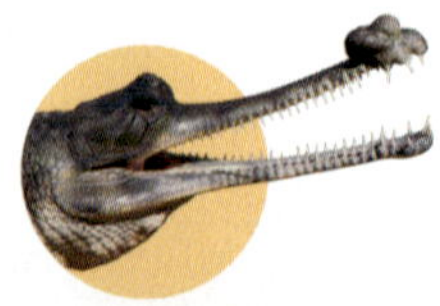

Gavial : il est doté d'un museau long et étroit.

Alligator : pourvu d'un museau large et court, il vit en Amérique.

Crocodile : ses dents restent visibles quand sa gueule est fermée, contrairement à l'alligator.

Les crocodiliens ont trois paupières sur chaque œil, l'une servant de lunette de protection sous l'eau.

Caïman à lunettes

La plupart des crocodiliens vivent dans les lacs et les cours d'eau, bien que certaines espèces s'aventurent dans l'océan.

Bien que les crocodiliens possèdent de nombreuses

Bien dans l'eau

Les crocodiliens sont d'excellents nageurs. Leurs yeux et leurs narines sont sur leur tête, ce qui leur permet de voir, de respirer et de chasser en gardant leur corps dans l'eau.

Une journée bien tranquille

Le matin, les crocodiles prennent des bains de soleil sur la rive, la gueule ouverte, pour réchauffer leur corps. Le soir, ils cherchent plutôt à se rafraîchir. Ils passent toujours la nuit dans l'eau.

Quelle est la taille maximale d'un crocodile ?

Des parents attentifs
Les crocodiliens sont de très bons parents. Les mâles attirent les femelles en vagissant et en faisant des bulles dans l'eau. La femelle pond ses œufs près de l'eau et les surveille.

La température à laquelle la femelle couve ses œufs détermine le sexe des futurs crocodiles.

Crocodile du Nil

Les jeunes crocodiles
La femelle couve ses œufs jusqu'à leur éclosion. Elle met ensuite ses petits dans sa gueule pour les transporter dans l'eau où ils seront en sécurité.

dents, ils sont incapables de mastiquer. Ils secouent leurs proies pour les déchirer.

Deviens incollable...
Sur d'autres reptiles aquatiques, comme les tortues d'eau, pages **218-219**

Un appétit d'ogre
Les crocodiliens sont parmi les carnivores les plus voraces. Ils attendent souvent au bord de l'eau qu'un animal vienne se désaltérer, puis l'attaquent en le saisissant dans leurs énormes mâchoires. Ils peuvent tuer des proies bien plus grosses qu'eux.

Les crocodiliens ne prennent qu'un repas par semaine.

7 m pour le mâle qui peut peser 1 000 kg, et 4 m pour la femelle.

Le monde des amphibiens

Salamandre

Les amphibiens ont une peau lisse et sans écailles, contrairement aux reptiles. Ils naissent toujours dans l'eau, mais vivent ensuite en milieu terrestre ou aquatique.

Les trois ordres d'amphibiens

Amphibien signifie « qui peut vivre sur terre et dans l'eau ».

Grenouilles et crapauds : ils n'ont pas de queue et les pattes postérieures sont adaptées au saut.

Salamandres et tritons : ils ressemblent à des lézards.

Cécilies : ils ressemblent à des vers de terre.

Quelle peau étonnante !

La plupart des amphibiens adultes, telle cette salamandre, peuvent respirer à la fois par leur peau et leurs poumons. Mais leur peau doit rester humide, ce qui explique pourquoi les amphibiens vivent à proximité de l'eau.

Grenouille

Certaines grenouilles vivent dans l'eau…

Deviens incollable…

Sur les mammifères aquatiques, pages **178-179**

Des créatures colorées

De nombreux amphibiens sont extrêmement colorés. Leur peau est tachetée, rayée ou simplement unie mais de couleur vive.

Quelle est la grenouille la plus venimeuse ?

L'habitat

Les grenouilles et les crapauds peuvent vivre à la fois sur terre et dans l'eau. Certaines espèces sont même arboricoles.

Les grenouilles terrestres ont souvent un corps plus arrondi que les grenouilles aquatiques.

…d'autres préfèrent la cime des grands arbres !

La vie aquatique

Ce protée anguillard vit dans les eaux souterraines. Dépourvu de poumons, il ne respire que par sa peau, et il est aveugle.

Les cécilies

Les cécilies sont rarement visibles. Pourquoi ? Parce qu'elles vivent sous terre ou dans l'eau. Elles utilisent leur tête pointue pour creuser la terre.

Un animal venimeux a souvent une peau très colorée pour avertir les prédateurs.

Des parents voyageurs

Chaque printemps salamandres, tritons, grenouilles et crapauds pondent leurs œufs dans des mares ou des cours d'eau. Certains parcourent 5 km pour atteindre leur lieu de reproduction.

Triton commun

Le dendrobate jaune vif.

Grenouilles et crapauds

Grenouilles et crapauds ont un corps court et trapu, une grosse tête et des yeux globuleux. Leur cou n'est pas séparé et leur bouche est généralement très large. Ils n'ont pas de queue, on dit qu'ils sont anoures : c'est le nom de leur ordre.

Rainette de White

Les grenouilles ont souvent des pattes postérieures plus longues que les crapauds.

Grenouille ou crapaud ?
Les différences sont peu nombreuses. Les crapauds possèdent généralement une peau couverte de verrues, les grenouilles une peau lisse.

Pour sauter, la grenouille

Grenouille-léopard d'Amérique du Nord

Les grenouilles sautent pour se déplacer et fuir le danger.

Elles font des bonds
Les grenouilles effectuent des sauts spectaculaires grâce à leurs pattes postérieures très musclées. Plus longues que les pattes antérieures, elles demeurent repliées au repos.

La reproduction
Chaque printemps, des milliers de grenouilles retournent dans leur milieu aquatique pour se reproduire. La femelle émet des œufs groupés en masse gélatineuse, le frai. Le mâle dépose alors sa semence sur les œufs : la fécondation est externe.

Les têtards se développent dans l'eau jusqu'à leur transformation en grenouilles.

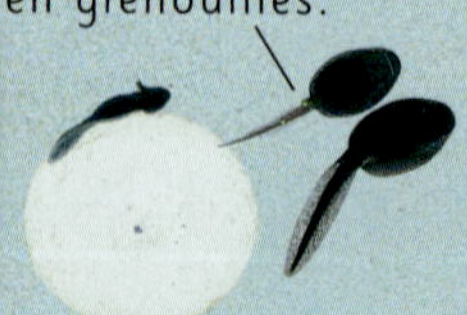

Œufs agglutinés

 Combien d'œufs les anoures peuvent-ils pondre durant leur vie ?

Les pattes du crapaud sont moins palmées que celles de la grenouille.

Sonneur à ventre de feu

Le coassement

Les grenouilles et les crapauds coassent pour attirer les femelles et dissuader leurs ennemis d'approcher. Ce crapaud possède un sac vocal gonflable : une grande membrane élastique qui lui permet d'émettre des sons très forts.

La grenouille coureuse

Toutes les grenouilles ne sautent pas pour se déplacer. Ces grenouilles coureuses du Sénégal vivent dans les zones herbeuses où elles préfèrent passer inaperçues. Elles ont donc choisi la course plutôt que le saut.

Cette grenouille coureuse du Sénégal est au repos.

Pour se déplacer, elle soulève son corps et se déplace à grandes enjambées.

D'excellents nageurs

Les anoures se déplacent rapidement dans l'eau à l'aide de leurs pattes palmées. Ils nagent en repliant et en dépliant leurs membres, comme dans la brasse.

Pattes palmées

tend ses pattes postérieures et repousse le sol.

Si elles sont en danger, les grenouilles plongent.

La métamorphose des têtards

Des œufs des anoures sortent des larves appelées têtards qui ne ressemblent pas du tout à des grenouilles. Les têtards sont dépourvus de pattes et dotés d'une longue queue. Ils développent progressivement leurs membres, perdent leur queue et se transforment en jeunes adultes : on dit qu'ils se métamorphosent.

Son développement achevé, la grenouille peut quitter le milieu aquatique.

Les têtards ont des branchies pour respirer, un peu comme les poissons. Ils développent des poumons au cours de leur métamorphose.

La plupart des anoures abandonnent leurs œufs. Les têtards doivent donc se débrouiller seuls.

Environ 250 000.

Chasser et se cacher

Les grenouilles et les crapauds mangent de petits animaux. Mais ils constituent aussi des proies idéales pour d'autres animaux car ils n'ont ni fourrure, ni plumes, ni griffes. Ils ont donc développé des systèmes de protection intelligents pour ne pas être mangés.

Cette grenouille possède des faux yeux dans le bas du dos pour avoir l'air d'un gros animal.

Grande bouche, grosses proies
Les anoures (voir page 232) adultes sont carnivores. Leur bouche très large leur permet d'avaler de grosses proies.

Ce crapaud reste assis et attend le passage d'une proie. Il ouvre alors sa bouche et l'avale toute crue.

Crapaud cornu

Un arsenal défensif
Les anoures (grenouilles et crapauds) disposent de nombreux moyens de défense : venin, camouflage et capacité à voler, ou plutôt à planer d'arbre en arbre.

De vrais poisons
Les grenouilles très venimeuses comme ce dendrobate jaune vif sont très colorées pour signaler leur toxicité à leurs ennemis.

Une langue visqueuse
Les anoures ont une langue collante qu'ils projettent pour capturer insectes ou petits mammifères avant de les avaler entiers. Ils clignent des yeux en déglutissant, car leurs globes oculaires poussent la nourriture dans le tube digestif.

Grenouille commune

Les rainettes sont munies de coussinets adhésifs sous leurs doigts pour mieux s'accrocher aux arbres.

Elles peuvent changer de direction en vol plané.

Des acrobates aériens
Cette rainette de Wallace possède d'énormes pattes palmées. Si elle se sent menacée, elle s'élance dans les airs, écarte ses doigts et se sert de ses pattes comme de miniparachutes pour planer d'une branche à l'autre.

Rainette de Wallace

Un camouflage réussi
La grenouille-feuille d'Asie possède l'un des meilleurs moyens de défense : le camouflage. Son corps est aplati comme une feuille et de la même couleur. Même les « cornes » au-dessus de ses yeux en ont la forme.

Grenouille-feuille d'Asie

Deviens incollable...
Sur les mammifères volants, pages **164-165**

Il se dresse sur la pointe des pieds et se gonfle d'air comme un ballon.

Salamandres et tritons

Ces animaux sont proches des grenouilles et des crapauds mais ils ont une queue. Pour cela, on les appelle des urodèles : c'est le nom de leur ordre. Ils appartiennent aussi à la grande famille des amphibiens.

Les urodèles ont un corps allongé et une longue queue.

Tritons et salamandres doivent avoir la peau constamment humide pour respirer.

La majorité des tritons et des salamandres vit dans les forêts froides et humides.

Triton ou salamandre ?
Ces deux amphibiens se ressemblent beaucoup, mais les tritons vivent sur terre et se reproduisent dans l'eau, alors que les salamandres passent toute leur vie dans l'eau.

Ce triton vit sous les rochers ou dans des grottes pour garder sa peau humide.

Combien mesure la plus grande salamandre ?

Le mode de locomotion
Les tritons et les salamandres se déplacent lentement en général, mais peuvent courir très vite pour fuir le danger. Ils rampent au sol et au fond des étangs. Les tritons nagent parfois à la surface de l'eau.

Le régime alimentaire
Les tritons et les salamandres sont des insectivores friands de proies fraîches. Ils chassent grâce à leur vue et à leur odorat. Les salamandres ont une longue langue qu'elles projettent hors de leur bouche pour capturer les proies.

Cette salamandre mandarin est en train de manger un ver de terre.

L'amblystome tigré peut mesurer 40 cm.

Des couleurs séduisantes
De nombreux tritons et salamandres sont vivement colorés. Le mâle réserve ses plus belles couleurs pour la parade nuptiale.

Triton crêté

La reproduction
Les femelles pondent dans l'eau. À leur éclosion, les petits ressemblent aux larves des grenouilles, mais ils garderont leur queue. Les larves vivent en milieu aquatique jusqu'à leur complet développement.

La danse nuptiale des tritons alpestres

Un développement incomplet
Les axolotls du Mexique parviennent rarement à l'état adulte : ils gardent toute leur vie leur aspect de larve, mais ils peuvent se reproduire.

La salamandre géante du Japon peut atteindre 2 m de long.

Les invertébrés

Nous consacrons un chapitre entier à tous les animaux qui ne sont pas des vertébrés. Comment s'appellent ces animaux ? Des invertébrés, bien sûr !

À quelle classe d'animaux les escargots appartiennent-ils ?

Morpho bleu

Empereur doré

Bombyx du mûrier

Ornithoptère de la Reine Alexandra

Dépourvus de colonne vertébrale

Les invertébrés regroupent les insectes, des petits animaux terrestres comme les araignées et les escargots, ainsi que des créatures marines extraordinaires.

Seiche

Calmar

Krill

Étoile de mer

Pieuvre commune

Les invertébrés marins incluent les pieuvres, les étoiles de mer et même les coraux.

Test d'observation

Regarde attentivement les pages 238 à 257 et essaie de retrouver ce que représentent ces photos.

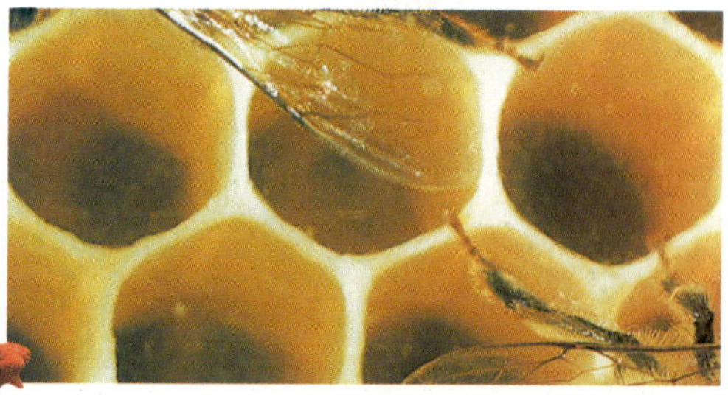

Deviens incollable...

Sur les mammifères aquatiques, pages **178-179**

Sur les oiseaux marins, pages **198-199**

À la classe des mollusques.

Le monde des insectes

La plupart des invertébrés sont des insectes, qui représentent huit espèces vivantes sur dix. Ils occupent absolument tous les milieux. Certains sont presque invisibles à l'œil nu, d'autres étonnamment gros.

Retiens 3 + 3 en pensant aux insectes : trois paires de pattes et trois parties du corps.

La plupart des insectes ont deux paires d'ailes.

Coléoptère

En Afrique, là où apparaissent des excréments de bovins, les bousiers sont aussitôt sur place.

Qu'est-ce qu'un insecte ?
Si la petite bestiole que tu observes possède six pattes, c'est un insecte ! Et tu remarques que son corps est divisé en trois parties, une tête, un thorax et un abdomen.

Ces coléoptères façonnent des boulettes de bouse dans lesquelles ils pondent un seul œuf. À l'éclosion, la larve se nourrit de bouse.

Le recyclage naturel des déchets
La plupart des gens détestent les insectes mais ils sont pourtant indispensables à notre planète. Nous ne pourrions pas vivre sans eux. Par exemple, ces bousiers nous débarrassent des excréments laissés dans la nature.

Bousiers

Excepté le miel, quel autre produit utile l'abeille fabrique-t-elle ?

Les insectes utiles

Les insectes peuvent nous apporter des produits très utiles et aussi constituer eux-mêmes des aliments.

Colorant alimentaire : ce colorant rouge est extrait du corps d'un insecte appelé cochenille.

Soie : la soie des vêtements que tu portes est issue de la chenille du bombyx du mûrier ou ver à soie.

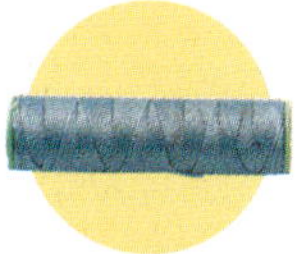

Miel : si les abeilles n'existaient pas, tu ne mangerais pas de miel.

Larves : certains peuples, dont les Aborigènes d'Australie, se nourrissent de larves d'insectes.

Dévorer les nuisibles

Certains insectes, par exemple les pucerons, mangent nos cultures. Le meilleur moyen de s'en débarrasser est d'introduire d'autres insectes qui s'en nourrissent. Les coccinelles sont souvent utilisées pour limiter la prolifération des pucerons.

La protection biologique des cultures consiste à introduire des insectes qui mangent d'autres insectes.

Les pucerons se reproduisent si rapidement qu'il est difficile de limiter leur prolifération.

Les insectes fossiles

Nous savons qu'il existait des insectes il y a 40 millions d'années : certains ont été emprisonnés dans une résine de conifère appelée ambre. Cette résine s'est durcie, et les a préservés.

Deviens incollable...

Sur les coléoptères, pages **256-257**
Sur les abeilles, pages **258-259**

La métamorphose des insectes

Les insectes sont les animaux les plus prolifiques de notre planète. Entre l'œuf et l'adulte, l'insecte subit une série de transformations incroyables.

Les libellules doivent changer de peau pour grandir: elles muent.

La métamorphose
La transformation de l'insecte au cours de son développement s'appelle la métamorphose. Chez les insectes évolués, la métamorphose est dite complète: l'insecte passe par les stades de l'œuf, de la larve et de la nymphe avant de devenir adulte.

Tous les insectes pondent des œufs.

Stade 1 à 2: de l'œuf à la larve
La femelle du papillon pond des œufs qui éclosent pour devenir des larves. La larve du papillon s'appelle une chenille. Elle grossit car elle n'arrête pas de manger des feuilles.

Une métamorphose incomplète
Chez certains insectes, la larve et l'adulte sont différents bien qu'ils aient de nombreux points communs. Les larves des libellules, par exemple, vivent uniquement dans l'eau; en grandissant elles développent des poumons pour respirer et des ailes pour voler.

Deviens incollable...

Sur les papillons, pages **254-255**
Sur les coléoptères, pages **256-257**

D'où vient le mot « métamorphose »?

La chenille doit trouver un endroit sûr pour se transformer en chrysalide.

Stade 2 à 3 : de la larve à la nymphe
Après avoir suffisamment grossi, la chenille mue, se fixe à la tige d'une plante et s'enroule dans une enveloppe dure, le cocon, pour se transformer peu à peu en chrysalide, le nom de la nymphe chez les papillons.

Stade 3 à 4 : de la nymphe à l'adulte
De nombreux changements physiologiques s'effectuent à l'intérieur du cocon. L'enveloppe finit par se déchirer et s'ouvrir pour donner naissance à un papillon adulte.

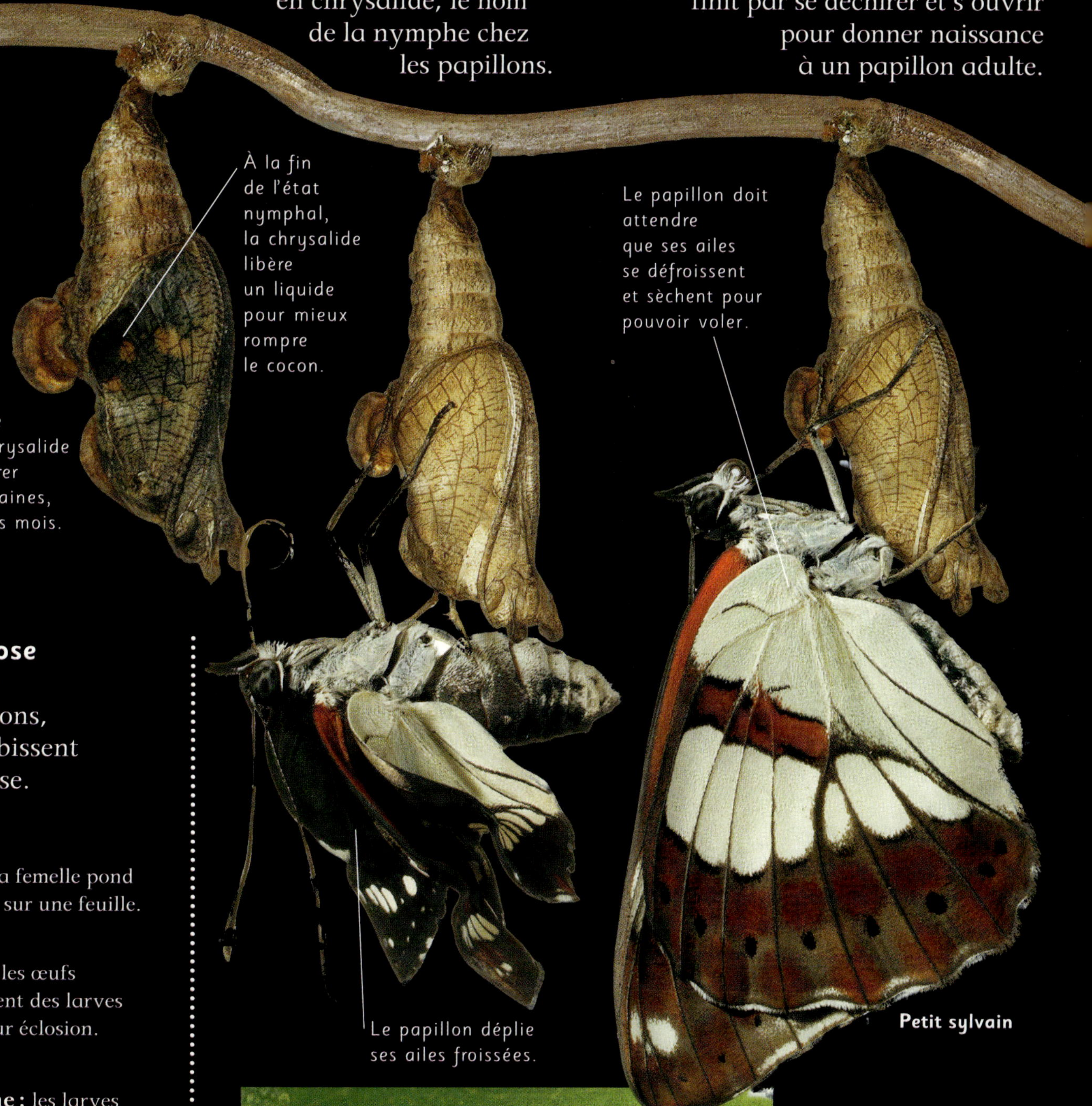

La métamorphose de la coccinelle
Comme les papillons, les coccinelles subissent une métamorphose.

Œufs : la femelle pond ses œufs sur une feuille.

Larve : les œufs deviennent des larves après leur éclosion.

Nymphe : les larves se transforment en nymphes un mois après leur éclosion.

Jeune coccinelle : de jeunes coccinelles jaunes émergent une semaine plus tard.

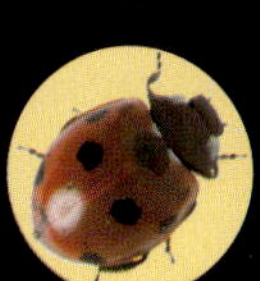
Coccinelle adulte : les ailes jaunes ne tardent pas à devenir rouges ornées de points noirs.

Le pentatome
La plupart des insectes abandonnent leurs œufs après les avoir pondus. Mais ce pentatome, une espèce de punaise, s'occupe attentivement de ses petits.

Il vient du grec *metamorphosis* qui signifie « changement de forme et de structure ».

Comment les insectes se déplacent-ils ?

S'ils veulent aller d'un endroit à un autre, les insectes courent, volent, sautent ou nagent !

Voler

Tous les insectes volants sont munis de deux paires d'ailes destinées à des usages différents. Les coléoptères volent avec une seule paire d'ailes, et gardent la seconde, plus dure, pour protéger la première au repos.

Le coléoptère déploie ses ailes dures, les élytres, et ouvre ses ailes arrière, plus fragiles, puis s'envole.

Le mouvement des ailes

Les insectes utilisent leurs ailes de plusieurs façons. La plupart sont de vrais acrobates du ciel.

Mouche domestique : elle n'a qu'une seule paire d'ailes membraneuses, la seconde lui sert de balancier.

Libellule : elle utilise ses deux paires d'ailes pour voler, mais peut manœuvrer chaque paire séparément.

Chrysope aux yeux d'or : elle peut utiliser ses quatre ailes séparément et voler à reculons.

Syrphe : il bat des ailes si rapidement que tu n'as pas le temps de les voir.

Cette notonecte se suspend à l'envers sous la surface de l'eau.

Nager

Certains insectes vivent principalement dans l'eau grâce à leurs pattes postérieures nageuses. Les dytiques ont des poils spéciaux sur leurs pattes qui s'écartent dans l'eau pour les aider à pagayer.

Les chenilles peuvent se déplacer sur des branches presque verticales.

Déplacement d'une chenille

Quel est l'insecte qui court le plus vite ?

Criquet migrateur

Les ténébrions rugueux peuvent parcourir 1 m en une seconde.

Ténébrion rugueux

Une puce peut sauter jusqu'à une hauteur de 100 fois sa taille. Elle peut aussi sauter 600 fois par heure pendant trois jours sans s'arrêter pour chercher un hôte.

Sauter

Certains insectes exécutent de formidables sauts grâce à leurs puissantes pattes postérieures qui leur servent de ressorts. Si tu déranges une sauterelle, elle s'enfuit aussitôt en dépliant ses pattes postérieures pour bondir.

Courir

Les pattes des insectes sont adaptées à leur usage. Les coléoptères qui vivent sous l'écorce des arbres ont des pattes courtes et peu encombrantes. Les ténébrions rugueux ont de longues pattes pour courir dans le sable chaud du désert.

Deviens incollable...

Sur les chenilles, pages **242-243**

Sur les mouches, pages **262-263**

Les criquets migrateurs peuvent faire des bonds de 1 m de haut.

Ces chenilles ont des ventouses à chaque extrémité de leur corps pour adhérer aux branches.

Puce

La cicindèle champêtre.

Que mangent les insectes ?

Le régime alimentaire des insectes est très varié. Certaines espèces sont carnivores, d'autres mangent des végétaux, mais toutes passent leurs journées à grignoter. Ils sont dotés de mâchoires spécialisées : les insectes sont broyeurs, ou piqueurs-suceurs, ou perceurs, ou encore lécheurs.

Ce sphinx possède une longue trompe pour aspirer le nectar des fleurs. Il se nourrit en vol.

Les carnivores
De nombreux insectes se nourrissent d'autres insectes et doivent faire preuve d'ingéniosité pour capturer leurs proies. Verte, la mante religieuse se dissimule au milieu des feuilles.

Cette mante religieuse peut rester longtemps immobile en attendant le passage d'une proie.

Les phytophages
La plupart des insectes sont phytophages, c'est-à-dire qu'ils se nourrissent de matières végétales. Certains broient les feuilles avec leurs mandibules, d'autres aspirent les liquides, par exemple le nectar des fleurs, à l'aide de leur trompe.

La larve du fourmilion dévore les fourmis.

Piège à fourmis
La larve du fourmilion se cache sous terre dans un trou en entonnoir creusé dans le sable et attend. Les fourmis qui passent tombent dans le piège et atterrissent directement dans les mandibules de la larve.

Comment les libellules capturent-elles leurs proies ?

Les chenilles mettent beaucoup de temps à digérer leur nourriture. Elles doivent manger toute la journée pour se transformer en chrysalides.

La larve phytophage

La chenille est la larve du papillon. Ses puissantes mandibules viennent à bout des feuilles les plus coriaces. On estime que les insectes mangent environ 5 % de l'ensemble des feuilles de la planète.

Chez les papillons, la femelle pond ses œufs sur une feuille qui servira de premier repas à la chenille. Ainsi, elle n'aura pas à chercher très loin sa nourriture.

Deviens incollable...

Sur les papillons, pages **244-245**

Sur les coléoptères, pages **246-247**

Les larmes d'alligator

Les papillons aspirent les liquides avec leur longue trompe. Le petit flambeau a des goûts très particuliers : il adore boire les larmes des alligators.

Ce balanin a percé un gland à l'aide de son éperon, appelé rostre.

Le mangeur de glands

Le balanin éléphant est très exigeant sur le choix de sa nourriture : il n'aime que les glands. Il les perce, en broie la partie charnue à l'aide de ses mandibules, puis avale cette bouillie.

Elles les attrapent en plein vol.

L'art du camouflage

Mantes-orchidées

La plupart des insectes sont des proies très convoitées par d'autres animaux. Pour se protéger, ils emploient principalement la ruse du camouflage.

Passer inaperçu

Le meilleur moyen de ne pas se faire repérer est de se confondre avec la végétation environnante. Deux mantes-orchidées se cachent au milieu des fleurs. Peux-tu les voir ?

La mante-orchidée peut passer du rose au blanc selon la couleur des fleurs qui l'entourent.

Insecte ou feuille ?

La sauterelle-feuille d'Afrique ressemble aux feuilles au point de posséder des nervures sur son dos. Bien sûr, elle doit rester parfaitement immobile pour passer inaperçue.

Ocelle « œil de chouette »

Deviens incollable...

Sur les défenses des poissons, pages **286-287**

Quel insecte possède un corps allongé qui ressemble aux brindilles sur lesquelles il vit ?

Le sang de cette coccinelle s'écoule par les pattes.

Ne me mangez pas !

Les insectes aux couleurs vives sont souvent venimeux ou ont très mauvais goût. La coccinelle libère un sang au goût amer si elle se sent menacée.

Le prédateur qui tentera de manger cette coccinelle ne tardera pas à la recracher, et évitera les proies rouge vif à l'avenir !

On dirait une fiente !

La chenille du papillon appelé voilier des vergers dispose du meilleur camouflage possible : elle ressemble à une fiente d'oiseau ! Aucun animal ne voudra y goûter...

Guêpe

Papillon ou chouette ?

Quand le papillon-chouette referme ses ailes, ses ocelles ressemblent à des yeux de chouette. Il n'en faut pas plus pour effrayer ses prédateurs !

Le mimétisme

De nombreux insectes font croire qu'ils sont d'autres animaux pour ne pas être mangés. Peux-tu distinguer ici la guêpe du syrphe ?

Syrphe

Le syrphe est une mouche inoffensive à l'allure de guêpe. Ainsi, il fait croire qu'il possède un dard.

Le phasme.

Les nuisibles

Les insectes sont de petites créatures, mais peuvent causer bien des dégâts. Tu as peut-être du mal à le croire, mais certains insectes figurent parmi les animaux les plus dangereux.

Quelques nuisibles

L'homme considère certains animaux comme nuisibles, c'est-à-dire inutiles et même dérangeants, voire destructeurs. Cela fait des milliers d'années qu'il essaie de s'en débarrasser par tous les moyens.

Doryphore : ce petit coléoptère peut détruire des champs entiers de pommes de terre.

Mite : elle adore les vêtements de laine.

Capricorne : ce coléoptère peut détruire des forêts entières.

Les blattes ont un corps solide et sont très difficiles à tuer.

Des hôtes indésirables

Une fois que les blattes se sont installées chez toi, elles sont très difficiles à éliminer. Certaines espèces – très fréquentes dans les villes et appelées aussi « cafards » – se nourrissent de déchets alimentaires et propagent non seulement des mauvaises odeurs, mais aussi des maladies.

Blatte cendrée d'Afrique

Le pou de tête

Le pou est un insecte microscopique qui s'agrippe si fort à tes cheveux qu'il est difficile à éliminer. Il suce le sang de ton cuir chevelu et provoque des démangeaisons. Ses œufs sont appelés lentes.

Crochets du pou de tête grossis au microscope.

Deviens incollable...

Sur les bêtes minuscules qui vivent sur ton corps, pages **278-279**

Qu'est-ce que la punaise des lits ?

Des criquets dévastateurs

En Afrique, à la saison des pluies, des millions de criquets migrateurs se rassemblent parfois en formant d'immenses nuées. Ils mangent tout ce qu'ils voient et ils sont si nombreux qu'ils voilent la lumière du soleil.

Une suceuse de sang

La mouche tsé-tsé suce le sang des humains et d'autres mammifères après les avoir piqués. Tu vois ici la mouche l'abdomen vide et la même l'abdomen rempli de sang. Elle propage une maladie appelée maladie du sommeil.

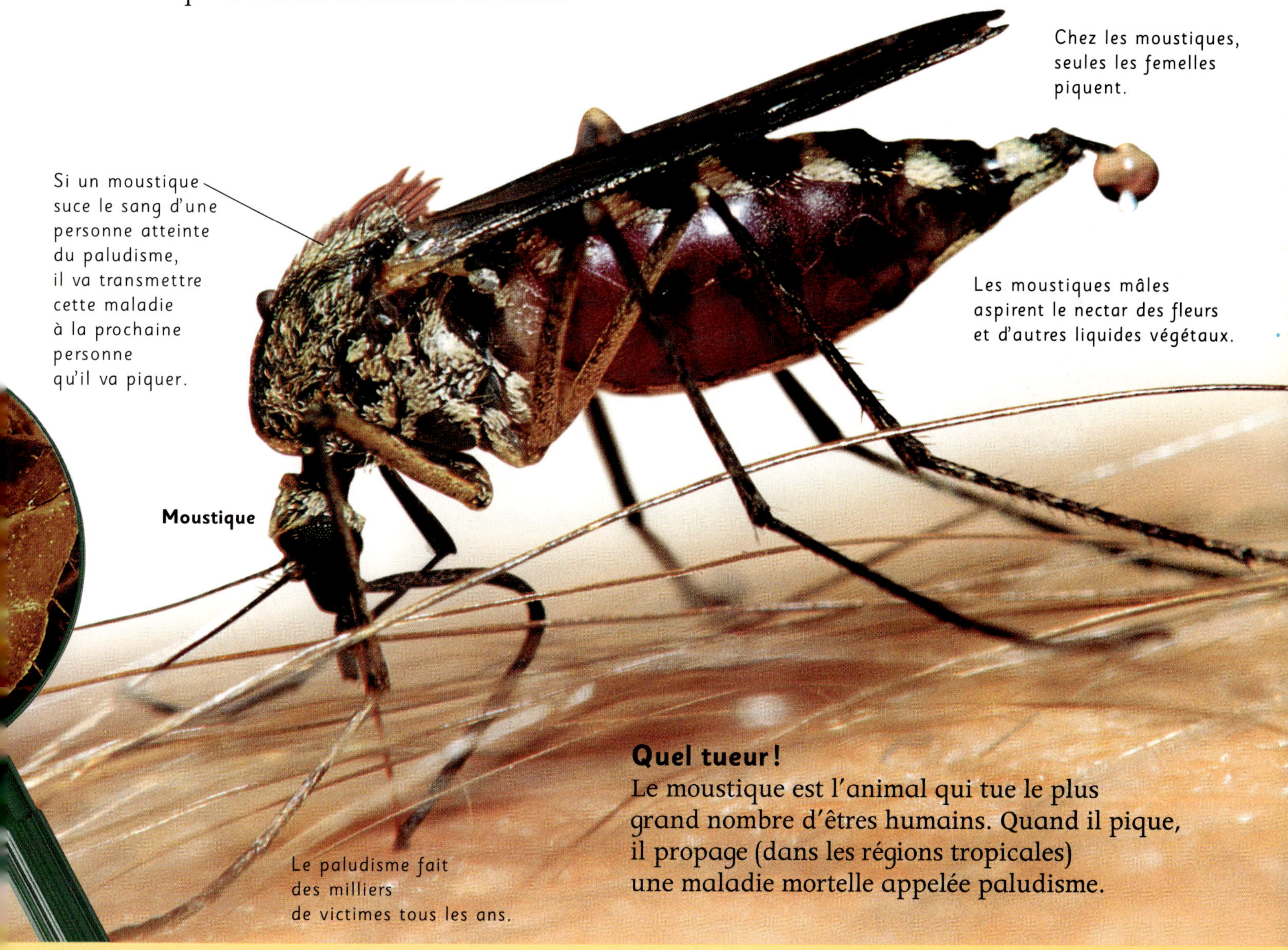

Quel tueur !

Le moustique est l'animal qui tue le plus grand nombre d'êtres humains. Quand il pique, il propage (dans les régions tropicales) une maladie mortelle appelée paludisme.

Un insecte microscopique qui suce ton sang pendant ton sommeil.

Des indésirables chez les humains

Tu as probablement déjà vu des insectes ou des petits animaux chez toi. Mais tu ne te doutes sûrement pas à quel point ils sont nombreux !

Dans la cave

Si tu vis en Amérique, tu peux trouver des veuves noires dans ta cave. Si elles te mordent, leur venin peut paralyser tes muscles et te causer de violentes douleurs.

La veuve noire est l'araignée la plus venimeuse d'Amérique du Nord.

Veuve noire

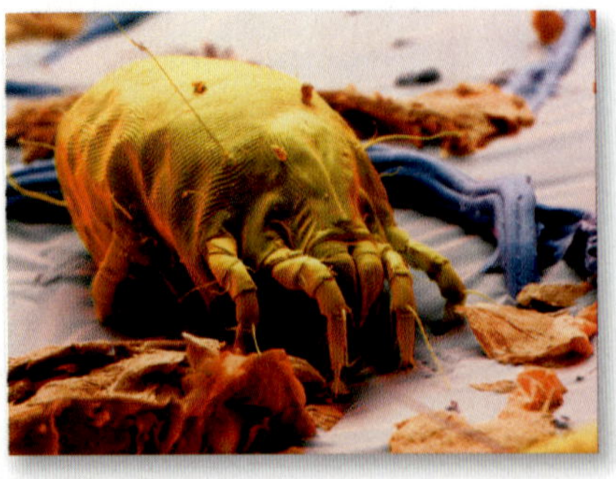

L'acarien

Les acariens sont partout dans les habitations. Ces animaux microscopiques se nourrissent des peaux mortes que tu perds tous les jours et qu'ils trouvent dans toutes les poussières. Certaines personnes y sont allergiques.

Vers de farine (larves de ténébrion)

Ténébrion

Le sais-tu ?

Quand la vrillette veut attirer l'attention d'un autre coléoptère, elle frappe sa tête contre le bois. On peut parfois entendre ce bruit dans les maisons.

Le ténébrion et ses larves

Des petits coléoptères comme les ténébrions se faufilent dans les paquets de farine, de pâtes, de riz ou de biscuits entamés et y pondent des œufs microscopiques qui éclosent et se transforment en petits vers.

Combien de temps un cafard peut-il survivre sans sa tête ?

Dans le grenier

Certaines guêpes construisent leur nid en pâte de bois dans les greniers ou sous les charpentes. Un guêpier peut contenir 5 000 individus. Il existe de très grandes guêpes : les frelons, dont la piqûre est très douloureuse.

Guêpe

Nid de guêpes

Vrillette

Des intrus dans les maisons

Bien d'autres créatures indésirables vivent dans les habitations aux quatre coins du monde.

Chenille de la mite : elle se nourrit de vêtements en laine ou en fourrure.

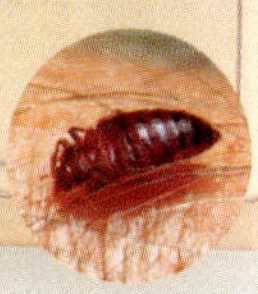

Punaise des lits : c'est un insecte suceur de sang qui pique la nuit dans les lits.

Petit poisson d'argent ou lépisme : il digère le papier. Il aime donc manger les boîtes et les emballages en carton.

Cafard : il apprécie les endroits chauds et humides et mange tout ce qu'il trouve sur son passage.

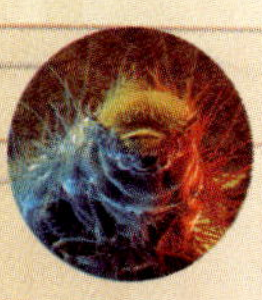

Larves de l'anthrène : elles mangent les fibres laineuses des tapis, transformant la laine en sucre.

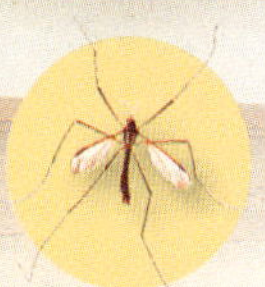

Tipule ou cousin : elle entre souvent dans les maisons. C'est un grand moustique aux longues pattes fines.

Pou des livres : On le rencontre dans les paquets de farine entamés ou dans les livres dont il aime bien mâcher le papier, d'où son nom.

Des larves ravageuses

Les vers du bois ne sont pas des vers, mais les larves de certains coléoptères. Dans la nature ils se nourrissent de bois mort, mais dans les villes les planchers et les poutres font leur affaire !

Larve de vrillette

Les larves de vrillette percent des petits trous dans les poutres jusqu'à les détruire entièrement.

La mouche domestique

Elle transmet à l'homme toute sorte de maladies plus ou moins graves en laissant sur les aliments où elle se pose des germes et des bactéries.

Mouche domestique

La mouche domestique « goûte » les aliments avec ses pattes !

Environ sept jours.

Les papillons

Les papillons sont uniques parmi les insectes parce que leurs ailes sont couvertes de très fines écailles. On distingue les papillons de jour (diurnes) et les papillons de nuit (nocturnes).

Phalène hérissée

Brahmaéide d'Hartig

Arctiide décoré

Il n'existe plus de bombyx à l'état sauvage : tous sont élevés pour produire de la soie.

Quelles différences ?

Les papillons de jour ont des antennes en forme de massue et arborent des ailes de couleurs vives, alors que les papillons de nuit ont des antennes souvent plumeuses et sont plutôt ternes.

Papillon comète de Madagascar

Le papillon comète de Madagascar est dépourvu de pièces buccales car il vit le temps de pondre des œufs et meurt avant de pouvoir se nourrir.

Grand mars changeant

Noir velouté

Grand monarque

Des ailes au repos

Les papillons diurnes sortent le jour et les papillons nocturnes sont visibles la nuit. Au repos, les papillons de nuit déplient leurs ailes et les papillons de jour les replient.

88 d'Hewitson

Ornitpotera sarpedon

Une peau à écailles

Les papillons ont le corps et les ailes recouvertes de minuscules écailles disposées comme les tuiles d'un toit.

Ce tigre de Millar a déplié ses ailes.

Ce paon du jour a replié ses ailes.

Quel est le plus grand papillon ?

Des migrateurs

Les grands monarques sont des papillons uniques en leur genre. À l'approche de l'hiver, ils migrent du Canada vers la Californie et le Mexique. Ils peuvent parcourir 130 km par jour.

Ces arbres sont couverts de grands monarques au repos.

Les antennes servent à goûter et à toucher.

Les chenilles mangent continuellement.

Des chenilles voraces

Les chenilles ont des mandibules broyeuses qu'elles utilisent pour mastiquer les feuilles. En devenant papillons, elles changent leurs mandibules broyeuses pour une trompe suceuse qui aspire les liquides.

Des chenilles astucieuses

Les chenilles sont des proies très convoitées par beaucoup d'autres animaux. Elles utilisent donc des moyens très astucieux pour ne pas être dévorées.

Chenille « queue fourchue » : elle redresse sa queue vers sa tête dès qu'elle se sent en danger.

Chenille des vergers : elle imite une fiente d'oiseau.

Chenille de *Heliconius erato* : elle est couverte de longues épines.

Au repos, les papillons gardent leur trompe enroulée en spirale. Ils la déroulent et s'en servent comme d'une paille.

Deviens incollable...
Sur la métamorphose des chenilles en papillons, pages **242-243**

Coléoptères et hémiptères

Ces petites bestioles occupent les quatre coins de notre planète, des hautes montagnes aux déserts les plus torrides. Les coléoptères et les hémiptères sont vraiment incontournables !

Les coléoptères
Les coléoptères sont les insectes les mieux armés contre les prédateurs. Leurs pièces buccales sont de type broyeur.

Le goliath gigantesque, un scarabée africain, est le plus grand coléoptère.

Le dytique rame à l'aide de ses pattes postérieures.

Les coléoptères plongeurs
La plupart des coléoptères vivent en milieu terrestre, mais le dytique capture ses proies, têtards et petits poissons, dans l'eau. Pour respirer dans l'eau il fait le plein d'air avant chaque plongeon.

La diversité des coléoptères
Les coléoptères arborent souvent de belles couleurs vives.

Scarabée : ce magnifique scarabée doré est originaire d'Amérique du Sud.

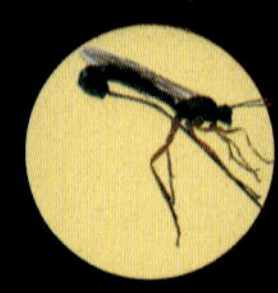

Cétoine : ce charmant coléoptère existe dans les dimensions et les couleurs les plus variées.

Chrysomèle : cette chrysomèle bleu vif vit en Papouasie-Nouvelle-Guinée.

Coléoptère grenouille : ce coléoptère peut aussi être rouge vif et très luisant.

Comment la plupart des coléoptères goûtent-ils leur nourriture ?

Briller dans la nuit

Les lampyres, ou vers luisants, ne sont pas des vers, mais des coléoptères. Les femelles sont dotées d'organes abdominaux qui émettent de la lumière. Elles allument leur abdomen la nuit pour attirer les mâles.

La nuit, tu peux voir des vers luisants briller.

Les vers luisants vivent partout dans le monde.

L'hémiptère

Les hémiptères ressemblent un peu aux coléoptères, mais ce sont des piqueurs-suceurs et non des broyeurs.

D'autres caractéristiques

Les hémiptères sont petits, mais certains se montrent particulièrement agressifs !

Pentatome rayé : cet insecte émet de mauvaises odeurs.

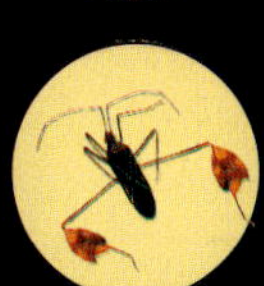

Coréide : il agite les petits drapeaux au bout de ses pattes pour effrayer les prédateurs.

Puceron : il est nuisible aux cultures.

***Triatoma sanguisuga* :** ce réduve tue d'autres insectes et suce leurs entrailles.

Le chant des cigales

Les cigales émettent des sons qui peuvent être entendus à 1,5 km de distance. Elles produisent leur bruit strident en faisant vibrer les cymbales de leur abdomen.

Certaines espèces de cigales peuvent vivre 17 ans!

Abeilles et guêpes

Tu penses peut-être que les abeilles et les guêpes se contentent de bourdonner et de piquer les humains, mais elles sont parmi les insectes les plus intelligents qui existent.

Les bourdons ne produisent pas beaucoup de miel.

L'abeille possède des corbeilles à pollen sur ses pattes pour récolter le pollen.

Les ouvrières sont stériles, seule la reine pond des œufs.

Les abeilles se nourrissent de miel.

Les abeilles
Les bourdons et les abeilles, insectes sociaux, vivent dans des ruches et travaillent ensemble. Les ouvrières sont chargées de recueillir le nectar des fleurs pour le transformer en miel.

À chacun son rôle
Une ruche comporte trois types d'individus.

Reine : seule femelle féconde, la reine pond jusqu'à 2 500 œufs par jour.

Faux bourdons : mâles reproducteurs, ils accompagnent la reine.

Ouvrières : femelles stériles, elles se chargent de récolter le nectar.

Le sais-tu ?

Quand une abeille sait qu'une fleur est remplie de nectar, elle avertit les autres ouvrières en exécutant une danse en forme de huit.

Les rayons
Les rayons sont des alvéoles en cire, une substance fabriquée par les abeilles. Certaines alvéoles renferment les larves, d'autres le miel.

L'abeille meurt aussitôt après t'avoir piqué. Vrai ou faux ?

Les guêpes

Les guêpes mènent une vie solitaire (guêpes solitaires) ou communautaire (guêpes sociales). Celles qui vivent en collectivité construisent des nids à partir de fibres de bois mâchées et transformées en pâte à papier.

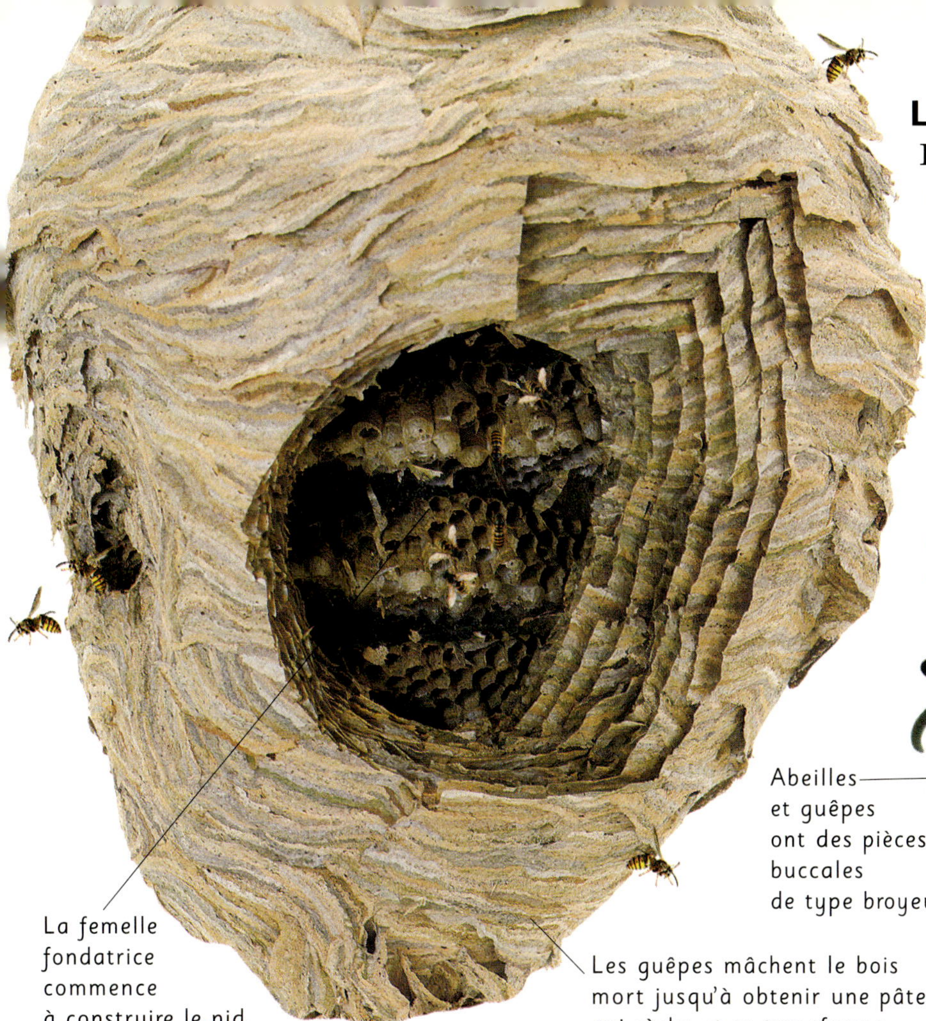

Les espèces de guêpes

Il existe de nombreuses espèces de guêpes. La plupart des adultes ont un étranglement entre le thorax et l'abdomen, et de gros yeux.

Attention au dard !

Abeilles et guêpes ont des rayures jaunes et noires destinées à avertir les prédateurs qu'elles sont venimeuses. Elles ne piquent que si elles se sentent menacées ou pour défendre leur nid.

Les guêpes solitaires

Ces guêpes, les ichneumons, sont essentiellement parasites : elles pondent leurs œufs sur d'autres insectes.

L'essaim

Quand une nouvelle femelle féconde naît, elle quitte le nid avec un groupe de guêpes pour construire et diriger sa propre colonie. Les guêpes s'envolent ensemble et forment un essaim. Sur cette photo, elles se reposent.

Vrai. Elle ne peut piquer qu'une seule fois.

Fourmis et termites

Il existe des millions d'espèces de fourmis et de termites sur Terre. Ces petites créatures vivent au sein de groupes appelés colonies.

Fourmi

Les termites

Les termites vivent surtout dans les régions chaudes. Chaque colonie est dirigée par une reine et un mâle appelé roi. Les ouvriers ont pour mission de nettoyer et de nourrir la colonie et les soldats de la défendre.

Fourmi-bonbonne ou fourmi miel

Ces fourmis vivent dans le désert. Certaines ouvrières accumulent dans leur abdomen le nectar reçu d'autres fourmis. Si la nourriture manque, elles régurgitent leur nectar pour alimenter la colonie. Les ouvrières nourrices sont trop gonflées pour se déplacer et restent suspendues au plafond du nid.

Reine

Chez certaines espèces, la reine grossit pour devenir une énorme machine à pondre des œufs, jusqu'à 30 000 par jour !

Soldats

Ces soldats ont des mandibules puissantes pour défendre la reine et la termitière.

La termitière

Certains termites vivent dans une énorme construction qu'ils fabriquent avec de la terre, de la salive et des excréments. Certaines termitières peuvent atteindre 7 m de hauteur.

À l'intérieur

La termitière est composée d'un réseau de chambres et de galeries. Au centre se trouve la cellule royale où vivent la reine et les larves.

Les murs de la termitière sont si durs qu'il te faudrait une pioche pour pénétrer à l'intérieur !

Quelle espèce de fourmi forme des colonies pouvant comprendre jusqu'à 300 000 individus ?

L'assistance mutuelle
Certaines fourmis collaborent avec les pucerons et profitent mutuellement de cette entraide. Les pucerons libèrent un liquide sucré que les fourmis adorent, alors en retour elles les défendent et surveillent leurs œufs.

Les pucerons se nourrissent de la sève des arbres, c'est pourquoi fourmis et pucerons vivent souvent ensemble sur les arbres.

Deviens incollable…
Sur les pucerons et d'autres hémiptères, pages **256-257**

La fourmi rousse.

Les mouches

Les mouches sont présentes dans tous les milieux, sans exception. La plupart des gens les détestent parce que certaines espèces transmettent des maladies. Mais les mouches ont leur utilité.

De dangereuses messagères
Les mouches aiment les déchets alimentaires et comme elles possèdent des pattes adhésives, elles peuvent transporter des bactéries porteuses de maladies d'un aliment à l'autre.

Mouche domestique

La mouche se sert de sa trompe suceuse pour se nourrir.

La mouche régurgite sa nourriture pour la transformer en liquide qu'elle aspire avec sa trompe.

Asticots

Les asticots
Les mouches pondent souvent leurs œufs dans le fumier ou les ordures. Contrairement aux adultes, les larves, appelées asticots, sont dépourvues d'ailes et broient leur nourriture au lieu de l'aspirer. Elles se métamorphosent en nymphes, puis en mouches.

La rapidité du vol
Les mouches volent et s'envolent très vite, c'est pourquoi elles sont si difficiles à capturer. Ce syrphe peut battre des ailes 1 000 fois par seconde ! Il change parfois si brusquement de direction qu'il semble disparaître.

Deviens incollable...

Sur des insectes indésirables, pages **250-253**
Sur la métamorphose des insectes, pages **242-243**

Mouche domestique

Des pattes adhésives

La mouche domestique possède des pattes adhésives qui lui permettent de marcher sur les murs et les plafonds. Elle frotte ses pattes l'une contre l'autre pour les nettoyer et les garder en bon état.

Toutes sortes de mouches

Il existe de nombreuses espèces de mouches, de toutes formes et de toutes couleurs.

Tachinaire : elle est petite, velue et souvent de couleur vive.

Tipule : grande et maigre, elle est équipée de longues pattes grêles.

Asilide : ses pattes postérieures ressemblent à des plumes.

Bombyle : cette petite mouche ressemble à une abeille car son corps est massif et très velu.

Utiles, les mouches ?

Si les mouches n'existaient pas, la planète serait jonchée de déchets alimentaires et d'animaux morts. Elles sont donc les éboueurs de la nature.

Les mouches pondent leurs œufs sur les déchets alimentaires. Quand les larves éclosent, elles ont une nourriture toute trouvée.

Avec leurs gros yeux, les mouches voient très bien mais différemment de nous car ils sont composés de milliers de petits éléments : ils ressemblent à une mosaïque.

Mouche à viande

Les mouches ont des poils fins sur les pattes qui leur servent de récepteurs tactiles.

Dans les eaux dormantes, d'où leur prédilection pour les étangs.

Une tueuse rapide
La mante religieuse chasse à la dérobée. Elle demeure immobile, puis bondit sur sa victime.

La victime, une mouche, n'a pas eu le temps de réagir.

Les insectes de la jungle

Les forêts tropicales abritent un très grand nombre d'invertébrés, en majorité des insectes, tous plus étranges les uns que les autres.

Les fourmis coupeuses de feuilles transportent

La fourmi coupeuse de feuilles
Pour se nourrir, ces fourmis cultivent des champignons sur des couches de feuilles préalablement mastiquées.

La chenille
Puisque les papillons sont très répandus dans les forêts tropicales, les chenilles le sont aussi ! Malgré leur petite taille, elles sont voraces.

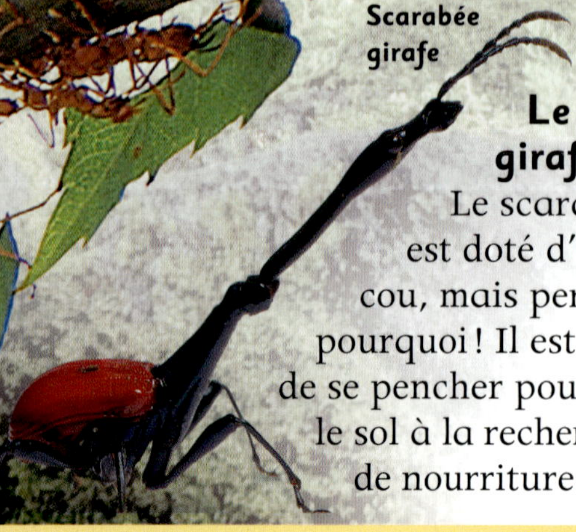

Le scarabée girafe
Le scarabée girafe est doté d'un très long cou, mais personne ne sait pourquoi ! Il est obligé de se pencher pour fouiller le sol à la recherche de nourriture.

Combien existe-t-il d'espèces d'insectes ?

Un papillon qui se remarque

C'est grâce à sa couleur que ce magnifique papillon femelle trouve un partenaire pour s'accoupler. L'éclat aveuglant de son bleu métallique peut aussi désorienter l'oiseau qui voudrait le manger.

Ce *Morpho menelaus* femelle a une envergure d'environ 10 cm.

les feuilles jusqu'à leur fourmilière.

Les papillons et la tortue

Ces papillons butinent les fleurs pour leur nectar, mais ils trouvent les substances nutritives qui leur manquent dans les yeux et les narines d'une tortue.

Les plus grands

Les invertébrés qui peuplent les forêts tropicales accumulent les records.

Scarabée goliath d'Afrique : c'est l'insecte le plus lourd : il peut peser 100 g.

Mygale (*Theraphosa leblondi*) d'Amérique du Sud : c'est la plus grosse araignée du monde.

Phasme géant de Malaisie : il peut mesurer 55 cm.

Pyrophore : c'est l'insecte le plus lumineux : il pourrait te servir de lanterne pour te diriger dans l'obscurité.

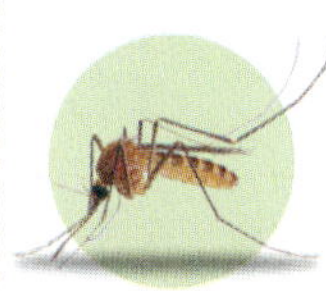

Moustique : c'est l'insecte le plus mortel : il propage une maladie appelée paludisme.

Ornithoptère de la Reine Alexandra : c'est l'un des plus grands papillons, avec une envergure de 28 cm.

Un camouflage efficace

Certains insectes passent inaperçus en ressemblant à des feuilles ou à des brindilles.

Les épines que porte cette nymphe lui permettent de ressembler à une plante épineuse.

Nymphe de phasme

Plus d'un million d'espèces ont été identifiées.

D'autres invertébrés

Tous les invertébrés ne sont pas des insectes. Parmi ces autres invertébrés, certains vivent en milieu terrestre, d'autres en eau douce ou dans la mer. Ils présentent des formes très variées qui vont t'étonner !

Les vers
Les vers tels les lombrics possèdent une tête à une extrémité, une queue à l'autre et de nombreux anneaux entre les deux, mais aucune patte. Ils vivent sur terre ou dans l'eau.

Les arachnides
Les araignées, les scorpions, les tiques et les mites appartiennent à la classe des arachnides, des animaux terrestres. Ils sont pourvus de huit pattes et d'un corps divisé en deux parties.

Tarentule

Malgré leur mauvaise réputation, la plupart des araignées sont inoffensives pour l'homme.

La tarentule a des pattes poilues qui peuvent être irritantes. Si elle se sent menacée, elle les projette face à l'ennemi.

Deviens incollable...
Sur les araignées et les scorpions, pages **268-269**

Quelle taille les araignées peuvent-elles atteindre ?

Créatures marines

L'océan est rempli de très étranges créatures. En voici quelques-unes.

Éponge : on pensait autrefois que ces animaux étaient des végétaux.

Étoile de mer : la plupart des étoiles de mer ont cinq bras. Elles rampent sur les fonds marins.

Anémone de mer : semblable à une fleur, elle n'a pas de cerveau.

Escargot

Les escargots se rencontrent sur terre et dans les océans.

Les mollusques

Les limaces, les escargots, les calmars et les huîtres sont des mollusques. Certains vivent sur terre, d'autres dans la mer.

La pieuvre, qui est aussi un mollusque, est une créature très intelligente.

Chilopode

Chilopode

Diplopode

Les chilopodes ont une paire de pattes sur chaque anneau, les diplopodes deux paires.

Les mille-pattes

Si tu essaies de compter le nombre de pattes d'un insecte et si tu n'y arrives pas parce qu'elles sont trop nombreuses, c'est que tu es tombé sur un mille-pattes ! Ces animaux ont en fait entre 10 et 175 paires de pattes.

Les crustacés

La plupart des crustacés tels que les homards, les crabes et les crevettes vivent dans l'eau. Seul le cloporte vit sur terre. Les crustacés portent souvent une carapace et leurs yeux sont situés au bout de courtes antennes.

Homard

Certaines peuvent avoir la taille d'une grande assiette.

Araignées et scorpions

Les araignées et les scorpions sont les plus connus des arachnides. Ce sont des animaux redoutés, même si la plupart sont inoffensifs pour l'homme.

Les araignées
Il existe environ 40 000 espèces d'araignées dans le monde. Elles savent toutes mordre mais la majorité ne sont pas dangereuses pour l'homme.

De toutes les araignées, les araignées sauteuses ou saltiques sont celles qui ont la meilleure vue.

C'est le fil de soie que la saltique attache à un support avant de sauter.

Suspendue à un fil de soie, la saltique repère une mouche

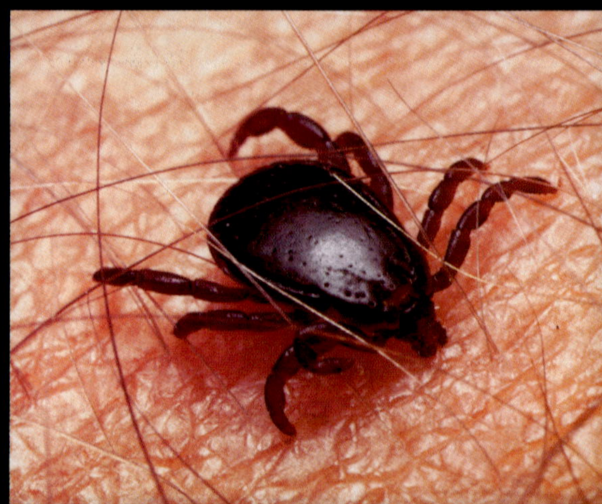

Les tiques sont si petites que tu peux à peine les voir.

Les scorpions
Les scorpions vivent dans les régions chaudes et se nourrissent d'insectes. Ils saisissent leur proie avec leurs grosses pinces et la paralysent en recourbant l'aiguillon venimeux situé au bout de leur queue.

La suceuse de sang
La tique est aussi un arachnide. Quand elle se nourrit, elle s'accroche à un animal et le mord pour sucer son sang. Une fois rassasiée, elle s'en détache.

Le scorpion d'Afrique tropicale transporte ses petits sur son dos jusqu'à ce qu'ils soient indépendants.

Certains scorpions peuvent atteindre 15 cm de long.

Combien d'yeux l'araignée possède-t-elle ?

Des toiles d'araignées
Toutes les araignées produisent de la soie grâce à des glandes situées sous leur abdomen. La plupart tissent des toiles pour vivre dedans alors que d'autres, telles les saltiques, utilisent les fils de soie comme des filins pour se déplacer d'un point à un autre.

Les araignées tissent leur toile et attendent patiemment que des insectes passent et soient piégés. Elles ligotent alors leur proie dans les fils de soie et la dévorent.

et lui saute dessus si rapidement que sa proie n'a aucune chance de s'échapper.

L'argyronète
La plupart des araignées vivent sur terre mais quelques espèces, telle l'argyronète, sont aquatiques. Cette araignée emprisonne l'air dans une « cloche à plongeur » constituée par un dôme de soie qu'elle fixe à des végétaux.

La plupart des araignées restent auprès de leurs œufs et les surveillent jusqu'à leur éclosion.

Le transport des œufs
La soie sert à construire un habitat, mais aussi à fixer les œufs sur l'araignée pour les transporter. Mais cette araignée a préféré garder ses œufs dans ses pattes-mâchoires.

Deviens incollable...
Sur les insectes piqueurs, pages **250-251**
Sur les chauves-souris vampires, pages **164-165**

Quatre paires.

Des invertébrés insolites

Il n'y a pas que les insectes qui occupent les milieux terrestres. Il existe d'autres invertébrés, grands ou petits, pourvus de centaines de pattes ou sans aucune patte.

Les escargots

L'un des animaux les plus lents à se déplacer au sol est l'escargot. S'il se sent en danger, il se contente de rentrer dans sa coquille.

La coquille de l'escargot enveloppe ses viscères.

Escargot

La coquille d'un escargot de jardin s'enroule toujours dans le sens des aiguilles d'une montre.

Scolopendre

Les chilopodes

Les chilopodes sont des mille-pattes. La scolopendre vit dans la jungle. Elle se nourrit d'araignées et d'insectes qu'elle tue d'une morsure venimeuse.

Quelle taille peut atteindre le plus gros escargot du monde ?

Si les cloportes ont peur, ils se mettent en boule.

Le cloporte

Les cloportes ressemblent à des insectes mais sont en réalité des crustacés comme les crabes et les homards. Ils vivent dans des lieux sombres et humides pour éviter de se dessécher et se nourrissent de végétaux en décomposition.

Le lombric

Les lombrics ou vers de terre ressemblent à de minuscules serpents. Ils vivent sous terre et se nourrissent de végétaux et d'animaux en décomposition.

Les limaces et les escargots ont un pied musculeux qu'ils utilisent pour se déplacer.

Limace

Certains mille-pattes se mettent en boule s'ils se sentent menacés.

La limace

Les limaces sont des escargots sans coquille. Elles se déplacent en glissant sur la bave qu'elles expulsent de leur pied et qui laisse une trace brillante.

La limace se cache le jour et se nourrit la nuit.

Le diplopodes

Les diplopodes peuvent posséder 350 pattes ! Mais ils ne se déplacent pas plus vite pour autant. Ils sont obligés d'avancer par groupes de pattes successifs pour les empêcher de se cogner.

Deviens incollable...

Sur les mollusques marins, pages **274-275**

La sangsue est un type de ver qui suce le sang.

L'escargot géant d'Afrique peut être aussi long que ton avant-bras !

Les crustacés marins

Si les crustacés portent ce nom, c'est parce qu'ils sont recouverts d'une carapace qui forme comme une « croûte » servant de squelette. La quasi-totalité des crustacés est aquatique.

Une carapace rigide
Comme d'autres crustacés, le homard possède un squelette externe très dur appelé carapace et deux yeux fixés au bout de ses antennes. Il passe son temps à marcher sur les fonds marins.

Le crabe
Les crabes sont pourvus d'une paire de grosses pinces qu'ils peuvent serrer très fort en cas de danger. Ils vivent sur le rivage et dans les fonds marins.

Certains crabes sont aussi gros que des pneus de voiture !

Quel crustacé vit sur terre en permanence ?

Un nettoyage gratuit

Certaines crevettes obtiennent leur nourriture d'une façon très inhabituelle : elles nettoient la bouche et les écailles des poissons qui le veulent bien ! Elles utilisent leurs pinces délicates pour retirer des peaux mortes et des créatures microscopiques.

Des pouces-pieds

Des millions de pouces-pieds vivent fixés sur les rochers du littoral. Au début de sa vie, le pouce-pied est une larve microscopique. Après s'être fixé aux rochers, il s'entoure de plaques calcaires et reste immobile toute sa vie.

Les tourteaux se mettent en route au début de la saison des pluies.

Les tourteaux rouges du Pacifique

L'île de Pâques, dans l'océan Pacifique, abrite une colonie d'environ 100 millions de tourteaux rouges. Chaque année à la même époque, ils traversent l'île pour pondre sur la plage. Quel embouteillage !

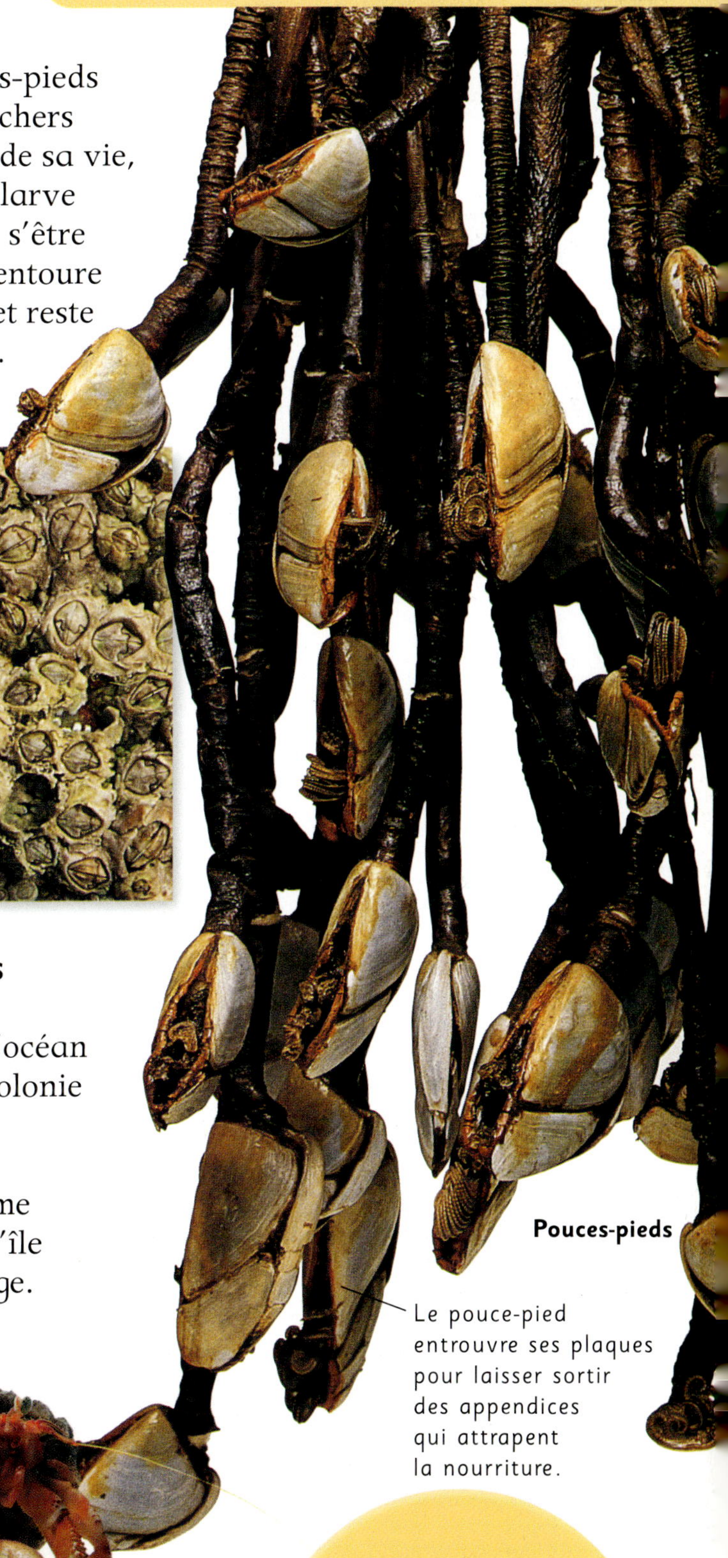

Pouces-pieds

Le pouce-pied entrouvre ses plaques pour laisser sortir des appendices qui attrapent la nourriture.

Le bernard-l'ermite

Comme il n'a pas de coquille, il s'installe dans celle, vide, d'un gastéropode. Le bernard-l'ermite est aussi appelé pagure.

Bernard-l'ermite

Deviens incollable...

Sur le seul crustacé terrestre, le cloporte, page **271**

Le cloporte.

Les mollusques marins

Ces animaux au corps mou appelés mollusques se présentent sous les formes les plus étranges et les plus extraordinaires. Qui aurait pensé que les pieuvres et les coquilles Saint-Jacques étaient apparentées ? Certains vivent sur terre, d'autres dans l'eau.

Pieuvre et calmar
Leurs pattes (des tentacules) sont attachées directement à la tête, d'où leur nom : céphalopodes (en grec, *cephalos* signifie tête et *podos*, pied).

Les céphalopodes
Ces trois céphalopodes sont caractérisés par leurs nombreux bras.

Pieuvre aux anneaux bleus : elle peut changer de couleur et sa morsure est douloureuse.

Seiche : ce mollusque possède deux tentacules longs et huit tentacules courts.

Calmar : le calmar a la forme d'une torpille, ce qui lui permet de nager très vite.

Cracher de l'encre
Lorsqu'ils sont en danger, les pieuvres et les calmars projettent de l'encre qui crée un écran opaque derrière lequel ils se cachent.

Deviens incollable...
Sur les tortues, pages **218-219**
Sur les invertébrés terrestres, pages **270-271**

Les pieuvres ont-elles des dents ?

Les coquillages

Les conques, les buccins et les bigorneaux sont des coquillages. Ils possèdent une coquille et restent accrochés aux rochers. La plupart se nourrissent de végétaux, mais certains mangent d'autres petites créatures marines.

Les limaces de mer

Contrairement aux limaces terrestres, les limaces de mer arborent souvent de très belles couleurs. Dépourvues de coquille, elles se protègent en produisant des substances toxiques et en se camouflant au milieu de la flore sous-marine.

Buccin

Les tentacules sont revêtus de ventouses pour mieux s'agripper aux rochers et saisir ses proies.

Des patelles ont colonisé ces rochers. Tu peux voir ici les traces qu'elles ont laissées.

Les patelles

Les patelles ont une coquille conique. Elles s'accrochent aux rochers, se nourrissent d'algues et se déplacent à l'aide de leur pied musculeux.

Patelle

Les patelles sont très abondantes sur les rochers.

Les bivalves

Les huîtres, les moules, les coquilles Saint-Jacques et les palourdes ont une coquille en deux parties, les valves, articulées par un muscle charnière, d'où leur nom de mollusques bivalves. Elles s'ouvrent pour s'alimenter et respirer et se ferment solidement pour se protéger.

Bénitier géant

La coquille Saint-Jacques

Les coquilles Saint-Jacques peuvent se déplacer étonnamment vite. Elles ouvrent et ferment brusquement les deux valves de leur coquille, ce qui les propulse en avant.

Les points noirs autour de la coquille sont des yeux.

Coquille Saint-Jacques

Non, mais une bouche cornée.

Des créatures étranges

Certains de ces animaux vivent plantés, d'autres se laissent bercer par les flots, beaucoup évoquent plutôt des fleurs. Mais leur beauté peut cacher un perfide venin.

Les récifs coralliens
Le corail est un animal, ou plutôt un ensemble de petits animaux soudés les uns aux autres et appelés polypes. Le squelette calcaire des coraux forme avec d'autres des polypiers à l'origine de la constitution des récifs.

Éponge

Les éponges
Elles ressemblent à des plantes mais sont en réalité des animaux, même si elles demeurent fixées sur un support. Leurs belles couleurs vives transforment les fonds marins en jardins.

Certaines éponges deviennent si grosses que des plongeurs sont capables de nager à l'intérieur.

L'oursin
Ces créatures épineuses souvent inoffensives ressemblent à des petites boules recouvertes de piquants qui protègent leur corps mou.

Oursins

Les oursins ont des pieds tubulaires terminés par des ventouses pour se déplacer sur les fonds marins.

Deviens incollable...
Sur les poissons venimeux, page **287**

Quelle est la créature marine la plus venimeuse ?

Les étoiles de mer

Les parents de l'étoile de mer sont bien étranges.

Étoile de mer ou astérie : les étoiles de mer sont dotées de cinq bras.

Soleil de mer épineux : une rareté, elle est pourvue de douze bras.

Étoile de mer grise : cette astérie est hérissée de papules rouges.

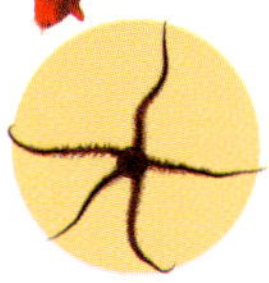

Ophiure : cette créature possède de longs bras.

Concombre de mer ou holothurie : un corps mou et cylindrique ; 8 à 30 tentacules autour de la bouche.

La méduse

Les méduses sont dépourvues de cerveau, d'os, de cœur et d'yeux ! Elles se déplacent dans l'eau en un ballet féerique de grandes ombrelles qui s'ouvrent et se ferment gracieusement.

Méduse

Les tentacules de la cuboméduse servent de lignes de pêche pour capturer les proies.

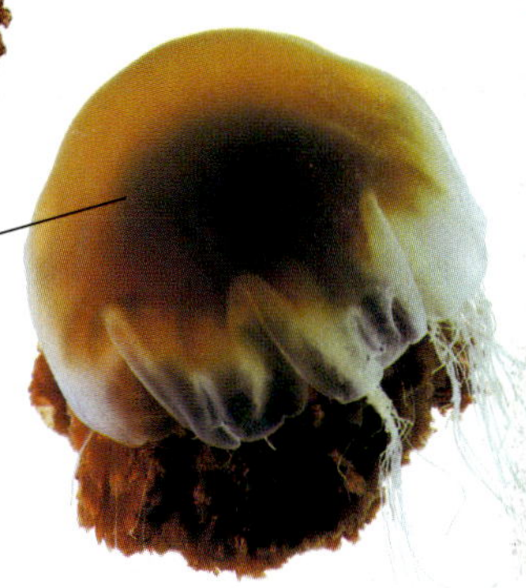

Le corps gélatineux s'appelle l'ombrelle et il recouvre l'estomac.

Étoile de mer dévorant une moule

L'anémone de mer

Aussi appelées actinies, elles ressemblent à de jolies fleurs sous-marines, mais leurs tentacules venimeux peuvent tuer de petits animaux. Elles assomment les poissons à l'aide de leurs tentacules avant de les dévorer.

Comment l'étoile de mer se nourrit-elle ?

La bouche de l'étoile de mer est située sur sa face ventrale. Elle utilise ses bras pour forcer la coquille de la moule, puis aspire le mollusque.

L'anémone de mer se déplace sur les fonds marins en envoyant des jets d'eau pour se propulser.

Dahlia de mer

La cuboméduse.

Des bêtes microscopiques

Certains invertébrés, insectes ou autres, sont si petits que tu ne peux les voir qu'au microscope. Mais ils sont partout, même dans tes cils !

Le plancton est constitué de créatures marines : certaines ont la taille de ton ongle, d'autres sont invisibles à l'œil nu.

Des hôtes indésirables

Certains animaux microscopiques se plaisent sur ton corps. Mais ils ne sont pas tous utiles. Ce pou, par exemple, est un hôte indésirable.

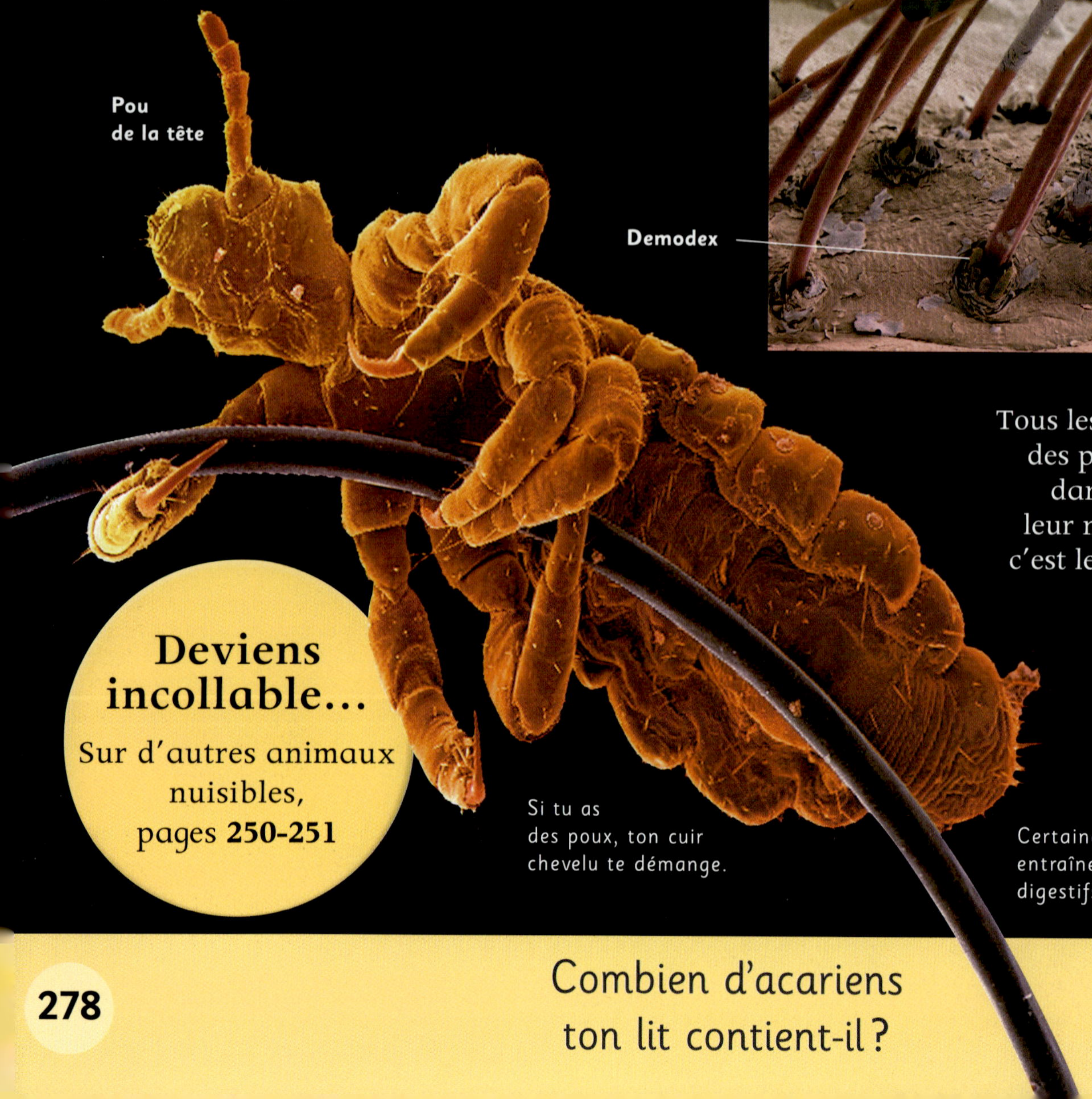

Pou de la tête

Si tu as des poux, ton cuir chevelu te démange.

Demodex

Les parasites des cils

Tous les êtres humains abritent des parasites microscopiques dans leurs cils, et ce depuis leur naissance. Les demodex, c'est leur nom, sont inoffensifs mais peuvent t'irriter un peu les yeux.

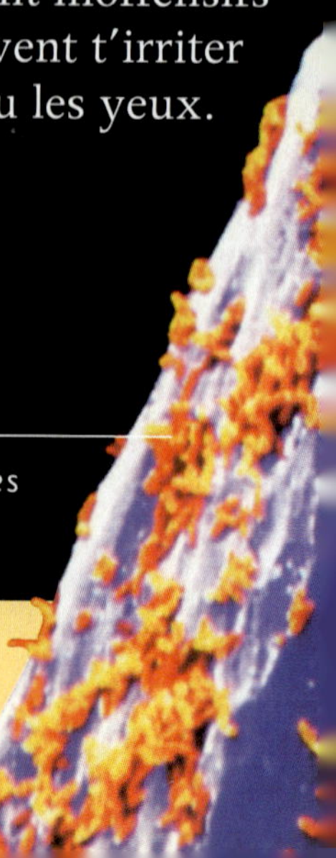

Certaines bactéries entraînent des troubles digestifs graves.

Deviens incollable...
Sur d'autres animaux nuisibles, pages **250-251**

Combien d'acariens ton lit contient-il ?

Le plancton, dont cette larve fait partie, représente généralement la progéniture de nombreux animaux marins.

Les micro-organismes marins

L'océan est rempli de créatures microscopiques qui constituent le plancton. C'est le repas préféré de nombreux poissons et de centaines de baleines.

Plancton

Certains gros cétacés ne mangent que du plancton.

Les bactéries

Environ 300 espèces de bactéries vivent sur tes dents ! Même si les bactéries ne sont pas des animaux à proprement parler, elles sont les plus petits organismes vivants. Voici la pointe d'une aiguille (grossie plusieurs fois). Les petites taches orange sont des bactéries. Certaines peuvent te rendre malade, mais la plupart sont tes amies et protègent ton corps.

Les acariens

Cette créature à l'allure féroce est un acarien. Il est en réalité si petit que tu ne peux pas le voir à l'œil nu : il est ici grossi 750 fois (sa taille réelle est d'environ 0,2 mm). Les acariens sont partout et se nourrissent de tes peaux mortes. Un gramme de poussière peut accueillir jusqu'à 1 500 acariens...

Acarien

Environ un million !

Les poissons

Les poissons sont les maîtres incontestés des eaux de notre planète. On en trouve de toutes les formes et de toutes les dimensions, de l'énorme requin-baleine à l'étrange petit hippocampe en passant par des petites espèces à peine visibles.

Combien existe-t-il d'espèces de poissons ?

Les poissons osseux

La plupart des poissons sont osseux, c'est-à-dire qu'ils possèdent un squelette interne dur. Les requins ne sont pas des poissons osseux : leur squelette est en cartilage, une matière plus souple que l'os.

Test d'observation

Regarde attentivement les pages 280 à 291 et essaie de retrouver ce que représentent ces photos.

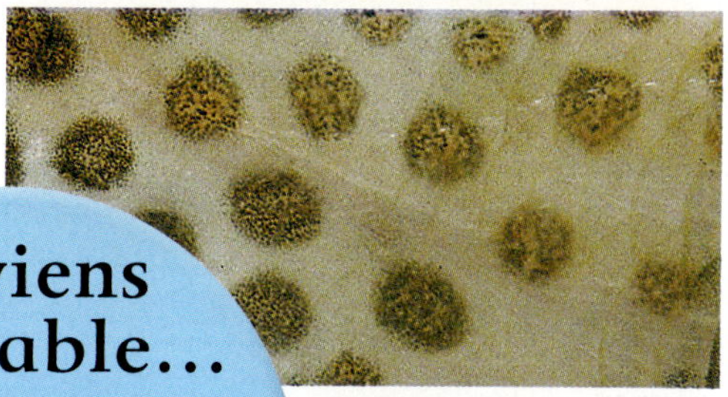

Deviens incollable...

Sur l'hippocampe, page **289**

Sur les requins, pages **290-291**

Environ 24 000, réparties entre eaux douces et océans.

Le monde des poissons

Les poissons sont apparus il y a plus de 400 millions d'années. Ils vivent dans les océans, les cours d'eau et les lacs. Là où il y a de l'eau, tu peux parier sur la présence de nombreux poissons !

Quelques groupes de poissons

Il existe plus de 24 000 espèces de poissons réparties en trois groupes.

Poissons osseux : les poissons à squelette osseux représentent 95 % des poissons du globe.

Poissons cartilagineux : les raies et les requins sont les principaux poissons de ce groupe.

Agnathes : ces poissons n'ont pas de mâchoires.

Les branchies

Les poissons ont besoin d'oxygène pour vivre. Mais, contrairement à l'homme, ils peuvent respirer sous l'eau grâce à leurs branchies. Ils avalent de l'eau et leurs branchies filtrent l'oxygène qu'elle contient.

Survivre hors de l'eau

Le périophtalme est l'un des seuls poissons à pouvoir survivre hors de l'eau. Il possède des branchies spéciales, capables d'absorber l'oxygène de l'air et de l'eau. Il sautille sur les étendues vaseuses à l'aide de ses nageoires.

Quel poisson nage le plus lentement ?

Des champions de la nage

La plupart des poissons nagent comme les serpents ondulent : ils décrivent un S en se déplaçant. Leur nageoire caudale les propulse, les autres nageoires leur permettent de se diriger.

Les couleurs vives servent au camouflage ou à la parade.

Poisson-mandarin

Carpe

Couleurs et motifs

Les espèces d'eau douce et celles qui vivent dans les eaux froides sont généralement ternes. Les poissons tropicaux, eux, offrent de magnifiques couleurs vives et des dessins variés.

Les anguilles occupent à la fois les eaux douces et les océans.

La forme

La plupart des poissons ressemblent à l'apogon-pyjama. Mais certains comme l'anguille évoquent davantage un serpent à nageoires.

Les écailles

La plupart des poissons sont recouverts de centaines d'écailles qui se chevauchent comme les tuiles d'un toit. Des animaux microscopiques peuvent se faufiler sous les écailles et les abîmer, c'est pourquoi les poissons se laissent nettoyer régulièrement par d'autres.

Certains poissons peuvent nager sur les flancs, d'autres se mettent à l'envers !

Les bancs de poissons

Les poissons se réunissent parfois en immenses communautés appelées bancs. Quand ils nagent tous ensemble, ils ressemblent à un seul gros poisson et risquent donc moins d'être attaqués par des prédateurs.

L'hippocampe.

Savoir chasser

La majorité des poissons est carnivore. Aussi, ils sont tour à tour des chasseurs et des proies. Ils doivent donc savoir à la fois attaquer et se défendre !

L'anguille électrique
Cette anguille énorme possède trois « organes électriques » dans son corps. Elle capture sa proie en produisant des décharges électriques pour l'étourdir ou l'électrocuter. Un homme qui reçoit ces décharges est bon pour l'hôpital !

La chaîne alimentaire
L'océan est une chaîne alimentaire. Le plancton est mangé par les petits poissons qui sont mangés par les gros.

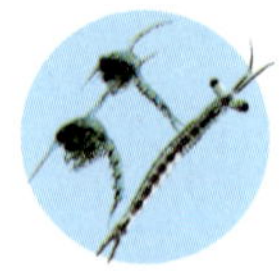

Plancton : le plancton est constitué de minuscules créatures (animaux et plantes) qui flottent près de la surface.

Hareng : les petits poissons mangent le plancton.

Saumon : les gros poissons se nourrissent des petits poissons et sont eux-mêmes dévorés par les requins !

Techniques de chasse
Certains poissons tel le brochet attendent le passage de leurs proies. D'autres pourchassent leurs victimes à grande vitesse.

Brochet

Le poisson-perroquet
Ses dents forment un « bec », comme celui du perroquet. Il s'en sert pour ronger les coraux dont il se nourrit.

Quel poisson possède des dents supplémentaires ?

La baudroie

La baudroie imite les pêcheurs. Sa tête est surmontée de filaments brillants qui servent à appâter les petits poissons. Quand une proie s'aventure trop près, elle est aussitôt avalée !

Le toxote avale les insectes après leur avoir envoyé des gouttes d'eau qui les font tomber.

Toxote ou poisson-archer

Deviens incollable...

Sur la nourriture des lézards, pages 222-223

Un poisson sauteur

La plupart des poissons se nourrissent dans l'eau, mais certains sont capables de capturer leur proie hors de l'eau. Le toxote bondit en l'air et fait tomber les insectes du rivage avant de les avaler.

Un adulte entraîné peut envoyer un jet d'eau de quatre fois sa longueur.

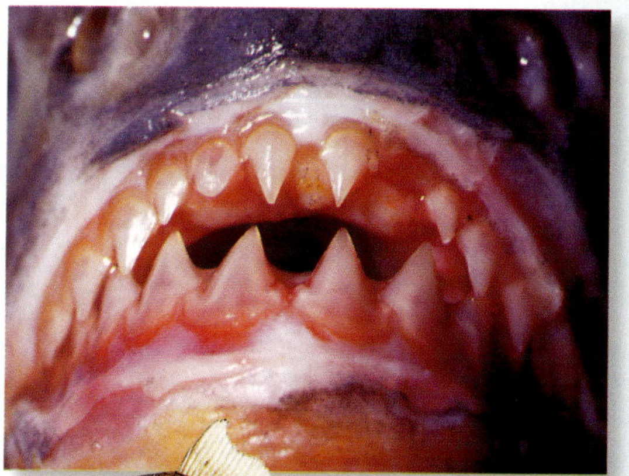

Un tueur

Avec ses dents pointues, le piranha déchire la chair de ses proies en quelques minutes. Très voraces, les piranhas sont des carnassiers qui ne refusent pas non plus les fruits et les graines.

Les piranhas se précipitent pour déchiqueter leurs proies.

Piranhas

Il est très dangereux pour des animaux, et parfois pour des hommes, de nager au milieu des piranhas.

Le grandgousier pélican : ses dents supplémentaires l'aident à faire descendre les proies avalées dans son appareil digestif.

Se défendre

Nombreux sont les animaux marins qui se nourrissent de poissons. Ces derniers doivent donc se montrer très vigilants, ou très habiles, s'ils ne veulent pas être dévorés.

Diodon ou poisson porc-épic

Un poisson gonflable
En cas de danger, le diodon, ou poisson porc-épic, se gonfle d'eau et dresse ses grosses épines pour dissuader les prédateurs.

La sécurité collective
Les poissons qui vivent en groupes, appelés bancs, sont beaucoup plus en sécurité. Ils sont nombreux à monter la garde et peuvent se séparer en deux groupes pour dérouter les prédateurs.

Le camouflage
De nombreux poissons utilisent le camouflage pour passer inaperçus. Les poissons plats comme ce carrelet se cachent dans les fonds marins, puis changent de couleur pour se fondre dans le sable et les cailloux.

Quel est le poisson le plus toxique à manger pour l'homme ?

Les bandes colorées du poisson-dragon sont un signe d'avertissement : les épines de ses nageoires renferment un poison capable de tuer un homme.

Poisson-dragon

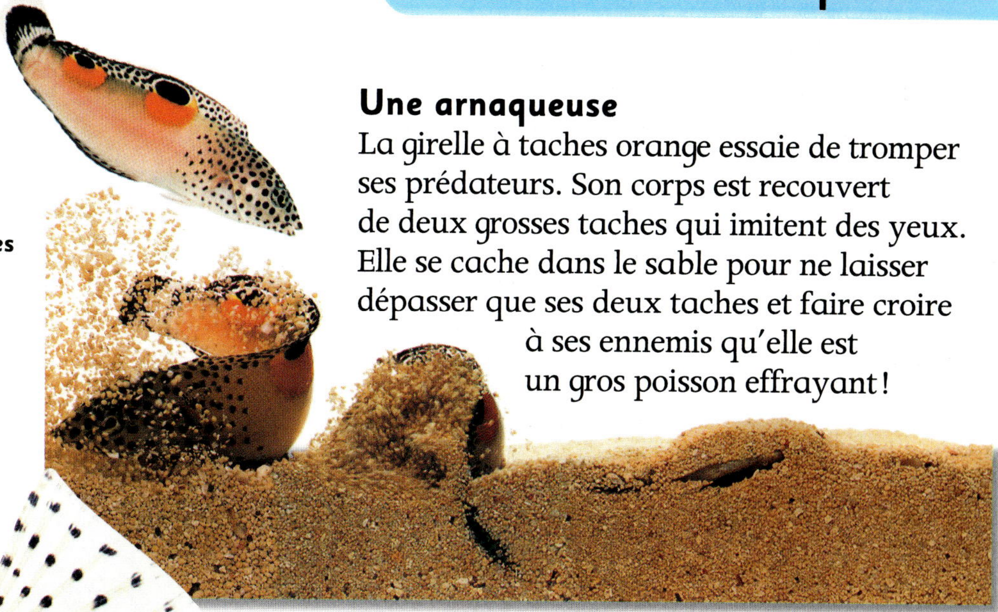

Girelle à taches orange

Une arnaqueuse

La girelle à taches orange essaie de tromper ses prédateurs. Son corps est recouvert de deux grosses taches qui imitent des yeux. Elle se cache dans le sable pour ne laisser dépasser que ses deux taches et faire croire à ses ennemis qu'elle est un gros poisson effrayant !

Ami ou ennemi ?

Dès qu'il se sent en danger, le poisson-clown se cache dans les anémones de mer toxiques pour se protéger : il est insensible au poison qu'elles renferment.

Poisson-clown

Les poissons venimeux

Les couleurs vives de certains poissons venimeux avertissent les prédateurs du mauvais goût de leur chair.

Des cachettes efficaces

Les anguilles jardinières creusent des trous dans le sable. Le jour elles se dressent, telles des petits périscopes, et attrapent les petits poissons de passage. Si elles sont menacées, elles retournent se cacher dans leurs trous.

Deviens incollable...

Sur les défenses des insectes, pages **248-249**

Le poisson-globe, ou tétrodon, dont les intestins renferment un poison mortel.

La reproduction des poissons

La plupart des poissons pondent leurs œufs dans l'eau et les abandonnent, laissant leurs petits se débrouiller seuls. Mais quelques espèces sont des parents très attentifs.

Jeunes épinoches

Des millions d'œufs !
La majorité des poissons pond des œufs. La perche, comme bien d'autres espèces, pond un très grand nombre d'œufs dans l'espoir que certains écloront. Elle sait que la plupart seront dévorés par d'autres poissons.

La parade nuptiale
Certains poissons mâles font davantage d'efforts que d'autres pour attirer la femelle. L'épinoche mâle construit un nid sur le fond et son abdomen devient rouge pour séduire sa partenaire.

L'épinoche mâle garde les œufs jusqu'à leur éclosion.

Papa poule
Le chabot mâle est un bon père. La femelle ne pond que quelques centaines d'œufs et son partenaire les surveille attentivement jusqu'à leur éclosion.

Les nouveau-nés
Les œufs éclosent pour devenir des larves minuscules. Ces larves développent progressivement un squelette, des nageoires et des organes. À ce stade, elles sont très vulnérables et risquent d'être mangées.

Quel poisson pond le plus d'œufs ?

Deviens incollable…
Sur d'autres animaux qui pondent leurs œufs dans l'eau, pages **232-233**

Quand le mâle veut se nourrir, il recrache les œufs.

Une protection idéale

La marionnette à tête d'or mâle dispose d'un moyen surprenant pour protéger ses œufs. Une fois pondus, il les garde à l'intérieur de sa bouche jusqu'à leur éclosion.

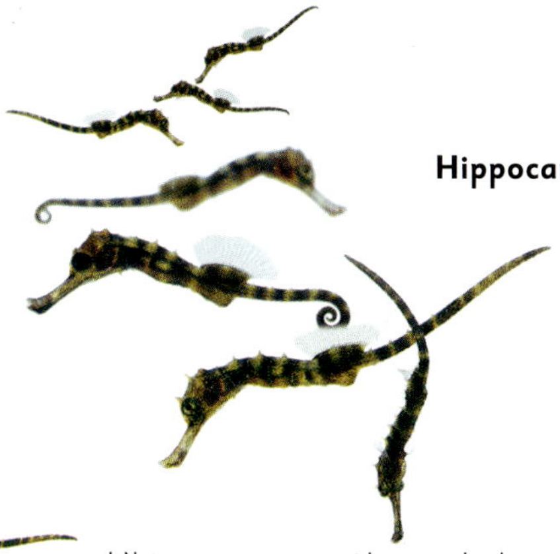

Hippocampes

L'hippocampe mâle garde les petits à l'intérieur de sa poche jusqu'à ce qu'ils soient capables de se défendre.

L'hippocampe peut rester immobile en enroulant sa queue autour d'une plante.

Père et mère

L'hippocampe est bizarre. La femelle pond ses œufs à l'intérieur d'une poche du ventre du mâle : c'est donc le père qui donne naissance aux petits hippocampes !

Un voyage extraordinaire

Le saumon adulte vit dans les océans mais il parcourt 1 500 km pour aller se reproduire dans le cours d'eau où il est né. L'anguille fait l'inverse : adulte, elle vit dans un lac et vient se reproduire dans l'océan. Il faudra trois ans à la larve pour arriver dans son lac.

Le poisson-lune, qui vit dans les océans, peut pondre 30 millions d'œufs d'un seul coup.

Que de requins !
Il existe de nombreuses espèces de requins. Certaines n'ont pas le corps fuselé typique du requin.

Requin-léopard : sa peau dorée à taches noires le camoufle efficacement.

Poisson-scie : son long nez bordé de dents est une arme redoutable.

Requin-marteau : ses yeux sont placés sur le « marteau ».

Requin-tapis : ce requin possède des « tapis » recouverts de végétation autour de son nez pour se camoufler.

Requins et raies

Il te suffirait d'apercevoir l'aileron d'un requin émerger de l'eau pour te donner la chair de poule ! Mais rassure-toi : les requins font tout aussi peur à la plupart des poissons car ce sont les prédateurs des mers les plus redoutables.

Des poissons cartilagineux

Les requins et les raies ne sont pas des poissons osseux, mais cartilagineux. Le cartilage est une matière plus souple que l'os. Ton nez et tes oreilles sont constitués de cartilages.

Le grand requin blanc est effrayant, mais il attaque rarement l'homme.

Grand requin blanc

Requin bordé d'Australie

Nés dans une coque

Certains requins ressemblent au départ à des modèles réduits d'adultes enfermés dans une coque en forme de bourse. Cette coque est attachée à des algues et le petit requin s'y développe pendant six à neuf mois.

Coque pleine

Les coques vides ressemblent à des bourses.

Un sourire mortel

Les énormes mâchoires du grand requin blanc renferment des rangées de dents effrayantes qui tombent souvent quand l'animal déchiquette ses proies. Un requin peut perdre 30 000 dents au cours de sa vie. Mais elles sont toujours remplacées par de nouvelles, tout aussi redoutables.

Quel est le plus grand poisson ?

Un gentil monstre

Malgré sa bouche impressionnante, le requin grande-gueule est un inoffensif mangeur de plancton. Il avale d'énormes quantités d'eau et la filtre pour ne retenir que ce qui le nourrit.

La bouche de la raie est placée sous son ventre. Ses dents en pavés, très solides, lui permettent de broyer mollusques et crustacés.

La raie

Les raies sont des poissons cartilagineux, comme les requins, mais leur corps est aplati. Elles vivent principalement au fond des mers chaudes et peu profondes. Certaines portent un aiguillon venimeux au bout de la queue.

La raie nage en faisant onduler ses nageoires pectorales. On dirait qu'elle bat des ailes.

Raie-léopard

Deviens incollable...

Sur d'autres grands animaux marins qui se nourrissent de plancton, pages **180-181**

Où sont les yeux?

La plupart des raies se camouflent en prenant la couleur des fonds marins ou, comme la raie pastenague tachetée, en s'enfouissant dans le sable, ne laissant dépasser que les yeux.

La raie manta

La raie manta est la raie la plus grande : elle peut atteindre 6 m d'envergure. Mais elle est inoffensive car elle filtre le plancton. Certaines raies mantas nagent en petits groupes, mais la plupart mènent une vie solitaire.

Dans les profondeurs

Bien en dessous des eaux de surface, existe un univers étrange où la lumière pénètre de moins en moins et laisse la place à une obscurité totale. Il se situe entre 200 et 1 000 m de profondeur, c'est la zone mésopélagique.

La baudroie femelle mesure 15 cm

Le cachalot
Dans les profondeurs marines l'eau est plus froide que près de la surface, mais certaines créatures se sont très bien adaptées à cet univers inhospitalier. Le cachalot, par exemple, plonge jusqu'à 1 000 m pour chasser les calmars.

Après avoir respiré à la surface, le cachalot peut plonger jusqu'à 1 000 m de profondeur.

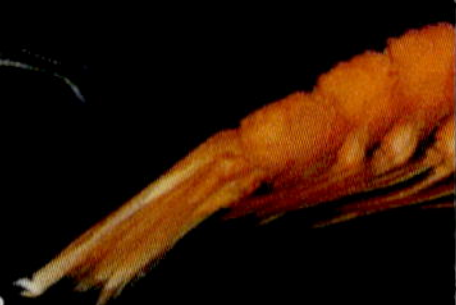

Les calmars des profondeurs émettent de la lumière.

Le calmar
Les calmars des profondeurs fournissent de la nourriture à bien des poissons, mais ce sont aussi des chasseurs qui saisissent leurs proies avec les tentacules.

Ce poisson-vipère à l'air terrifiant chasse une mysis.

Quelle est la limite de la zone mésopélagique ?

La baudroie abyssale
Pour chasser, elle n'a même pas besoin de bouger : attirée par son antenne-appât, la victime est happée d'un coup sec.

Le poisson-lanterne
Le poisson-lanterne s'est adapté à l'obscurité en produisant sa propre lumière. Selon l'espèce, la lumière est différente : ainsi les poissons se reconnaissent.

Jeune baudroie

La baudroie se sert de son antenne comme d'une canne à pêche.

Les poissons-lanternes sont les poissons les plus répandus dans la zone mésopélagique.

de long, le mâle seulement 5 cm.

La mysis crache un liquide à la face d'un prédateur.

***Gnathophausia ingens* (le plus grand mysidacé)**

Des crevettes rouges ?
De nombreuses créatures sont rouges. Dans l'obscurité, le rouge apparaît noir, ce qui évite aux animaux d'être repérés par leurs proies ou leurs prédateurs.

Le poisson-hachette
Les poissons des profondeurs voient mieux grâce à leurs yeux énormes. Le poisson-hachette n'utilise ses yeux que pour repérer sa proie. Ses plaques argentées et ses photophores attirent la victime qui passe alors trop près et se fait dévorer.

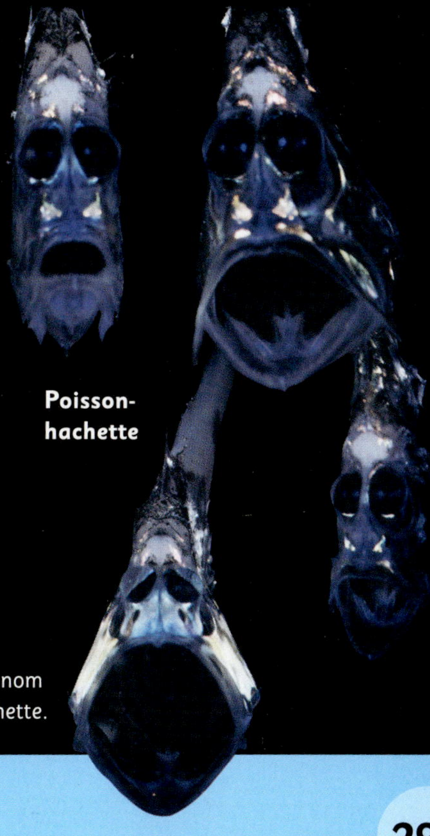

Poisson-hachette

Le poisson-hachette doit son nom à son corps en forme de hachette.

1 000 m de profondeur.

La faune des abysses

La faune des grandes profondeurs doit résister à l'obscurité, au froid et à la pression extrêmement élevée qui règnent ici. Comme la nourriture y est peu abondante, les animaux dépendent pour leur alimentation des couches supérieures de l'océan.

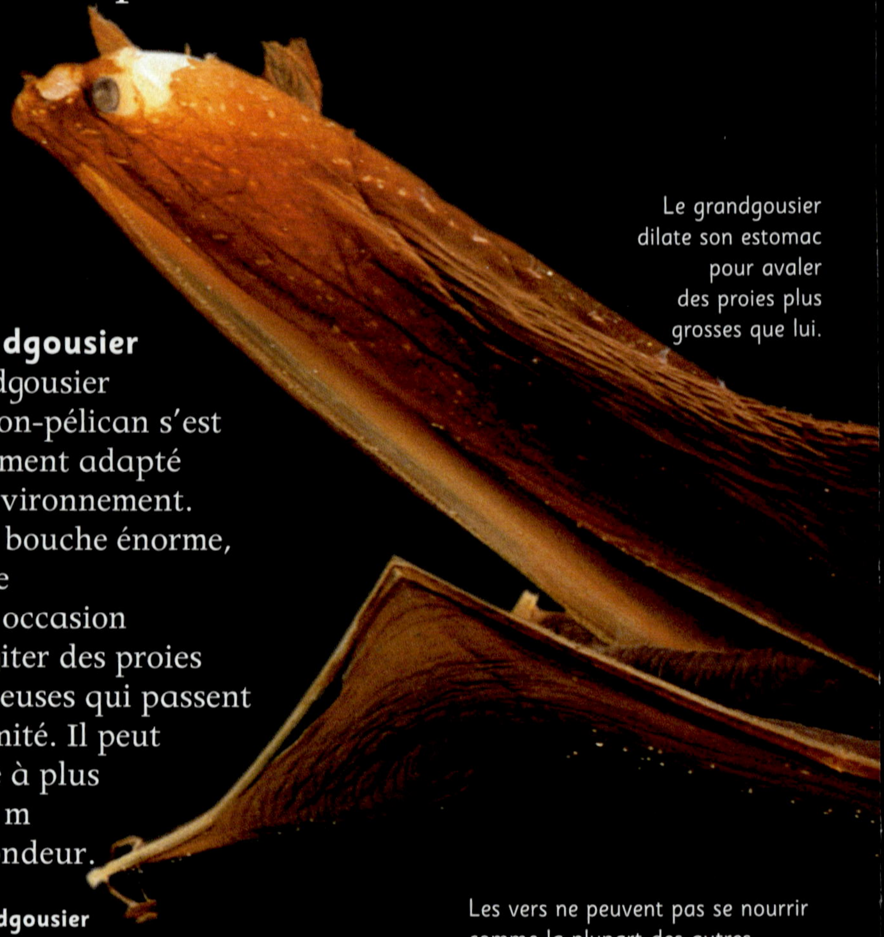

Le grandgousier dilate son estomac pour avaler des proies plus grosses que lui.

Grandgousier

Le grandgousier
Le grandgousier ou poisson-pélican s'est parfaitement adapté à son environnement. Avec sa bouche énorme, il ne rate pas une occasion d'ingurgiter des proies volumineuses qui passent à proximité. Il peut survivre à plus de 3000 m de profondeur.

Le sais-tu ?
La myxine est également appelée anguille gluante en raison du mucus gluant sécrété par des glandes de sa peau et libéré par de nombreux pores.

Un peu de chaleur
Dans les grands fonds, il y a des sources chaudes riches en souffre. Autour, se développe une faune très variée. Des bactéries tirent leur énergie de ces sources et constituent la principale nourriture d'immenses vers.

Les vers ne peuvent pas se nourrir comme la plupart des autres animaux puisqu'ils n'ont ni bouche ni intestin.

Les créatures qui vivent près des sources hydrothermales ont-elles besoin de lumière pour survivre ?

Une bouche énorme et une queue interminable.

Myxine

Le grenadier
Surnommé queue-de-rat, le grenadier se nourrit de restes d'animaux morts. C'est un poisson à croissance lente : il lui faut plusieurs années pour atteindre 60 cm de long.

La myxine
Les myxines n'ont pas de véritables yeux et sont dépourvues de mâchoires. Pour se nourrir, elles pénètrent dans leur proie morte et la dévorent de l'intérieur pour ne laisser qu'un sac de peau rempli d'os.

La queue du grandgousier peut mesurer 2 m de long.

Le grandgousier peut faire basculer ses mâchoires et les allonger pour ingurgiter un gros poisson.

Les vestimentifères
Des vers qui peuvent atteindre 1 m de long vivent près des sources chaudes. Dépourvus de bouche, ils extraient les substances minérales dissoutes dans l'eau à l'aide de cellules spécialisées.

Ces créatures étranges, des galathées pélagiques, sont les plus petits homards du monde.

Non.

Les eaux douces

Les eaux douces constituent des habitats aux formes les plus diverses : il peut s'agir de lacs, de rivières, d'étangs, de marécages ou encore de torrents… Près de 40 % des espèces de poissons y vivent.

Les cours d'eau
Des torrents rapides et agités formant de l'écume blanche, aux eaux qui coulent lentement, les cours d'eau représentent l'habitat idéal d'une faune et d'une flore très riches.

L'épinoche
Ce poisson doit son nom aux trois rayons épineux qui ornent son dos et qui dissuadent les gros poissons prédateurs de la manger.

L'épinoche mâle arbore des couleurs vives en période de reproduction. Il construit un nid au fond de l'eau et le surveille de près.

Les barbillons du poisson-chat l'aident à détecter ses proies. S'ils sont très longs, il s'en sert comme d'un filet de pêche.

Certaines espèces de poissons-chats mesurent plus de 3 m.

Le poisson-chat
Le poisson-chat doit son nom à ses longs barbillons qui évoquent des moustaches. Ils lui permettent de se diriger dans les eaux troubles.

L'eau présente sur Terre est-elle principalement de l'eau douce ?

Le saumon royal
Les cours d'eau à fort débit captent l'oxygène et permettent aux poissons de mieux respirer. Le saumon royal femelle nage à contre-courant pour aller rejoindre sa frayère, là où elle dépose ses œufs. Son voyage est semé d'embûches.

Cet ours brun attrape un saumon dans un torrent.

La chasse aux poissons
De nombreux oiseaux font des cours d'eau à faible débit leur terrain de chasse favori, y capturant des petits poissons.

Le martin-pêcheur plonge à 25 cm sous l'eau pour capturer un poisson. Avec son bec en forme de poignard, il tient fermement son poisson.

Les plantes flottantes, comme la laitue d'eau, donnent de l'ombre à la faune du lac.

Les lacs : naturels ou artificiels
Un lac est une grande étendue d'eau douce à l'intérieur des terres. Les lacs ne se sont pas tous formés naturellement dans une dépression du sol. L'homme a créé des lacs artificiels, comme les lacs de retenue des barrages.

Le brochet
Le brochet a l'habitude de se tenir en embuscade pour chasser. Il attend le passage de ses proies, grenouilles, poissons et insectes, et les attrape alors par surprise.

Brochet

Non. Seulement 3 % des eaux du globe sont douces. Les autres sont salées.

Les océans

Les océans recouvrent 71 % de la surface du globe et sont peuplés d'une multitude de poissons mais les créatures vivantes les plus nombreuses sont celles qui constituent le plancton.

Où trouve-t-on des océans ?
Notre planète compte cinq grands océans dont certaines parties, inexplorées, sont sûrement l'habitat d'espèces de poissons encore inconnues.

L'**océan Pacifique**, entre l'Amérique et l'Asie, est le plus vaste.

L'**océan Atlantique** sépare l'Europe et l'Afrique de l'Amérique.

L'**océan Arctique**, recouvert de glace la majeure partie de l'année, est le plus petit.

L'**océan Antarctique** n'a été reconnu comme un océan qu'en l'an 2000.

L'**océan Indien**, situé entre l'Asie, l'Afrique et l'Australie, recouvre 15 % de la surface du globe.

Le plancton
Le plancton est l'ensemble des végétaux et des animaux qui flottent près de la surface. Ils sont de très petite taille et constituent la principale nourriture de nombreux poissons.

Comment s'appellent les deux principales sortes de plancton ?

Certaines îles sont des volcans.

Les îles

Les îles jouent un rôle important au milieu des océans, car elles attirent de nombreux poissons car l'eau qui les entoure est plus chaude.

À chacun son étage

Les océans comprennent plusieurs zones habitées par différentes espèces animales en fonction de leur profondeur. Certains animaux restent confinés dans une seule zone, alors que d'autres vont et viennent entre plusieurs étages.

La zone épipélagique
C'est la partie la plus proche de la surface et des côtes. Elle reçoit la lumière du soleil.

La pleine mer
Au large des côtes, certaines zones abritent très peu de créatures vivantes.

La zone mésopélagique
Au-delà de cette profondeur, la lumière ne pénètre plus.

La zone abyssale
Elle s'enfonce jusqu'à 6 000 m de profondeur. Il n'y a ni chaleur ni lumière, mais il y a de la vie.

La zone hadale
C'est le domaine des plus grandes profondeurs (supérieures à 6 000 m), qui reste encore très mystérieux pour l'homme.

Test d'observation

Regarde attentivement les pages 292 à 301 et essaie de retrouver ce que représentent ces photos.

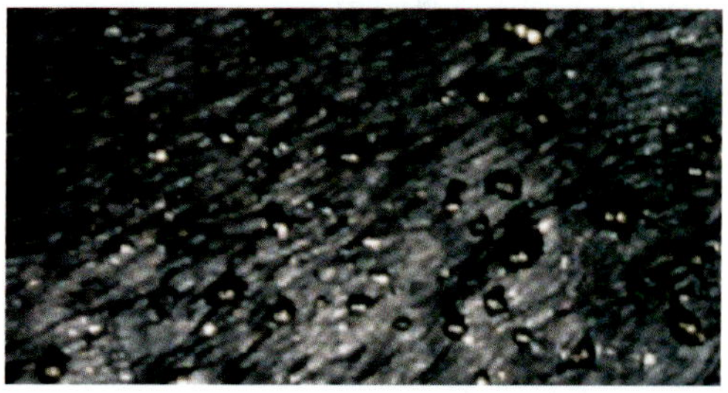

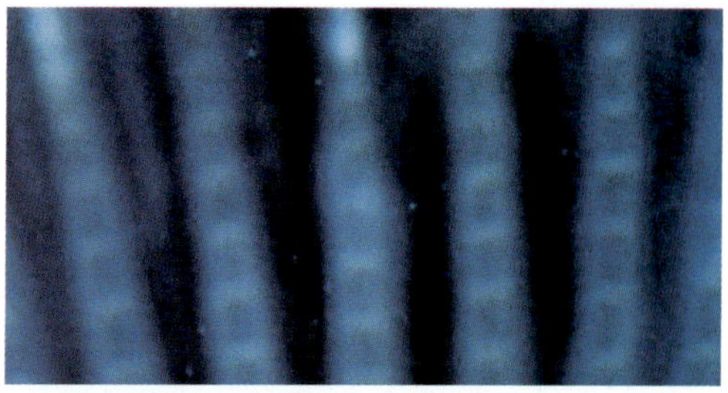

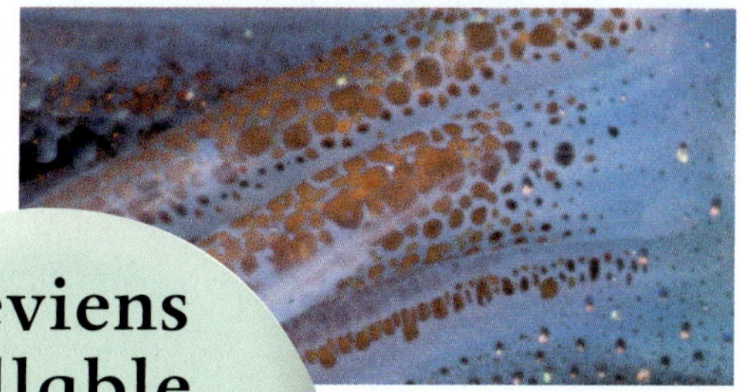

Deviens incollable...
Sur la faune de la zone mésopélagique, pages **292-293**

Le phytoplancton, ou plancton végétal, et le zooplancton, ou plancton animal.

L'océan : un milieu menaçant et menacé

Si les océans sont parfois hostiles aux hommes, l'inverse n'en est pas moins vrai.

Attention danger !

Certaines créatures marines peuvent tuer ou blesser gravement des plongeurs, des pêcheurs ou des nageurs. En voici quelques-unes à éviter.

Le venin des **serpents marins** est beaucoup plus puissant que celui des serpents terrestres.

Les **cônes** sont pourvus d'un organe venimeux dont le poison est mortel pour l'homme. Il ne faut jamais les ramasser.

La **pieuvre aux anneaux bleus** n'est pas très grande mais son venin peut tuer rapidement un homme.

La piqûre de la **cuboméduse** est douloureuse et, si elle n'est pas soignée à temps, mortelle.

La cuboméduse peut être dotée de 15 tentacules à chaque angle.

L'étoile de mer épineuse

Surnommée « coussin de belle-mère », elle se nourrit de coraux. Elle en fait une si grande consommation qu'elle menace la survie des récifs coralliens.

Une réputation de tueurs

Certains poissons peuvent être dangereux pour l'homme, soit à cause de leurs dents acérées, comme celles du requin blanc ou du piranha, soit à cause de leur venin, par exemple celu du poisson-pierre entraîne la mort. Toutefois, les cas d'attaque ou de piqûres mortelles restent extrêmemen rares.

Le grand requin blanc possède des rangées de dents tranchantes comme un rasoir. S'il en perd une, elle est aussitôt remplacée.

Le requin cuivre

Travaillant en équipe, les requins cuivre encerclent un banc de poissons pour obliger les individus à former une masse compacte plus facile à avaler.

Requin cuivre

Quel est le plus grand requin (et donc le plus grand poisson) du monde ?

De nombreux oiseaux marins descendent en piqué et plongent dans l'eau pour saisir un poisson ou un crabe.

La marée noire

La marée noire provient d'un déversement accidentel de pétrole dans la mer (à cause d'un pétrolier qui a coulé, par exemple). Elle est une véritable catastrophe pour la faune et la flore. Le pétrole flotte, puis arrive par nappes sur le rivage ; il recouvre tout sur son passage.

Le pétrole recouvre le plumage de l'oiseau, lui enlevant son imperméabilité et ses qualités isolantes.

Pingouin torda

L'homme, le plus grand prédateur

C'est l'homme, responsable de la surpêche et de la pollution, qui représente la plus grande menace pour les océans. S'il capture trop de poissons, les fonds marins s'épuisent.

Certaines espèces de poissons pêchés en trop grand nombre sont en voie de disparition.

Le raz-de-marée

C'est une énorme vague capable de tout ravager sur son passage. Il emporte et détruit en un éclair bâtiments, hommes et bateaux.

le requin-baleine.

La galerie des animaux

- Les records des animaux
- Planches pour autocollants

Les records des animaux

Le moustique est l'animal le plus dangereux pour l'homme : il transmet le paludisme, une maladie qui peut être mortelle.

Le paludisme tue jusqu'à deux millions de personnes par an.

Les mammifères

Parmi eux se trouvent les animaux les plus gros, les plus grands et les plus bruyants du monde !

Mammifère terrestre le plus gros : l'éléphant d'Afrique mâle.

Mammifère au repas le moins varié : le koala ne mange que des feuilles d'eucalyptus.

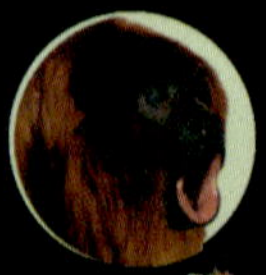

Mammifère terrestre le plus bruyant : le singe hurleur.

Mammifère le plus grand : la girafe.

Les oiseaux

Voici, parmi les oiseaux, quatre variétés des plus remarquables :

Oiseau à la plus grande envergure : l'albatros hurleur.

Oiseau le plus petit : le colibri d'Hélène.

Oiseau le plus rapide en piqué : le faucon pèlerin.

Oiseau le plus grand : l'autruche.

Reptiles et amphibiens

Parmi eux se trouvent les plus anciens animaux et certains des plus venimeux.

Reptile le plus grand : le crocodile marin peut atteindre 7 m de long.

Reptile le plus vieux : il a existé une tortue qui a vécu jusqu'à 150 ans !

Serpent le plus mortel : la vipère d'Égypte ou vipère à écailles carénées.

Crapaud le plus gros : le crapaud-buffle occuperait tout l'espace d'une grande assiette.

Amphibien le plus grand : la salamandre géante du Japon, aussi grande qu'un homme.

Quel est le grand mammifère terrestre qui est devenu le plus rare ?

Le paresseux à trois doigts d'Amérique du Sud est le mammifère le plus lent.

Au sol, le paresseux avance de 2 m en 1 minute. Mais dans les arbres, il peut doubler sa vitesse !

Les invertébrés

On compte parmi eux des animaux étonnants.

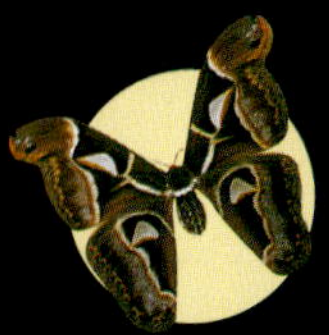

Papillon de nuit le plus grand : l'atlas, d'une envergure de 30 cm, est souvent pris pour un oiseau.

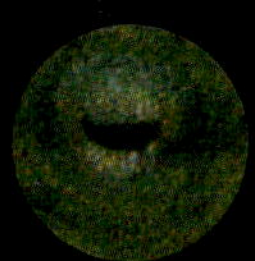

Invertébré à l'œil le plus gros : le calmar géant possède l'œil le plus gros par rapport à sa taille.

Araignée la plus grosse : une mygale de Guyane, qui peut atteindre 20 cm.

Invertébré aux pattes les plus nombreuses : le mille-pattes diplopode peut posséder jusqu'à 350 pattes !

Les poissons

Les poissons dominent le milieu aquatique, qui recouvre la majeure partie du globe.

Poisson qui pond le plus grand nombre d'œufs : le poisson-lune peut en pondre 30 millions.

Poisson marin le plus grand : le requin-baleine.

Poisson d'eau douce le plus grand : le poisson-chat.

Poisson le plus venimeux : le diodon ou poisson porc-épic est l'un des deux poissons les plus venimeux.

Poisson le plus rapide : le requin-pèlerin peut nager plus vite que le guépard court (voir ci-dessous).

Le guépard est le mammifère le plus rapide sur terre.

Le guépard est rapide comme l'éclair. S'il pourchasse sa proie en terrain plat, il peut courir à plus de 100 km/h.

Les dinosaures et les animaux de la préhistoire

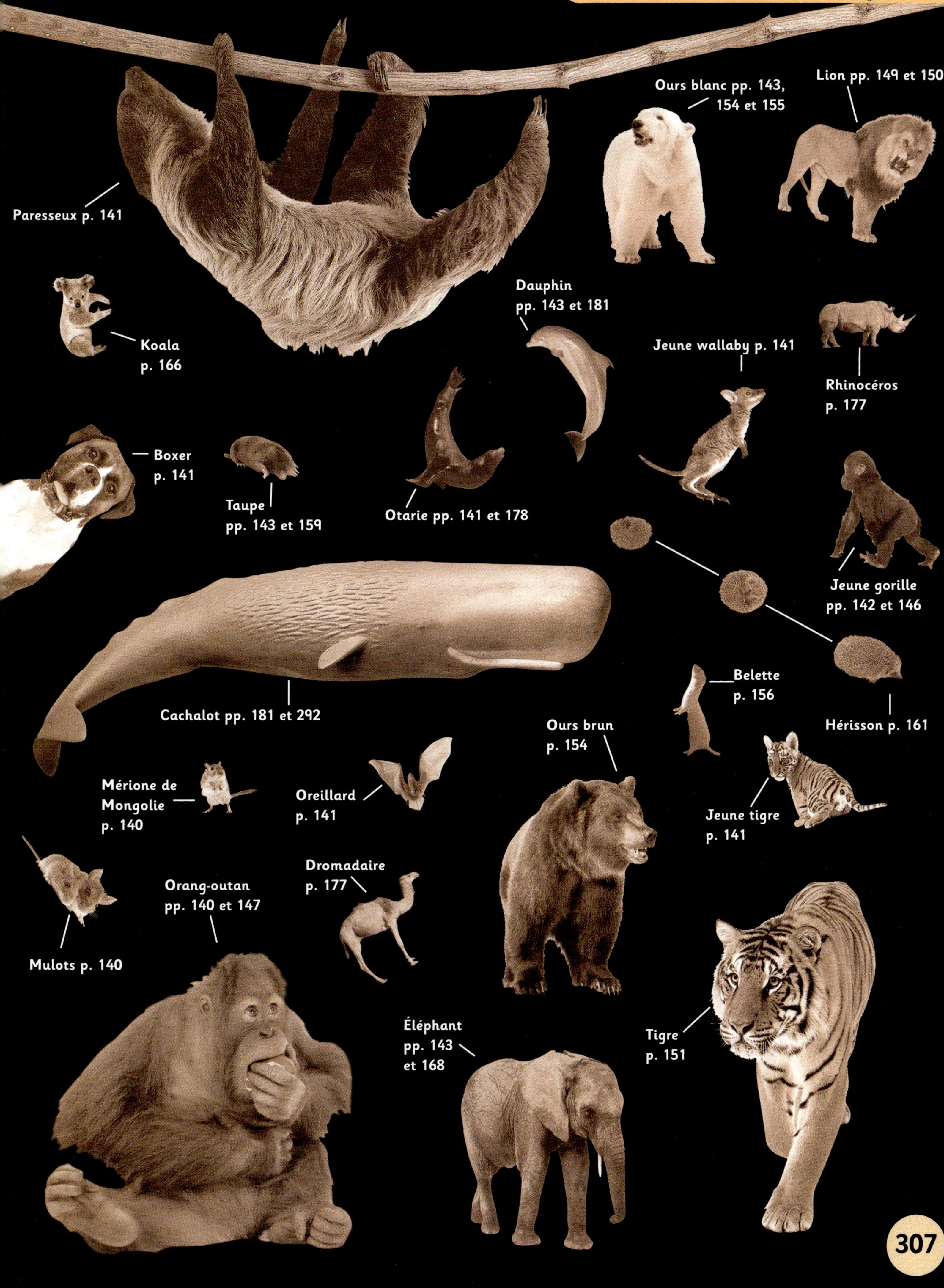
Paresseux p. 141
Ours blanc pp. 143, 154 et 155
Lion pp. 149 et 150
Koala p. 166
Dauphin pp. 143 et 181
Jeune wallaby p. 141
Rhinocéros p. 177
Boxer p. 141
Taupe pp. 143 et 159
Otarie pp. 141 et 178
Jeune gorille pp. 142 et 146
Cachalot pp. 181 et 292
Belette p. 156
Hérisson p. 161
Ours brun p. 154
Mérione de Mongolie p. 140
Oreillard p. 141
Jeune tigre p. 141
Dromadaire p. 177
Orang-outan pp. 140 et 147
Mulots p. 140
Éléphant pp. 143 et 168
Tigre p. 151

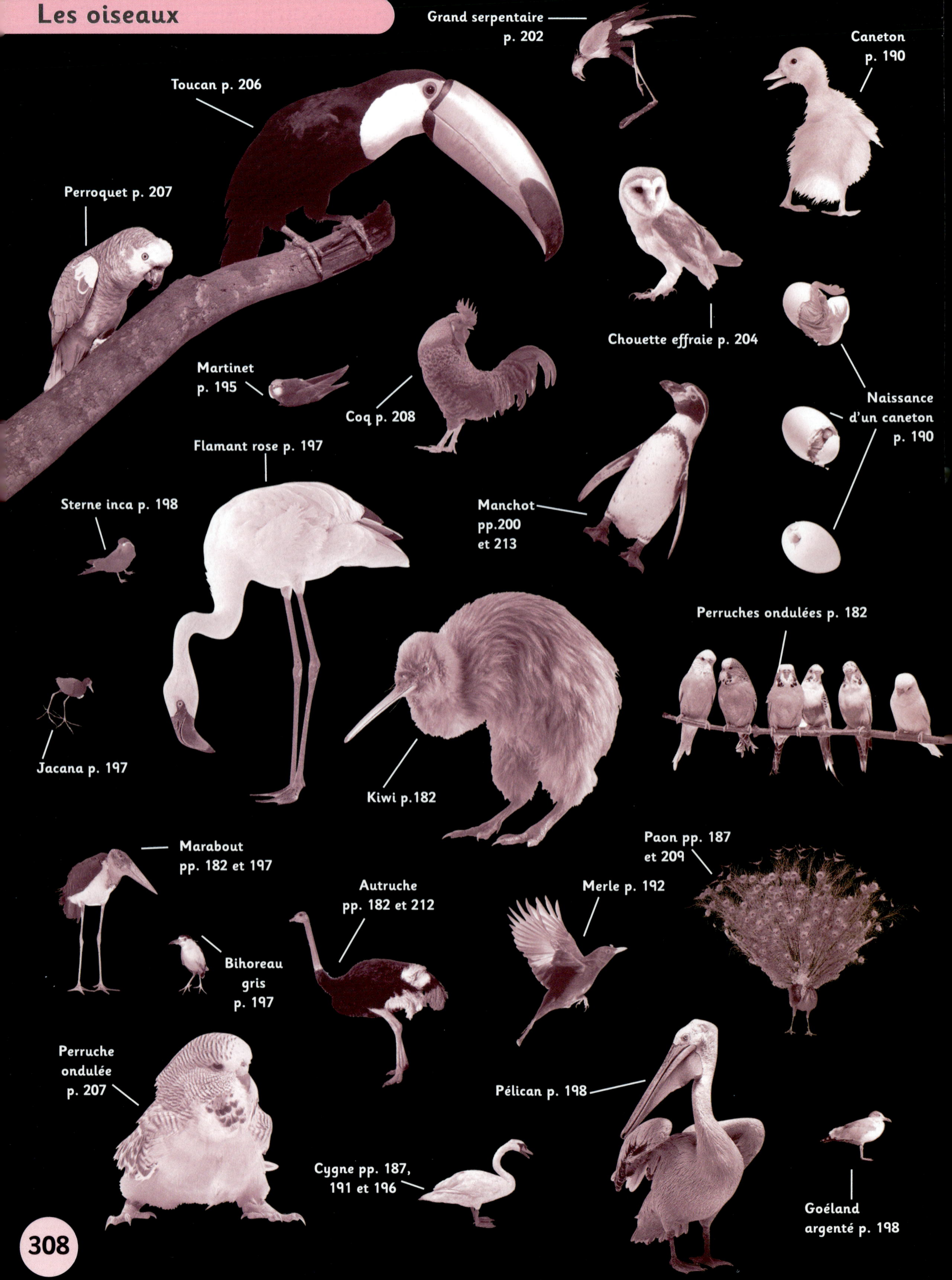
Grand serpentaire p. 202
Caneton p. 190
Toucan p. 206
Perroquet p. 207
Chouette effraie p. 204
Martinet p. 195
Coq p. 208
Naissance d'un caneton p. 190
Flamant rose p. 197
Sterne inca p. 198
Manchot pp.200 et 213
Perruches ondulées p. 182
Jacana p. 197
Kiwi p.182
Marabout pp. 182 et 197
Paon pp. 187 et 209
Autruche pp. 182 et 212
Merle p. 192
Bihoreau gris p. 197
Perruche ondulée p. 207
Pélican p. 198
Cygne pp. 187, 191 et 196
Goéland argenté p. 198

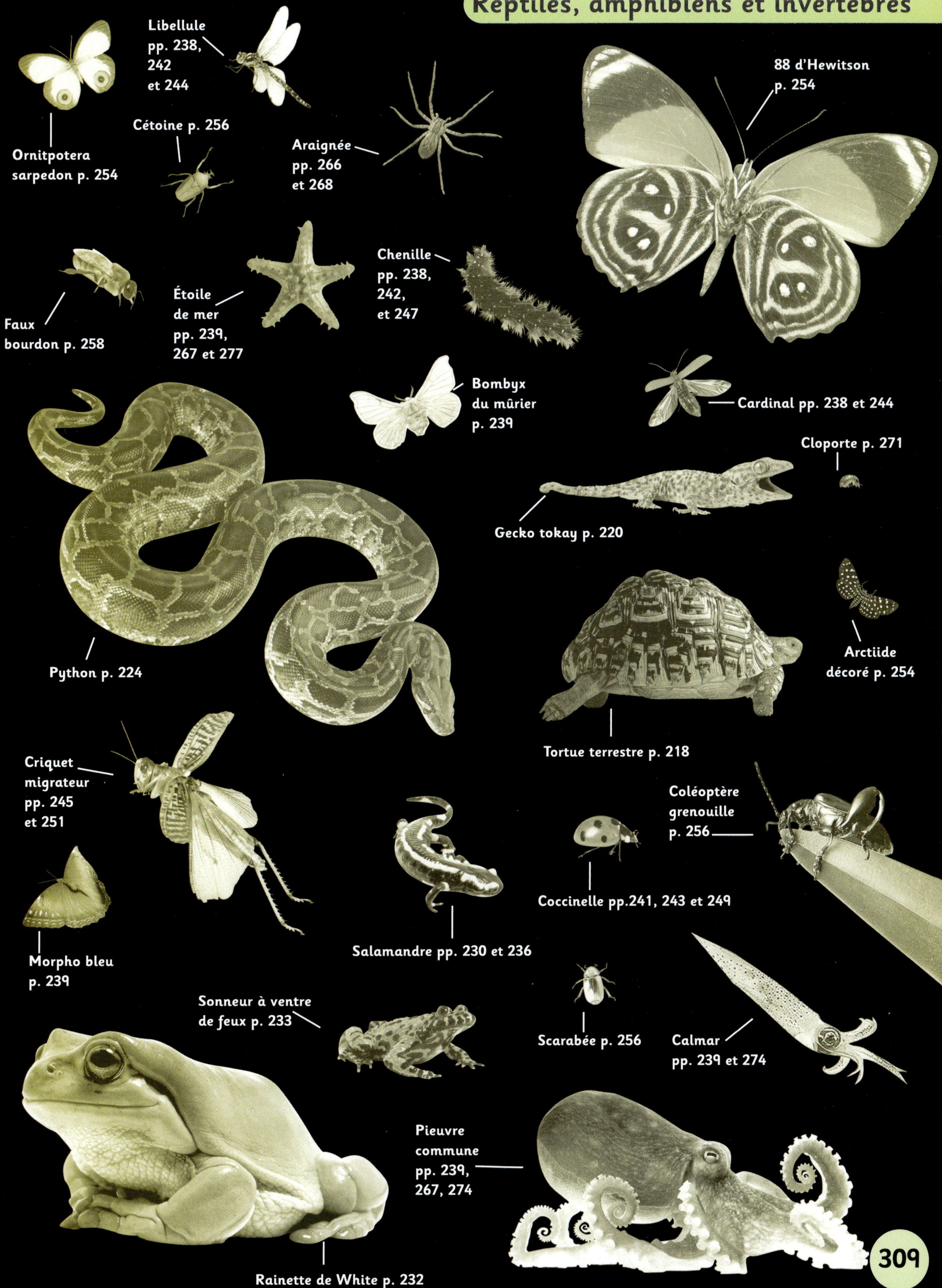
Ornitpotera sarpedon p. 254
Libellule pp. 238, 242 et 244
Cétoine p. 256
Araignée pp. 266 et 268
88 d'Hewitson p. 254
Faux bourdon p. 258
Étoile de mer pp. 239, 267 et 277
Chenille pp. 238, 242, et 247
Bombyx du mûrier p. 239
Cardinal pp. 238 et 244
Cloporte p. 271
Gecko tokay p. 220
Python p. 224
Arctiide décoré p. 254
Tortue terrestre p. 218
Criquet migrateur pp. 245 et 251
Coléoptère grenouille p. 256
Coccinelle pp.241, 243 et 249
Salamandre pp. 230 et 236
Morpho bleu p. 239
Sonneur à ventre de feux p. 233
Scarabée p. 256
Calmar pp. 239 et 274
Pieuvre commune pp. 239, 267, 274
Rainette de White p. 232

A

B

C

D

E

F

G

H

IJK

N

O

PQ

R

S

T

UV

WYZ

Crédits photographiques

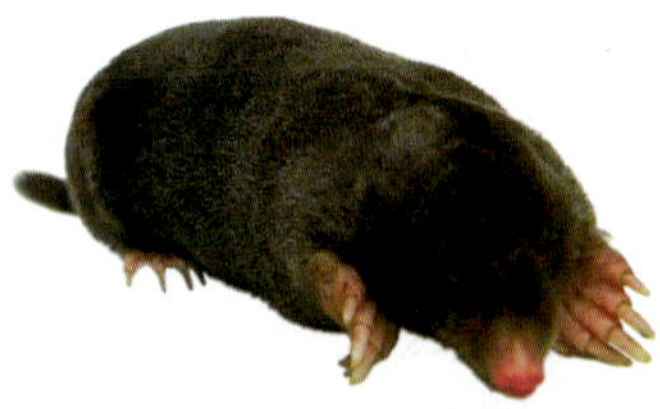

L'éditeur souhaite remercier :
Tim Lott, du Dinosaur Museum de Dorchester (Angleterre), pour son aide précieuse, Penny Smith, Fleur star, Lorrie Mack et Carrie Love pour leur soutien éditorial et Gemma Fletcher et Hedi Gutt pour leur participation à la conception de cet ouvrage.

Abbréviations : a = au-dessus, b = en bas, c = au centre, d = à droite, g = à gauche, h = en haut, z = zoom.

Alamy Images : Byron Schumaker 257 d ; D. Robert Franz/Imagestate 152 bd ; Esa Hiltula 153 cg ; Focus Group/Lynne Siler 176 cd ; James D. Watt 299 cd ; Jeff Morgan 76 b ; Marin Harvey 146 b ; Mark Hamblin 153 hg ; Mark J. Barrett 174 g ; Maximilian Weinzierl 257 ca ; Nigel Cattlin 253 g (pou des livres) ; Paul Horsted/Stock Connection, Inc 225 cbd ; Photo 24/Brand X Pictures 146 hg ; Steve Bloom Images 147 d ; Tom Brakefield/Stock Connection Inc 166-167 b.
American Museum of Natural History : 51 c, 91 hg.
Ardea London Ltd : 187 hc ; Becca Saunders 290 cg ; Chris Knights 203 cdb, 208 cgb ; D. Parer & E. Parer-Cook 180 hd ; Donald D. Burgess 189 hd ; G. Robertson 200 hd, 201 hd ; Jean Paul Ferrero 175 hd, 271 hd, 272-273 cb ; Joanna Van Gruisen 302 cd ; John Cancalosi 188 bd ; Kenneth W. Fink 147 b, 155 cgb, 206 bg ; M. Watson 188 hd, 229 cga ; Pat Morris 159 hd, 231 cd, 260 hd, 284 ca ; Peter Steyn 221 cd ; Stefan Meyers 186-187 b ; Steve Hopkin 249 hg 314 c ; Valerie Taylor 277 c, 284 cd, 303 cb.
Ardea : Francois Gohier 26 bd, 62 cd, 63 cd ; Zdenek Tunka 297 bc, cg.
Corbis : 2 hc ; 206-207 bc ; Gary Bell 94-95 c ; Bettmann 50 hg ; Jonathan Blair 37 hd, 40-41 bc ; Gary Braasch 84-85 cb ; James D'Addio/Beateworks 14 hd ; Terry W. Eggers 41 cdb ; Darrell Gulin 18 hc ; Wolfgang Kaehler 84 cg ; Layne Kennedy 80 cg, 111 cgb ; Macduff Everton 51 hg ; Charles Mauzy 50 ca ; Buddy Mays 73 cda ; Richard T. Nowitz 8-9 c, 110 cb ; Greg Probst 70-71 b ; Louie Psihoyos 19 cdb, 26 cg, 26 cd, 30 hd, 43 bd, 45 hg, 71 cda, 72 hd, 81 hd ; Reuters 81 bd ; Reuters/Peter Morgan 58 cd ; ML Sinibaldi 66-67 c (fond) ; Jon Sparks 42 hd ; Jim Zuckerman 55 hd ; Bohemian Nomad Picturemakers 303 bd ; Buddy Mays 163 hd ; Carol Hughes ; Chase Swift 171 c ; D. Robert & Lorri Franz 143 hd ; Dan Guravich 255 hc ; David A. Northcott 302-303 b ; Douglas Faulkner 178-179 c ; Douglas P. Wilson ; Ecoscene 269 h ; Frank Lane Picture Agency 247 cgb, 279 hd, 279 hg, 279 cd ; Fritz Polking ; Galen Rowell 143 d ; Gallo Images 240 b, 240 cg, 241 c, 268 cd, 288 bd ; George D. Lepp 254 bd ; Herb Watson 138 cga ; Joe McDonald 143 bc, 164 hg, 233 hd ; Karl Ammann 175 cg ; Kennan Ward 180 cdb ; Kevin Schafer 144 hd ; Martin Harvey 167 bd, 219 cd ; Mary Ann McDonald 156 hg ; Michael & Patricia Fogden 186 cg, 228 hd ; Paul A. Souders 185 cd, 260-261 b, 314 g ; Paul Funston ; Peter Johnson 260 cg ; Tim Davis 155 hd ; Tom Nebbia 212-213 b ; W. Perry Conway 162 bd, 163 hd, 167 h ; Wolfgang Kaehler 187 cd, 187 bg, 213 cd.
DK Images : American Museum of Natural History 3 cd ; 3 hd ; 20 zcda, 25 ca ; Angus Beare 129 cg ; Simone Boni/L.R. Galante 74 zcg ; Centaur Studios 11 zbd, 16 zcga, 24 hc ; Centaur Studios/Andy Crawford 130 zbd ; Peter Chadwick 39 zbd, 88 zbg, 89 bd ; Jim Channell 124 zhd ; Brian Cosgrove 41 hc ; Bedrock Studios 8 bg, 9 bg, 23 zcd, 43 zcg, 61 hc, 61 bg, 82 zbg, 124 zcdb, 126 zbg ; Avec la permission du Dinosaur State Park, Connecticut 105 zbg ; Avec la permission du Natural History Museum de Londres 72 zcg ; Avec la permission du American Museum of Natural History 72 zcg, 77 zcdb, 112 zhd, 112 zbg, 112 zbd, 113 zbg, 113 zbd, 114 zhd, 114 zcgb, 115 zcda, 115 zcg ; Avec la permission du Carnegie Museum of Natural History, Pittsburgh 127 zcg ; Avec la permission du Field Museum, Chicago 69 bc ; Avec la permission de l'Institut de géologie et de paléontologie de Tubingen, Allemagne 43 zcd ; Avec la permission du Museo Arentino De Cirendas Naterales, Buenos Aires 79 ca ; Avec la permission du National Birds of Prey Centre, Gloucestershire 117 zcdb, 121 zcd ; Avec la permission du National Museum of Natural History, Smithsonian Institution 61 zhg ; Avec la permission du Natural History Museum de Londres 15 bg, 17 zcdb, 19 zcd, 129 cga, 131 cga, 124 zcd ; Avec la permission du Natural History Museum de Londres/Colin Keates 19 c, 22 zcg, 25 cga ; Avec la permission du Royal Tyrell Museum 17 zbd ; Avec la permission du Royal Tyrrell Museum of Palaeontology, Alberta 69 zcd ; Avec la permission du Royal Tyrrell Museum of Palaeontology, Alberta, Canada 79 zcd, 124 zcgb ; Avec la permission du Sedgewick Museum of Geology Cambridge 105 zcg ; Avec la permission du Senckenberg Nature Museum, Francfort 69 bd, 130 bg ; Avec la permission du State Museum of Nature, Stuttgart 37 zcd b, 69 zcdb, 109 zcda ; James Stevenson 23 bd ; Roby Braun 9 zbd, 16 cb, 21 zcd, 21 zhd, 77 cg, 129 cd, 130 bc, 130 bd, 131 zbg ; Avec la permission du Royal Tyrell Museum 73 zcgb ; Andy Crawford 20, 43 cga ; Andy Crawford/Royal Tyrell Museum 32 zcg ; Dave King 24 hg, 124 fcda ; David Donkin 13 bg, 13 bd ; Donks Models 15 zhd ; Christine M. Douglas 49 zhd, 61 zbd ; Philip Dowell 14 zbg, 14 bg, 26 bg ; Mike Dunning 15 zcdb ; Neil Fletcher/Matthew Ward 61 zcda ; Giuliano Fornari 130 cda, 130 cdb ; Christopher & Sally Gable 29 bc ; Steve Gorton 61 zcdb ; Steve Gorton/John Holmes 2-3 h, 78 cb, 79 cgb ; Jonathan Hateley 31 zcg, 117 zcda, 130 cd, 131 cgb ; Nigel Hicks 15 zbd ; Graham High, Centaur Studios 8 bd, 9 zbg, 16 c, 33 bc, 72 bc, 73 bc, 130 cd ; John Holmes 29 zhg, 33 zcd, 131 bc ; Jon Hughes 38-39 b, 39 hg, 47 hd, 48-49 c, 57 cd, 60 c, 61 b, 64 c, 65 d, 67 c, 83 cd, 92-93 c ; Jeremy Hunt 99 zcd ; Colin Keates 105 cga, 105 cb ; Colin Keates/Avec la permission du Natural History Museum de Londres 35 zcd, 35 zcdb, 58 cda, 60 zhd ; Colin Keates/The Natural History Museum, Londres 21 zcdb ; Gary Kevin 28 zcdb, 29 zcdb ; Gunter Marx 129 cgb ; Ray Moller 14 zcg ; Frank Greenaway 15 bd, 18, 99 zhd, 99 zcd b, 128 ca, 128 c, 128 cb ; The Natural History Museum, Londres 28 zbg, 33 zbd, 35 zcda ; Stephehen Oliver 103 bd ; Gary Ombler 8 bc, 24 hd, 31 zbg, 67 cda, 75 cdb, 83 zcg, 99 zcda, 131 cb, 131 zbd ; Gary Ombler, Graham High 131 cb ; Lloyd Park 63 hc, 121 zbg ; Peabody Museum of Natural History, University of Yale 89 zcgb, 89 hc ; Peabody Museum of Natural History, University of Yale/Lynton Gardiner 88 bg ; David Peart 120 zcg ; Miguel Periera 49 bc ; Roger Phillips 42 zbg, 47 zcda ; Luis Rey 88 hg, 88 zhg ; Rough guides 19 zhd, 131 c ; Karl Shone 117 zcd, 120 zbg ; Steve Shott 99 zcda ; Staab Studios 124 zbd ; John

Temperton 59 zcda, 60 zcda, 129 cdb; Cecile Treal & Jean-Michel Ruiz 15 zcd; Matthew Ward 36 zcga, 45 zhd, 57 zcdb; Laura Wickenden 121 zhg; James Young 75 zhd; Jerry Young 15 cd (pastille 8), 18 cg, 24 cda, 117 zbd, 121 zcgb. Andy Crawford and Kit Houghton 170 hd; Barnabas Kindersley 198 bg; Barrie Watts 163 bg, 190 bg; Franklin Park Zoo 142 ca; Gables 202 cd; Jane Burton 195 bc; Jerry Young 187 hg, 197 hc, 197 cdb, 198 bc, 208-209 bc, 210 cdb, 213 cg, 214 cbg, 218 cgb, 219 cga, 219 cg, 235 cgb, 235 cb, 244 cd, 268 hg, 268 bg, 281 hc, 315 bd; Kim Taylor 192 cd; Mike Linley 234 cd; NASA 204 hc; Natural History Museum 4-5 hc, 138 d, 181 cd, 184 bcg, cbg, 185 cgb, 189 bc, bcd, bcd, 189 cga, cgaa, 205 cb, 208 bc, 218 cg, 254 hd, 254 cda, 254 cg, 254 cad, 254 cbg, 256 cdb, 257 cgb, 257 bg, 273 hd, 315 bg; Paignton Zoo 173 hc; Paradise Park Cornwall 212 hd; Philip Dowell 213 hd; Philip Enticknap 210 cdb; University College 142 hg; Weymouth Sea Life Centre 277 cg.
FLPA – Images of Nature: David Hosking 197 hd; G Moon 211 cg; Mike Jones 191 cgb; Minden Pictures 198 cg, 198 bd, 211 h; Mitsuhiko Imamori 264 bd; Norbert Wu/Minden Pictures 299 bc, 292 bd, 293 bc, 294-295; S Maslowski 196 bg; S. Charlie Brown 195 cgb; Steve Young 199 cg.
FLPA: Flip de Nooyer/Foto Natura 131 hd, 131 hc
Frank DeNota: 71 cdb, 87 c.
Getty Images: 81 c, 291 b; AFP/William West 65 hg; Adrian Hepworth 132-133 (fond); Andreas Stirnberg 52-53 c; Brian Kenney 25 cgb; Brian J. Skerry 4 hd; Cousteau Society 283 cbd; David Hiser 68 bg; David Nardini 286 g; Douglas D. Seifert 291 b; Frank Lemmens 136 hg; Georgette Douwma 283 d; Hans Strand 84l, 87 bd; Harald Sund 134 cga; Jack Dvkinga 38 bc; JH Pete Carmichael 225 h; James Randklev 44-45 h; John Downer 169 bd; Joseph Van Os 132 g; Klaus Nigge 82-83 c (fond); Louie Psihoyos 109 hg, 109 cdb, 110 cda, 111 hg, 124 cd, 129 c; Michael Kelley 297 hg; Michael S. Quinton 297 cdb; Miguel Salmeron 30-31 bc; Natalie Fobes 289 bg; Pankai & Insy Shah 30-31 (oued); Panoramic Images 46 g, 47 cd, 59 c, 72-73 bc; Paul A. Zahl 293 bd; Paul Nicklen 299 cda; Peter David 285 hg; Raimund Koch 42 hg (fond); Rich Frishman 111 bd; Science Faction/Louie Psihoyos 68, 104 b, 107 h; Scott Sady 32-33 hc; Steffen Thalemann 48-49 b; Steven Hunt 299 zcd; Stockbyte 298; Timothy Laman/National Geographic 31 ca; Theo Allofs 64-65 cb (fond); Tim Davis 200 g.
Image Quest Marine: 293 hc, hd; Carlos Villoch 289 hg; James D. Watt 276 g, 290 cga; Nat Sumanatemeya 273 hg; Scott Tuason 276 cd.
Karen Carr: 39 bd.
Kevin Wasden (kevinwasden.com): 57 cb.
Kokoro Dinosaurs: 131 bd, 124 bc.
Magnum: Paolo Pellegrin 301 bg.
Masterfile UK: Albert Normandin 174-175 b.
Mineo Shiraishi: 57 c, 85 b.
National Geographic Image Collection: Bill Curtsinger 218 c; J. Eastcott/Y. Eastcott Film 154 cd; Raymond Gehman 228 bg; Robert Madden 193 cg; Roy Toft 154-155 b; Tim Laman 235 d.
Nature Picture Library Ltd: Alan James 291 hg; Anup Shah 229 bd; Brandon Cole 290 bg; Bruce Davidson 256 c; Conrad Mauf 223 c; Dan Burton 271 hg; David Shale 293 c; Fabio Liverani 237 cd; Georgette Douwma 283 hg; Jurgen Freund 225 cgb; Pat de la Harpe 229 hd; Pete Cairns 297 ca.
NHPA/Photoshot: Andrea & Antonella Ferrari 74-75 cb; Brian Hawkes 299 cg; Jonathan & Angela Scott 38 cgb; Lutra 296 bg; Martin Harvey 301 d; Andy Rouse 143 cgbb, 150 cd, 151 hg, 151 cg, 170 cdb, 180-181 b; Ann & Steve Toon 280 bg, 287 bd; Ant Photo Library 167 cb, 261 bd, 313 bd; Anthony Bannister 158-159, 226-227 cb, 245 hd; B Jones & M. Shimlock 181 bc, 287 bg; Christophe Ratier 212 cd; Dan Griggs 248 cb; Daniel Heuclin 160 hd, 161 c, 166 hd, 230 cda, 231 cdb, 302 bd, 311 bd; David & Irene Myers 180 cg; E A Janes 173 bg; Eric Soder 148 g; G.I Bernard 250 cdb; Gerard Lacz 157 cgb, 179 bg; Hellio & Van Ingen 171 hg, 251 hg; Henry Ausloos 152 bg; J & A Scott 143 hg, 150-151 b, 172 ca; James Warwick 204 cd; Jany Sauvanet 160 bg, 285 cgb; John Buckingham 232 bc; John Shaw 148 bc, 157 bg, 209 bd; Karl Switak 5 hd, 224 cg; Kevin Schafer 145 hd, 188, 201 b; Laurie Campbell 199 d, 216 bg; LUTRA 284 bg, 288 cga; Manfred Danegger 158 bc; Marin Wendler 149 bd, 317 bd; Mark Bowler 176 hd; Martin Harvey 149 bg, 168 cg; Martin Wendler 227 cgb; Melvin Grey 191 d; Mirko Stelzner 207 d; Nick Garbutt 144 bg, 170 bg; Norbert Wu 179 hd; Rich Kirchner 201 c; Rod Planck 251 b; Roger Tidman 165 h; Stephen Dalton 145 bd, 157 cgbb, 164 bd, 164-165 c, 165 bd, 194 bd, 195 cd, 205 h, 221 hg, 221 cgb, 235 hg, 237 bg, 256 bg, 258 g, 262-263 b, 268 cda, 269 bd; Stephen Krasemann 177 cg; T Kitchin & V Hurst 156 hd, 310 bg.
Oxford Scientific Films/photolibrary: 92 cg, 169 hc, 247 bd, 269 c; Highlights for Children 40bg, 49 hc, 49 hd; Adam Jones 196-197 b; Alan Root/SAL 160 cdb; Bert & Babs Wells 166 cda; Bob Bennett 173 cga; Brian Kenney 147 hg, 246 hd; Carol Farneti Foster 148 cda; Clive Bromhall 147 c; Daniel Cox 152 hg, 199 hg; F. Polking/OKAPIA 196 bc; Frank Schneidermeyer 149 hd; James H Robinson 246 bd; Javed Jaffeji 157 ca; John Downer 210-211 b; John Forsdyke 250 bd; Jorge Sierra Antinolo 144 c; Judd Cooney 211 cb; Kim Kesterskov 198 h, 302 c; Leonard Lee Rue 145 hg; Lon E Lauber 210 cda; London Scientific Films 242 g; Mark Hamblin 171 bg, 199 bd; Michael Dick/AA 144 cd; Michael Fogden 194 c, 223 bg; Michael H. Francis/OKAPIA 174 cdb; Mike Powles 177 cd; Paolo Fioratti 173 cgbb; Partridge Films Ltd 165 cd; Patti Murray/AA 249 cg; Paulo de Oliveira 170 cga; Peter Hawkey/SAL 210 ca; Richard Packwood 172 hd; Rob Nunnington 173 hd; Robert Tyrell 194 bg, 302 cb; Roger Brown 166 cd; Satoschi Kuribayashi 257 hg; Stan Osolinski 145 bg, 171 cd, 172-173 b, 176 c; Thomas Haider 178 g; Tom Ulrich 173 cgb, 173 cgaa; Wendy Shattil and Bob Rozinski 157 hg; Zig Leszczynski/AA 181 hg.

Crédits photographiques

Photolibrary.com : Nick Gordon 298 bc ; Scripps Inst. Oceanography 295 bd.
Planetary Visions : 134-135 c.
Reuters : Peter Morgan 101 hc ; Ho New 101 cda.
Robert Harding Picture Library : 226 ca.
Science Faction Images : Louie Psihoyos 17 cda, 22 bg, 26 cg (fond), 27 cd, 27 hg, 28 cda, 35 hg, 46 cgb, 54-55 bc, 57 hg, 71 cd, 83 bg, 88-89 c, 102 cg, 312 bg.
Science photo Library : David Parker 2-3 c ; 278 cd, 278 bg ; B. Murton/Southampton Oceanography Centre 294 g ; Bernhard Edmaier 131 cd ; Carlos Goldin 82 hd ; Christian Darkin 3 bd, 12 c, 17 cga, 34 hd, 34-35 c, 77 h, 101 cga, 313 (fond) ; David Scharf 253 g (anthrène) ; Dr Tony Brain 279 bg ; Eye of Science 263 c, 279 bd ; Gary Hincks 40-41 ca ; Hervé Conge, ISM 73 hg ; Rod Planck 159 bg ; NASA 130 bc ; Laurie O'Keefe 54 cgb ; David Parker 80-81 c ; D. Van Ravenswaay 130 cgb ; Joe Tucciarone 90 cd ; Michael de Young 4 bd.
Seapics.com : 299 cd (cachalot), 299 bd, 299 bd (calmar), 292 hd, 292 cg, 292 c, 292 bg, 300 bg, 300 bd, 301 hg.
Special Collections Department, J. Willard Marriott Library, University of Utah : 69 hg.
Steve Bloom/stevebloom.com : Anthony Bannister 253 g (punaise des lits) ; Brandon D. Cole 299 bc (myxine), 295 cg ; Peter McDiarmud/Reuters 265 cd (phasme) ; Gavriel Jecan 135 g ; Paul A. Souders 136 bg ; Ralph White 294-295 b, 295 hd ; Tony Wilson-Bligh/Papilio 137 cdb ; Michael de Young 297 cda.
Still Pictures : C. Allan Morgan 265 cdb (pyrophore) ; Michael Sewell 265 cgb, James Gerholdt 233 cd ; Kelvin Aitken 90 g ; Klein 166 c ; John Cancalosi/Peter Arnold Inc. 27 hc, Martin Harvey 176-177 b.
SuperStock : J. Silver 25 bd.
The Children's Museum of Indianapolis : 131 bd ; CM Studio : 38 cg, 40 hg, 46-47 c, 59 cd, 61 cda, 63 hd, 85 hd, 6 cd.
The Natural History Museum, Londres : 2 hg, 9 bd, 10 hg, 10 cg, 10-11 bc, 17 cdb, 22 bd, 23 cb, 20cd, 25 cg, 27 bc, 28 cg, 29 cda, 31 hg, 36 bg, 71 bd, 87 hg, 92 hd, 93 c, 124 cgb, 124 cg, 124 cga, 124 zbg ; Anness Publishing 124 zcga, 124 zcg ; De Agostini 58 hd.
Tom Dempsey/www.photoseek.com : 52-53 h.
University of Yale, Peabody Museum Of Natural History : 103 hg.
US Geological Survey Western Region : 15 cg.
Warren Photographic : 36-37, 76 h, 128-129 c, 128 hd ; Jane Burton 98 bc.

Photos supplémentaires d'Andy Crawford : 75 ch, 86-87 (reproductions de *Troodon*), 92 hc, 93 hd, 109 hg.

Couverture : jaguar © Michael et Patricia Fogden/CORBIS
Page 124 : Asiatosuchus © Frank Bouttevin/HACHETTE ; Dinofélis © Jon Hughes/Bedrock Studios/DORLING KINDERSLEY ; Gomphothérium © Dave King/DORLING KINDERSLEY ; Hesperocyon © Frank Bouttevin/HACHETTE.

Page 125 : Gastornis et dryopithèque © Frank Bouttevin/HACHETTE ; Australopithèque © Tom Mchugh/Photo researchers/BSIP.
Page 126 : Mammouths face à un smilodon © Photo researchers/BSIP.
Page 127 : Homme de Neandertal © Frank Bouttevin/HACHETTE ; Bison des fresques de Lascaux © Tom Mchugh/Photo researchers/BSIP.

© Dorling Kindersley pour toutes les autres images.

Achevé d'imprimer en Italie par Deaprinting
Dépôt légal : Août 2007 - Edition n° 01 16/9595/6